1001 Great Ideas for Teaching and
Raising Children with Autism or Asperger's

Revised and Expanded 2nd Edition

孤独症育儿百科
（第2版）

1001个教学养育妙招

［美］埃伦·诺特波姆（Ellen Notbohm）
韦罗妮卡·齐斯克（Veronica Zysk）／著

张雪琴／译

图书在版编目（CIP）数据

孤独症育儿百科：第 2 版：1001 个教学养育妙招／（美）埃伦·诺特波姆（Ellen Notbohm），（美）韦罗妮卡·齐斯克（Veronica Zysk）著；张雪琴译. -- 北京：华夏出版社有限公司，2021.7

书名原文：1001 Great Ideas for Teaching and Raising Children with Autism or Asperger's, Revised and Expanded Second Edition

ISBN 978-7-5222-0119-1

Ⅰ.①孤… Ⅱ.①埃… ②韦… ③张… Ⅲ.孤独症－儿童教育－特殊教育 Ⅳ.①G766

中国版本图书馆 CIP 数据核字(2021)第 034916 号

1001 GREAT IDEAS FOR TEACHING AND RAISING CHILDREN WITH AUTISM OR ASPERGER'S (Revised and Expanded 2nd Edition)
by Ellen Notbohm and Veronica Zysk
Copyright © 2004 and 2010 Ellen Notbohm and Veronica Zysk
All rights reserved
Simplified Chinese translation rights © 2021 Huaxia Publishing House Co., Ltd.
Simplified Chinese translation rights are arranged through Kleinworks Agency

©华夏出版社有限公司　未经许可，不得以任何方式使用本书全部及任何部分内容，违者必究。

北京市版权局著作权合同登记号：图字 01-2020-7500 号

孤独症育儿百科(第 2 版)：1001 个教学养育妙招

作　　者	［美］埃伦·诺特波姆　［美］韦罗妮卡·齐斯克
译　　者	张雪琴
责任编辑	薛永洁　许　婷
责任印制	顾瑞清

出版发行	华夏出版社有限公司
经　　销	新华书店
印　　装	三河市少明印务有限公司
版　　次	2021 年 7 月北京第 1 版　2021 年 7 月北京第 1 次印刷
开　　本	720×1030　1/16 开
印　　张	20.5
字　　数	300 千字
定　　价	88.00 元

华夏出版社有限公司　地址：北京市东直门外香河园北里 4 号　邮编：100028
网址：www.hxph.com.cn　电话：(010) 64663331（转）

若发现本版图书有印装质量问题，请与我社营销中心联系调换。

关于第1版，读者的肺腑之言！

"本书一定会成为孤独症爱心人士、孤独症家庭和孤独症工作者的重要参考书。两位作者的论述既权威又让人安心，最重要的是，他们对问题的把握如此精准。它是一个工具包，里面塞满了各种各样的想法、资源和建议，还有满满的鼓励、肯定和救赎，是的，毫不夸张。"

——詹妮弗·麦卡蒙（Jennifer McCammon），
《波特兰家庭杂志》（*Portland Family Magazine*）前出版人

"本书重实用而非学术，它娓娓道来，给家长和老师提供了可立即上手的方法和建议。它条理清晰，每一个章节均以介绍性文字开宗明义，再介绍主要的方法和建议，非常便于快速阅读。这样优秀的参考书，家长、老师应该人手一册。"

——克里斯蒂娜·亨特（Christine Hunt）
特殊教育及资源教师

"《孤独症育儿百科（第2版）》不仅仅是对孤独症儿童教育方法的简单罗列。在提建议的同时，它还详细解释这些建议作为教学工具的目标和价值在哪里，这使之成为家庭、保育人员以及特教从业者的必备之选。通读全书，在作者的真知灼见中贯穿着一个不变的主题：在安排谱系儿童的教育活动时，要始终聚焦于他们的现实生活。"

——南希·塞勒（Nancy Seller）
儿童早教机构"州北脑瘫"（Upstate Cerebral Palsy）副总裁

"好书，读到停不下来。超多的创意点子，每一个都很详细，也很容易效仿。我喜欢用有趣的方式接近孩子，所以非常欣赏书中关于游戏与活动的建议，在阅读部分有非常细致的书单推荐，完全可以按图索骥。书中关于IEP的建议对于家长和学校工作者都很有指导意义，而作者偶尔穿插的作为过来人的经验之谈也堪称精辟。"

——卡拉·梅耶（Karla Mayer）

临床言语语言病理学家

"《孤独症育儿百科（第2版）》是一个装满绝妙点子的大宝库！它满含着希望，不仅将读者与孤独症谱系障碍儿童的世界连接了起来，也为家长和专业人士应对日常挑战提供了大量实用的解决方案。它是家长和专业人士在日后经常会用到的一本参考书。"

——斯科特·坦纳（Scott Tanner）

学校心理咨询师

致　　谢

写一本有"1001个妙招"①的书，任何作者在接受这样的挑战时，都知道它只能是一本合集（何况在这一版中，实际上有近2000招，还个个都好）。感谢在背后支撑我们的大家庭，大家庭中每一个卓越不凡的个体，感谢他们以各自的专业素养、"可为"也"愿为"的积极态度、对孤独症儿童以及我们这个大千世界的热忱，丰富了我们的生命，也提升了这本书的品质。这本书不过是对这种集体智慧的汲取，是大家为广大孤独症谱系障碍儿童的福祉奋斗多年的成果结晶。

因此，这本书里留下了太多人的印记，他们是优秀的教师、治疗师、家长和朋友们，篇幅有限，我们只提及一小部分人的名字：格雷格·琼斯（Greg Jones）、玛丽·舒克（Mary Schunk）、朱利安·巴克尔（Julianne Barker）、维达·诺慕拉（Veda Nomura）、诺拉·雪莉（Nola Shirley）、露西·克特尼（Lucy Courtney）、戴安·劳森（Diane Larson）、沙伦·马提（Sharon Martine）、玛西亚·维西（Marcia Wirsig）、杰基·德鲁克（Jackie Druck）、泰瑞·克利福特（Terry Clifford）、安妮·威斯特法尔（Annie Westfall）、莎拉·斯派拉（Sarah Spella）、罗宾·杰森（Robin Jensen）、吉恩·莫特累（Jean Motley）、埃雷利·伯恩斯坦（Arielle Bernstein）、艾米丽·波兰斯基（Emily Polanshek）、蕾丝·琼斯（Lacee Jones）……

我们也衷心感谢孤独症领域的各位专家，是他们的工作唤醒了我们内心连自己都未曾觉察的灵感宝库。感谢天宝·格兰丁（Temple Grandin）、大卫·弗雷斯基（David Freschi）、米歇尔·加西亚·温纳（Michelle Garcia Winner）、玛吉·布朗（Marge Blanc）、吉姆·鲍尔（Jim Ball）、琳达·霍奇登（Linda Hodgdon）、琳赛·比尔（Lindsey Biel）。他们大概无从想象，他们的专业知识和经验对我们产生了怎样的影响。

---

① 编注：该书的英文书名是 *1001 Great Ideas for Teaching & Raising Children With Autism or Asperger's, Revised & Expanded Second Edition*，直译的书名中含有"1001个妙招"。

一如既往地，特别感谢韦恩·吉尔平（Wayne Gilpin），我们的出版商兼友人，以及凯莉·吉尔平（Kelly Gilpin），我们的编务总监，感谢两位一直以来对我们所有项目的热情支持。

感谢我们的双亲，无论在身边，还是在心底，他们是像避风港一样的存在，让我们勇往直前，走出舒适区去探索未知的边界，也为旁人树立起积极的榜样。这种影响如春风化雨，且与日俱增。

还有生活中的重要伙伴——我们的丈夫、孩子和朋友，对我们的写作给予了150%的支持。每当我们因放大自己的经验得失而窘迫不安的时候，他们就会变身成我们的啦啦队员、知心朋友、咨询师和评论家。你们有多么重要，即便善于舞文弄墨的我们，也无以言表。

最后，为每一位与我们相遇的孤独症或阿斯伯格综合征人士点赞，感谢他们以他们的勇敢无畏、光彩独特和千人千面，丰富并拓展了我们的认知与理解。

埃伦·诺特波姆（Ellen Notbohm）

韦罗妮卡·齐斯克（Veronica Zysk）

目 录

序 ································ 1
前言 ······························ 1

第一章　感觉统合 ············ 1
选择正确的感觉活动 ················ 4
感觉超负荷的 12 个预兆 ············ 5
让孩子动起来的 50 种方法 ·········· 6
学会享受户外野趣 ·················· 9
户外手环 ·························· 9
冬天夏天一样好玩 ················· 10
将大自然搬进室内 ················· 10
沙桌 ····························· 11
沙桌活动 ························· 11
蜘蛛侠大作战 ····················· 12
大纸箱的花样玩法 ················· 12
浴室里的感觉刺激活动 ············· 13
到处都能玩水 ····················· 14
手指画 ··························· 14
食物的触觉乐趣 ··················· 15
可食用黏土配方 ··················· 16
打滚的孩子 ······················· 17
摇摆或旋转 ······················· 17
粗大运动活动 ····················· 18
"西蒙说"游戏 ··················· 19
儿童友好型接触类游戏 ············· 19
精细运动活动 ····················· 20
大家都能涂色啦 ··················· 22

减压玩具筐 ······················· 23
自制减压玩具 ····················· 23
震动按摩梳 ······················· 23
口腔运动类活动 ··················· 24
玩转气球 ························· 26
好玩的泡泡 ······················· 27
地板好硬！ ······················· 28
视觉问题 ························· 28
使用放大镜 ······················· 31
图形－背景加工功能障碍 ··········· 32
感觉急救包 ······················· 33
教孩子自我调节 ··················· 33
应对声音烦恼 ····················· 34
耳机和耳塞的利与弊 ··············· 34
足尖行走 ························· 34
哪来的怪味道？ ··················· 35
我们闻到的是同一种气味吗？ ······ 37
加点重！ ························· 37
"人肉汉堡" ····················· 38
裹身披肩 ························· 38
藏身之处 ························· 39
豆袋家族 ························· 39
着装舒适第一 ····················· 39
尊重孩子对衣物的喜好 ············· 40
关于衣物的其他建议 ··············· 41
睡眠问题 ························· 42
出门旅行的睡眠建议 ··············· 42

提前预防策略 …………………… 43
感觉唤醒策略 …………………… 44
区分感觉需要和感觉奖励 ……… 46
动手操作式学习 ………………… 48
帮助静坐的深压刺激 …………… 48
再坐一会儿 ……………………… 49
可以在教室自由活动啦 ………… 49
应对课堂上的自我刺激行为 …… 50
IEP 中的感觉训练目标 ………… 50
教室里的"开学味" ……………… 50
校外培训的相关建议 …………… 51
区分危险行为、不恰当行为和单纯
　　讨人厌的行为 ……………… 52

第二章　沟通与语言 ………… 55

想知道你就问 …………………… 57
反过来问 ………………………… 57
五字要诀："我在这儿呢！" …… 58
孩子听力正常吗？ ……………… 58
说话前先引起孩子的注意 ……… 59
说话跳脱 ………………………… 60
帮孩子把话补充完整 …………… 61
当言语卡壳时 …………………… 61
将单词扩展成句 ………………… 63
暂时退步也没关系 ……………… 64
视觉策略 ………………………… 64
在使用视觉时间表之前 ………… 66
什么时候使用视觉时间表 ……… 67
视觉拐杖？ ……………………… 67
视觉语言支持要与孩子的学习方式
　　相适应 ……………………… 67

如何使用视觉时间表 …………… 68
接受性沟通和表达性沟通 ……… 69
辅助技术（AT）可不只是键盘而已 … 69
环境影响言语发展 ……………… 70
维持丰富的语言环境 …………… 70
2 分钟交谈规则 ………………… 71
停顿 2 秒再回应 ………………… 72
点心时间：不只是吃 …………… 72
学会说再见 ……………………… 73
无字书 …………………………… 73
开启具象思维者的有字阅读 …… 77
阅读有重复性语句的故事 ……… 79
让阅读充满趣味 ………………… 80
培养小读者：父母在家可以做的事… 81
认真说话，把话说明白 ………… 82
电影好看，不妨读读原著 ……… 83
少用习语 ………………………… 83
习语"钓鱼"纸牌 ……………… 83
动词短语 ………………………… 84
同音异义词 ……………………… 84
词卡的利与弊 …………………… 85
蹦床——蹦跳之外的乐趣 ……… 85
脏话 ……………………………… 86
书写三步走 ……………………… 87
将孩子的作品记录下来 ………… 88
有趣的纵横字谜游戏 …………… 89
够不到才好 ……………………… 89
发言接力棒 ……………………… 89
"我发现"会话游戏 …………… 90
在运动中发展语言 ……………… 90
看电影学语言 …………………… 91

认识时间名词 ·················· 91
　　IEP 中的沟通能力目标 ········ 92
　　减轻学生的焦虑表现 ·········· 94
　　帮助同伴理解孩子的语言困难 ··· 94
　　我们为什么说话 ················ 95
　　提问和评论 ····················· 95
　　学会赞美 ························ 98
　　沟通的四个步骤 ················ 99

第三章　行为 ·················· 101
　　优点和缺点 ···················· 104
　　别问为什么 ···················· 104
　　关于不良行为，我们忽略了什么 ··· 105
　　兼顾行为与个性 ··············· 106
　　协同管束 ······················· 107
　　后果学习法 ···················· 108
　　"我生气了！" ·················· 110
　　手势语：棒球教练的启示 ····· 111
　　强调积极行为 ·················· 111
　　构筑视觉屏障 ·················· 112
　　两步收心法 ···················· 112
　　怕上厕所 = 怕黑 ··············· 112
　　抗拒 / 逃避行为 ················ 112
　　敌对或攻击行为 ··············· 115
　　应对情绪崩溃 ·················· 116
　　如何避免冲突升级 ············ 117
　　同伴的力量以及 2 分钟预警法 ··· 118
　　必要的灵活性 ·················· 118
　　鼓励灵活思维的有趣玩法 ···· 119
　　纪念册或旅行图记 ············ 120
　　孩子经常咬自己怎么办 ······· 120

　　请坐好 ·························· 121
　　温和的批评法 ·················· 121
　　争论到此为止 ·················· 122
　　我听明白了，不要再争了 ···· 123
　　代币制 ·························· 124
　　协议和契约 ···················· 125
　　注意你到底在强化什么 ······· 127
　　表扬孩子身边的人 ············ 128
　　四季可用的季节性强化物 ···· 128
　　暗号敲门法 ···················· 129
　　"我不会"时间胶囊 ············ 129
　　主动预防，还是被动反应 ···· 129
　　关于自我检讨的更多思考 ···· 130
　　关于纵容行为的更多思考 ···· 131
　　只讲事实！ ···················· 135
　　今天真不错 ···················· 135

第四章　日常生活 ············ 137
　　关于让孩子做选择的几个问题 ··· 139
　　输赢不是一切 ·················· 141
　　等一下？ ······················· 142
　　通过游戏发展技能 ············ 143
　　没事，画墙上去 ··············· 145
　　缓解分离焦虑 ·················· 145
　　让理发变愉快的小妙招 ······· 147
　　让孩子洗头的小妙招 ········· 149
　　剪指甲 ·························· 150
　　就吃一口 ······················· 151
　　餐具的适应性调整 ············ 153
　　应对挑食 ······················· 153
　　特殊饮食：家庭烹饪合作社 ··· 155

让孩子不再抵触刷牙 …………… 156
牙医是你的好朋友 ……………… 158
割伤、擦伤、碰伤 ……………… 161
去医院看病 ……………………… 161
鼻涕问题 ………………………… 162
如厕训练 ………………………… 162
使用公共卫生间 ………………… 163
服装扣件的适应性对策 ………… 164
走出家门 ………………………… 165
快速回应他人的评判 …………… 166
在餐馆就餐 ……………………… 167
搬去新环境 ……………………… 169
当爸爸或妈妈不在家时 ………… 172
去特殊场合，做好彩排 ………… 174
拥抱还是不拥抱 ………………… 175
手足同乐 ………………………… 176
兼顾其他孩子 …………………… 177
读报纸：打开世界的窗口 ……… 177
快乐的生日从这里开始 ………… 178
蛋糕新解 ………………………… 181
不一样的礼物给不一样的孩子 … 182
收礼物的礼仪 …………………… 184
把孩子的作品裱起来 …………… 185
孤独症安全 ……………………… 185
院内安全 ………………………… 186
屋内安全 ………………………… 187
失眠问题 ………………………… 187
通过呼吸放松身心 ……………… 189
给孤独症儿童解释死亡 ………… 191
一次只用一种干预方法 ………… 191
练习吃药 ………………………… 192

购药小建议 ……………………… 192
维生素喷剂 ……………………… 192
减少过敏原，防止耳部感染 …… 192
用药严谨 ………………………… 193
建立孤独症阅读圈 ……………… 195
提高读书效率 …………………… 195
我可以自己做这件事了——学前期
 ………………………………… 198
我可以自己做更多事了——成长中
的孩子 ………………………… 198
我可以自己做很多事了——大龄儿童
 ………………………………… 199
你可以自己做这件事——不愿做事
的孩子 ………………………… 200
引导孤独症孩子进入成人世界 … 201

第五章　社会性思维及行为 …… 205
社会参照能力 …………………… 207
共同参照能力 …………………… 208
社交故事 ………………………… 209
让孩子教你 ……………………… 210
与外界建立联系 ………………… 210
与小朋友为伍 …………………… 211
发展游戏技能的建议 …………… 211
让小朋友来帮忙 ………………… 211
促进操场上的互动 ……………… 212
我要排第一——事出有因 ……… 213
自制桌面游戏 …………………… 213
改编版桌面游戏 ………………… 214
关于玩具 ………………………… 215
我的！我的！我的！…………… 216

通过游戏学习合作 …………… 217
通过食物学习合作 …………… 218
心理理论能力 ………………… 218
换位思考 ……………………… 219
理解情绪情感 ………………… 221
识别情绪情感 ………………… 221
认识情绪情感的强度 ………… 222
识别行为中的情绪感受 ……… 223
理解"礼貌" ………………… 224
愤怒管理 ……………………… 224
这个问题我们可以解决 ……… 224
这是隐私 ……………………… 225
我需要休息一下 ……………… 226
学会说"对不起" …………… 227
"公平"是对所有人的公平 … 228
好好说"不" ………………… 229
据我预测 ……………………… 229
向他人求助 …………………… 230
言传身教诚实这件事 ………… 230
所有人都会犯错 ……………… 231
关于"正常" ………………… 233

第六章　教师与学生 …………… 235

所有孩子都将受益 …………… 237
尊重孩子 ……………………… 237
站在他人立场考虑问题 ……… 238
透过表面看问题 ……………… 239
不要教孩子听话 ……………… 239
指派专门的辅导老师 ………… 240
小组和大组 …………………… 240
投其所好 ……………………… 241
怪物史瑞克的社会性评价表 … 241

用屏风帮助集中注意力 ……… 241
站着听课也无妨 ……………… 242
手部疲劳 ……………………… 242
课前热身活动 ………………… 242
"火箭发射"助力活动转换 … 243
过渡到圆圈时间 ……………… 243
如何让孩子加入圆圈活动 …… 244
整合性游戏团体 ……………… 245
孩子可以上幼儿园了吗？ …… 245
幼儿园开学准备 ……………… 248
明确起点和终点 ……………… 249
"等会儿再做"任务箱 ……… 251
考虑文化和社会经济差异 …… 251
伙伴合作技能 ………………… 251
治疗师的选择 ………………… 252
教育培训项目的选择 ………… 252
查看孩子的测试内容 ………… 252
校车安全 ……………………… 253
听觉加工障碍 ………………… 253
警惕消防演习 ………………… 254
一次只教一项技能 …………… 254
减少纸面反光 ………………… 254
睁大眼睛 ……………………… 255
参与计划 ……………………… 255
培养专注力 …………………… 256
暗示？明示？ ………………… 258
有效提示 ……………………… 259
此刻是教学的时机吗？ ……… 260
陪伴时刻 ……………………… 260
无计划，不教学 ……………… 261
打字的字体选择 ……………… 262
今天上学怎么样？ …………… 262

| 培养孩子对新学科的兴趣 ……… 263
| 教学金三角 ……… 265
| 将大自然搬进室内 ……… 265
| 热爱你的教室 ……… 266
| 减少杂物 ……… 266
| 少用荧光灯 ……… 266
| 教室动线 ……… 267
| 教室墙壁展示要有意义 ……… 268
| 用"首先—然后",而非"如果—那么" ……… 268
| 提高流利度/精确度 ……… 269
| 看时间 ……… 270
| 便利性措施和调整性措施 ……… 270
| 作业难度 ……… 272
| 恰当的IEP目标 ……… 272
| IEP术语 ……… 273
| 专业助教 ……… 273
| 给代课老师提供帮助 ……… 274
| 教师在特殊教育中的权利 ……… 275
| 训练有素的教职员工 ……… 277
| 同伴的力量 ……… 277
| 艺术治疗法 ……… 278
| 让处于照片表征水平的孩子开始接触艺术 ……… 280
| 当一天小老师 ……… 280
| 寻色之旅 ……… 280
| 寻音之旅 ……… 280
| 通过游戏学习说完整句子 ……… 281
| 叫出同学的名字 ……… 281
| 照片提醒 ……… 282
| 喜欢和不喜欢的,搭配着来 ……… 282
| 概念的形成 ……… 282

我们来寻宝 ……… 283
你叫什么名字? ……… 284
镜子,镜子 ……… 284
让孩子在教学中体验成功 ……… 284
我能来学校看你吗? ……… 285
阿斯伯格综合征儿童的特殊需要 ……… 285
什么时候?什么时候?什么时候? 286
熟能生巧 ……… 286
选对写画用具 ……… 287
简便易行的适应性体育项目 ……… 287
三轮车不一定叫"三轮车" ……… 289
逐渐适应团队合作 ……… 289
速览指南:如何成功实现融合 ……… 289
约束执拗行为 ……… 291
爱跑动的孩子 ……… 291
爱拆东西的孩子 ……… 292
不空喊加油 ……… 292
拒绝贬损 ……… 292
关注孩子对学习环境的偏好 ……… 294
将学业与孩子的实际生活联系起来 ……… 294
利用个人兴趣锻炼数学技能 ……… 294
学数学,动起来 ……… 295
更多数学学习小窍门 ……… 295
学拼写,动起来 ……… 295
给老师的反馈卡 ……… 296
暑假结束,准备开学 ……… 299
高效维权者 ……… 300
小心调解陷阱 ……… 304
入学前要问的重要问题 ……… 304
建立积极的合作关系 ……… 306

序

本书封面给读者允诺了"1001个妙招",已然工程浩大,而这第2版的封底更直言有1800个。任何一位正在挑选孤独症相关图书的读者,拿起这本书,看到这样的说法,都不免怀疑,两位作者当真能集齐这么多招?还个个都"妙"?但我必须说,当真如此,真的满满当当,全是有用的妙招。无论是孤独症或阿斯伯格综合征儿童的家长,还是老师,都完全可以现学现用。

在我的童年时期,我的母亲和老师就运用过书里谈到的很多方法。关于孤独症儿童的教育,他们承认,他们的创意、耐心和理解,以及对适合我个人的方法与策略的孜孜以求,是帮助我实现独立和成功的关键。不过,我的成长道路也并非一帆风顺。我想在这里分享一些个人经历,说一说"招数"对一个人的生活会产生怎样的影响。

很幸运,我几乎从一开始就得到了周围大人的支持和帮助。2岁6个月时,我就开始接受良好的教育干预了,这对我的成功至关重要。我的早期干预最重要的一个方面,是学习"与世界连接"。我每天接受言语治疗,一日三餐都在学习餐桌礼仪,和保姆每天几小时的游戏时间里,我在学习"轮流"的规则。只有在午饭后的一小时内,我可以稍微放纵一下孤独症的重复行为,除此以外的时间里,我得参与各种结构化的活动。

3岁6个月以前,我不会说话,但即便在开口说话以后,言语治疗也依然是一项重要的干预内容。如果大人们用正常语速对我说话,我会觉得太快了,完全莫名其妙,因为我听到的全是元音,没有辅音。自然,我也无法给出恰当的回复。但如果他们慢慢讲、直接对着我讲,我就能听懂。在说到"cup""hat"之类的词时,我的言语训练老师会注意将其中的硬辅音发得特别清晰,直到我学会注意听并听出这些音来。

在5岁入幼儿园前,我每天的很大一部分时间都用来玩需要轮流的游戏。一开始,轮流玩对我来说实在太难了。但每天反复玩,加上其他活动的强化,我渐渐接受了这一概念。我最爱玩巴棋戏和中国跳棋之类的桌面游戏,为了好好玩，我必须耐心等待轮到我的那个时刻。

室外活动也是学习轮流的好机会。比如堆雪人，我先堆雪人的下半身，我妹妹接着堆上半身，我再完成雪人的头部。我家保姆有一大盒"雪人装饰物"，包括旧帽子、瓶盖子（可以当雪人眼睛和鼻子），我们会轮流将这些东西安到雪人的头上。和邻居小伙伴玩的时候，我也学习轮流。比如跳绳，两人摇，一人跳，我必须明白，不能总是我一个人跳，轮到其他人跳的时候，我就该去摇绳了。甚至在餐桌上，我也在学习轮流，我可以参与聊天，谈我感兴趣的话题，但大人也教导我，要让妹妹和其他人轮流聊他们的话题。

到了上小学的时候，这些从小养成的实用生活技能和概念给了我很大的帮助。不过我觉得，结构化的课堂本身就特别切合我的学习方式。那是1950年代的老式课堂，每班只有十二三名学生，大家静悄悄地，在每天的同一时刻上着同样的课。如果换作现在的课堂，每班30个学生，吵吵闹闹，或许我就无法应对自如了。

我之所以能顺利度过小学时光，是诸多因素的共同作用，但其中有两个因素对我帮助最大。第一个，老师们会教育全班同学，告诉他们我有哪些不同之处，不但解释我的困难，还教他们如何帮助我。第二个使我成功的因素，是我母亲和老师之间的密切合作。无论在家还是在学校，我都要遵守同样的行为规则和纪律。如果我在学校发了脾气，回家就会挨罚——当天晚上不能看电视。规则在那里，明明白白，我无法要挟母亲或老师改变规则或行为的后果。这里要区分发脾气（故意的）和情绪崩溃（非故意，通常因感觉超负荷或劳累过度引起），前者需要本人承担后果，而后者通常意味着他人需要进行各种调整、提供各种便利。

这样的调整在如今的课堂里已经很普遍了，连法律都有这方面的强制规定。治疗师和助教已经成为个别化教育计划（IEP）不可或缺的一部分。在我那个年代，学校里根本没有助教，但课堂再大一些的话，就很有必要了。

针对孤独症儿童的便利性调整，最常见的是对感觉因素的调整。在这一方面，本书也颇有见地。孤独症人士的感觉问题各不相同，但因此而来的痛苦却是实实在在的，虽然有时可能只是微微的不适，但有时却会让人身心俱疲、情绪崩溃。孤独症儿童可能存在的感觉问题包括听觉、视觉或触觉敏感，或兼而有之，也可能正好相反，他们的某种感觉或所有感觉都不够敏感。触觉敏感是我最大的问题。我无法忍受拥抱，羊毛衣物给我的触感如同砂纸一样。

与其他孩子一样，我的感觉问题也不止一种，小学里的上下课铃声，在我听来非常刺耳，那种感觉，就像牙科钻头碰到了神经。有些个体会因为听觉过敏而无法在商场、超市之类的公共场所逗留。这些地方还有一个问题，那就是荧光灯的不停闪烁（只有视觉敏感的人才感觉得到）。很多孩子通过戴浅色眼镜或伊尔伦有色眼镜来缓解视觉上的过度刺激，避免感觉超负荷。据我所知，浅粉、浅紫、紫褐和浅褐是最有助于缓解视觉刺激的颜色。

视觉敏感的孩子，无论在家还是在学校，都感受着同样的压力。为了避开刺眼的荧光灯照，可以将孩子的书桌挪到靠窗的位置，或者在他的书桌旁开一盏 100 瓦的白炽灯。不要使用节能灯，因为很多节能灯也会有闪烁。有些电脑屏幕也会闪，但笔记本的液晶屏则不会，所以可以考虑将普通屏幕换成液晶屏。还有，即使白纸也可能会让孩子感觉刺眼。如果孩子向你抱怨纸上的文字在扭动，那么试试用略带柔和色彩的纸来打印作业，降低视觉对比度；可以让孩子自己挑选喜欢的颜色。

这些我曾经面对过的挑战，正是本书作者在整部书中试图解决的问题——语言及沟通、行为、实用生活技能等，作者还就感觉问题给出了许多建议和调整策略。我个人觉得，第一章里"视觉问题"部分的"家庭的适应性调整"和"学校的适应性调整"尤其有用。此外，你还可以读到提高个人卫生的相关建议。个人卫生是很重要的功课，但它在一开始往往会被忽略，直到孩子越来越大，卫生问题日渐突显，才会引起成人的重视。我特别欣赏作者在书中强调的那种全面健康的生活方式，它也是全书一以贯之的主题。儿童时期的大量运动对我帮助很大，我母亲常常对我说："出去跑掉点能量。"科学研究向我们不断揭示出运动对神经系统的诸多益处，安抚情绪便是其中之一。

对于孤独症儿童的教育，我认为最重要的是先解决孩子的生理需要，为他们创造一个舒适的学习环境。一个肠胃不适或有其他生理疼痛的孩子是无法专心学习或好好接受治疗的。在生理需要得到满足之后，接着最重要的一件事，是开发每个孩子独特的天赋和特长。我的特长是绘画，它是我日后从事畜牧设施设计的基础。我的家人和老师们先是给我材料和工具，如关于透视法的书籍、美术用品等，让我开始画画，然后又安排专门的绘画课程拓展我的能力，保持我在这方面的自信和兴趣。他们相信自己以及相信我"可以为之"的态度，与本书作者的理念遥相呼应。

和许多孤独症儿童一样，我的兴趣常常固着在某几个特定的主题上，所以有时需要他人推我一把，才会去尝试新鲜事物。比如，我一向喜欢画马，而且是素描，但有一天母亲却让我画一幅沙滩的油画；作为奖励，她把那幅油画裱了起来。你可以在这本书里找到很多类似不拘一格的教育方法。为了拓展孩子的兴趣，老师和家长必须帮助他们将这些特殊兴趣发展成特殊能力，并且是能为外界所赏识的能力。能在某领域拥有一技之长，甚至一份得心应手的工作，可以让人自信、独立并终身受益。

这本书勾起我很多童年时期的回忆，这里的很多智慧超越了时间，1950年**有用的**，2010年依然有用。像打水漂这样简单的游戏是我童年的最爱，我觉得现在的孩子也完全可以尝试，说不定也会成为他们成长中的美好回忆。

除了上千条非常具体的方法和建议，作者还提出了许多真诚而实在的忠告，无论你是家长还是教育者，无论你在孤独症方面的经验丰富与否，这些忠告你都可以快速理解并轻松采纳。就算你只读关于如何带孩子就医和看牙的部分，就足以值回书价了！

《孤独症育儿百科（第2版）》会成为你在孤独症儿童教育之路上的得力参谋。它章节分明，条目清晰，每一个方法都独出心裁，又广泛涉及各种场合。在一般性建议的基础上，作者甚至还针对不同孩子或学生的个别化需要，提出额外的建议。

如果所有学校和家庭都能采用书中的建议，哪怕只是其中的一部分，那么，孤独症和阿斯伯格综合征儿童的生活质量就会有提升的无限可能。这才是真正的"妙"处所在。

——天宝·格兰丁博士（Temple Grandin, Ph.D.）

前　　言

　　命中注定、缘分、天作之合，无论你信或不信，我们都觉得，我们两人走到一起出书，真的不只是巧合而已。韦罗妮卡此前已在孤独症领域工作了十年以上——在全国性的孤独症组织里担任领导，是"未来地平线"出版社的副总裁，也是一名图书编辑，至今担任着美国第一家全国性孤独症谱系障碍专题杂志《孤独症/阿斯伯格综合征文摘》（*Autism Asperger's Digest*）的执行主编。是的，身兼多职，唯独不是家长。而在美国大陆另一头的埃伦，却有两个儿子，一个孤独症，一个多动症，她还是一位作家、沟通顾问，却没有任何孤独症方面的专业资质。她将一篇关于她儿子读写困难的文章投到了《文摘》，我们的缘分由此展开。随后的一年，我们聊了又聊，每次都有相见恨晚之感：迥异的经历让我们完美地互补，我们会是一对绝佳的拍档。然后，合著这本书的机会来了。

　　感觉统合是本书各章的核心。时至今日，在孤独症领域，还有人将感觉统合治疗看成是可有可无、在"真正的治疗"之外"时间允许的话"才考虑的事，也有家长和专业人士认为感觉统合是没有科学依据的胡说八道，还有许多老师从未在课堂上运用过感觉统合的理念和方法。这些都很让我们两个着急上火。难道是因为感觉统合这一主题过于复杂，所以很多人望而却步，转而寻求更简单的方法去了吗？这种态度当然是可以理解的，毕竟神经学是一门非常非常复杂的学问。然而，正如电影《非洲女王号》（*The African Queen*）里，德国军官不相信女主角穿越了无法通航的河流时，凯瑟琳·赫本的那一句"然而"，迎难而上，才是应对感觉统合的最佳方式。

　　为人父母、为人师最重要的一件事，是尽一切可能，设身处地站在孩子的立场思考问题，对感觉系统天生异常的孩子，甚至要切肤地感受他们的感受。对环境过于敏感的孩子，不时承受着来自周围环境的攻击，晕眩、刺耳、压迫、挑衅，让他们时常处于自卫的状态之中。在我们看来，期望孩子在这样的状态下还能进行社会性或认知性学习，简直不切实际。这就是我们强调感觉统合的原因。通读全书，你会发现，现实生活里充斥着感觉刺激因素，无论是对于孤独症或阿斯伯格综合征儿童，还是我们所有人，都是如此。对饱受感觉困扰的儿童来说，感觉治疗绝对是所有治疗的重要基础。我们在很多儿童身上亲眼见证了这一点。埃伦的儿子在幼儿时期，在触觉、口腔感觉、听觉、视觉和本体感觉各方面均表现出极度的防御性，但经过七年如一日的感觉干预之后，他甚至摆脱了作业治疗和适应性体育课，因为他在这些方面的能力和敏感性已经与同龄人相差无几。这不是魔法，是感觉干预——持续的、耐心的感觉干预——起了作用。

与感觉干预同等重要的，是沟通和语言治疗。毫无疑问，一个因不能让别人知道自己的需求而无法满足自己的孩子，沮丧和绝望会如影随形。21 世纪初的研究认为，40% 的孤独症儿童没有语言，而这些儿童中的大部分将永远无法发展出功能性语言。对此我们是不认同的，这也促使我们开始向家长和专业人士大声疾呼——教谱系孩子，我们指所有谱系孩子，一种与人沟通的方法。任何形式的沟通方式都可以：手语、图片交换沟通法（PEC）、辅助技术、口头语言，或这些形式的任意组合，或它们与其他形式的结合。无论如何，关键是要让孩子掌握一套属于**自己**的日常沟通方法。设身处地想一下，如果你每天都赶不上周围人的谈话节奏，无法理解并参与其中，你没有途径或词汇告诉你的上司或同事你哪里痛苦、有什么需求，也看不懂纸上的符号、听不懂电话里的声音，你要怎么熬过这一天？与感觉统合问题一样，当接受性和 / 或表达性语言受阻，你每分每秒都只是在挣扎应对，这样的状态，很难实现真正的学习。作家道格·拉森（Doug Larson）告诉我们："如果英语是一门讲理的语言，那么灾难（catastrophe）就是长了毛皮（fur）的撇号（apostrophe）。"任何言语语言病理学家或教初阶英语的老师都会告诉你，英语可以说是地球上最不靠谱的一门语言。对于思维比较具体的人（比如我们的孤独症孩子），英语中反复无常的语法规则、抽象的习语、微妙的讽刺、同音词、多义词以及像"菠萝"（pineapple）这样看似荒谬的词（里面既没有松树 pine，也没有苹果 apple），实在让他们为难。因此，尽早开始集中的、持续的语言 / 沟通治疗就变得非常重要了。所幸，只要成人稍微有一点这方面的意识，那么日常的每一个时刻都可以加以利用。这本书里收录了几百条这方面的建议，欢迎参考选用。

我们心中还有一个信念，它无比真诚，也无比重要：接受并战胜孤独症的终极力量，在于我们是否愿意绝对地、无条件地爱我们的孩子。只有当我们摒弃"要是""如果"之类的想法，才能让孩子自由成长——在他自己能力范围之内（他多才着呢）、按他自己的个性、以他自己的时间节奏（而不是我们的或遵循所谓的"发展规律"）成长。想想当你自己还是孩子的时候希望被怎样对待，你现在是大人的时候又希望被怎样对待，孩子跟你是一样的。是的，灵丹妙药真的**存在**。一个感觉自己被无条件接纳、身边重要的大人也真心相信自己"可以"的孩子，完全有机会像我们一直期待和梦想的那样，成长为一个幸福而有能力的大人。

在本书第 1 版出版后的五年里，我们两人或著或编，合作了另外 13 本书。这些书有的已经成为孤独症领域的畅销书，至今热度不减，好几本还获得了多项荣誉嘉奖，但只要是我们两人合著的书，都一脉相承了这第一本书的精神。《孤独症育儿百科（第 2 版）》的长盛不衰，加上这五年里我们累积的新想法，促成了这第 2 版的问世。我们在原版基础上进行了较大幅度的更新和拓展，对一些较为复杂的主题，比如社会性思维、语言与沟通、成人在塑造儿童行为中的作用等进行了更有深度的挖掘，所以，最终你能看到的策略远远超过了 1001 个。此外，我们还探讨了第 1 版未曾涉及的几个主题。

如果你愿意，孤独症可以成为一场启迪心智的旅程。如果你能将它当作生活的一部分，接纳它，拥抱它，那么，每一天你都会对它、对你的孩子产生新的理解和领悟，并将这份智慧融入你们的共同经历之中。

而前方等着你的，将是此行的礼物——你和你的孤独症孩子都将过上丰富而有意义的生活。

参考资料

Ten Things Every Child with Autism Wishes You Knew by Ellen Notbohm. Future Horizons, 2005。

第一章
感觉统合

> 如果不先用我们的感觉雷达探测这世界,我们是无法理解它的。
>
> ——黛安·阿克曼(Dianne Ackerman)

对非专业人士来说，孤独症最让人困惑的方面，恐怕要数感觉统合了。感觉统合是我们处理和组织我们从内、外部接收到的感觉信息的能力。感觉信息通过神经网络传到大脑，大脑对其进行解读并形成反应。这一处理过程没有意识思维的参与，它在后台运行，大部分人从来不曾停下来思考过他们的感觉是如何运作的，也没有想过感觉在日常生活中发挥了怎样的作用。

我们身体里的感觉系统有 21 种之多。大部分人知道的是传统的"五感"，即视、听、嗅、味、触 5 种感觉。还有另外 5 种感觉通常也被认为是人类共有：平衡觉（平衡感或前庭觉）、本体运动觉（感受方位及身体与四肢在空间里的运动）、痛觉（感觉疼痛）、时间觉（对时间的感觉）和温度觉（感受温度差异）。

由于一系列复杂的非典型的感觉信号输入，或感觉器官与大脑之间的异常连接，孤独症或阿斯伯格综合征儿童在看事、听声、触物、嗅闻气味、品尝味道或感受重力时的感受，与典型发展儿童和成人有着极大的差异。对谱系儿童而言，日常的每一分钟都可能是战斗，因为侵入性的感觉刺激让他们过于敏感的感官系统不堪重负；或者正相反，他们也可能感觉迟钝，需要费很大的劲才能唤醒身体，顺利进行学习和社会交往活动（这一问题的根源可能在于信息过滤功能不足，无法同时处理一种以上感官形式的信息）。

下面的段落摘自埃伦的《孤独症孩子希望你知道的十件事》[①]，来看看感觉统合障碍儿童的身体里到底发生了什么：

> 我的感知觉很混乱。这意味着，日常生活中你们可能觉得再寻常不过的景象、声音、气味、味道和碰触，都会让我十分痛苦。我不得不生活于其中的环境似乎总是充满了敌意。我表现得可能很退缩，也可能很好斗，但这些都不过是我的自我防卫。来看看逛超市这件日常小事，对我来说有多么可怕。
>
> 我可能听觉过敏。那里有几十个人同时在说话，特价广告在喇叭里轰

---

① 译注：《孤独症孩子希望你知道的十件事（第 3 版）》（*Ten Things Every Child with Autism Wishes You Knew, Third Edition*）中文简体版由华夏出版社于 2021 年出版。

响，背景音乐在头顶聒噪，收银机哔哔响着，又突然咯嗒一声，非常刺耳，呜啦啦这边在磨咖啡、那边在绞肉，哇哇哇小宝宝又哭了，购物车叽叽嘎嘎、荧光灯嗡嗡响个不停……我的大脑没法过滤这些声音，我很快就受不了了！

我可能嗅觉敏感。冰鲜柜台的鱼不太新鲜，身边的那位顾客早上没有洗澡，熟食柜台在发放香肠试吃小样，队伍前面的宝宝的尿不湿里裹着大便，3号通道有人在用氨水擦洗地上的污渍……我太混乱了。

我是视觉主导型的人，所以视觉可能是第一个被过度刺激到的感官。荧光灯太亮了，房间似乎在摇晃，我的眼睛很难受。有时，颤动的光线闪过一切物体，让眼前的景象失真扭曲——空间仿佛在不停地变化。还有，从窗户投进来刺目的强光，周围东西太多，总是使我分心（作为补偿，我发展出了管状视野），吊扇在转，人头攒动，一刻不停……所有这些，都影响着我的前庭觉，我现在甚至分不清身体在空间的位置了。

感觉统合失调是孤独症谱系障碍众多核心障碍的根源所在。这是我们在所有书里的一贯主张，这里也不例外。它会影响到儿童的行为、沟通、营养、睡眠等重要日常功能，继而决定着孩子每分每秒、日日年年的生存环境的质量。在你们的要事或急务清单中，应对和处理感觉失调应该永远居于最靠前的位置。

感觉统合的问题千头万绪，读者应该首先把握两个重要的观念：

首先，感觉训练可以采用游戏的形式。游戏是儿童学习的媒介，可以让功能性活动变得有趣，从而吸引孩子的注意力并保持其兴趣。大脑全神贯注，才是学习的好时机。感觉训练的优势在于，它可以随时随地展开，只要条件合适，一天中的任何时间，无论在家、在学校还是在社区，都可以进行。

其次，如果你的孩子正在校内校外接受各种作业治疗，你要知道，这些治疗是有限的，是不够的，孩子还需要在家接受与之相应的、持续的感觉统合治疗。把孩子交给作业治疗师，每周接受几小时的治疗，只是一个开始，当然，是一个很不错的开始，但大部分的工作还得在家完成。如果你觉得这一任务太难了，再读一下上面的小节，争取寓教于乐。

有一点需要声明，虽然这本书提供了大量有关感觉训练的方法和建议，但你依然需要专业的作业治疗师的帮助。一位精通孤独症治疗的作业治疗师是无可替代的。他／她会给你普及这方面的基础知识，让你更好地理解孤独症或阿斯伯格综合征儿童感觉障碍的原理，也能给孩子设计出恰当的感觉餐单（sensory diet，即旨在刺激或舒缓感觉的每日活动计划），并根据你的效果反馈，及时调整和改善计划。

请你相信，真的相信，没有孩子愿意因为所谓的"坏行为"而承受负面的反馈甚至责罚，尤其是当他们的不恰当行为受制于感官与大脑的沟通障碍而不能自控的时候。调节孩子过于活跃或过于迟钝的感觉，是培养良好的社会性行为的第一步，也是最重要的一步。这是一个可以实现也值得为之努力的目标，只是它需要耐心和坚持，需要你永远保持警惕，及时发现环境中的感觉刺激因素。请慢慢开始，并坚持到底。

选择正确的感觉活动

感觉统合活动对你的孩子或学生而言应该开心有趣。请遵循以下原则：

- 选择孩子可以起带头作用甚至发号施令的游戏活动。这样有助于孩子逐渐学着对你或其他人主动发起游戏活动。
- 当你发现某个方法奏效时，记得将它分享给予孩子相处的其他人。家校一致有助于效果的保持，可以最大限度地促进孩子的成功，进而提升孩子的自信。
- 在选择适合孩子年龄的活动时，要考虑到孩子的生理年龄与实际发展年龄可能存在差距。活动应该与孩子现有能力水平、感觉和社交耐受阈值相适应。举例来说，制作饼干面团是一个很好的感觉活动，但如果厨房里同时有 2～3 个孩子或其他帮手的话，可能会让孩子无法承受，而如果是和妈妈一对一的话，活动的成功概率就会很高。

- 任何活动，如果方便家庭成员一起参与，那就再好不过了。
- 但这些活动不应该给家庭带来过大的负担，不论是经济上、时间上，还是空间上，甚至心理上。凡事不过度。很多感觉活动的妙处，恰恰在于灵活机动，这里几分钟、那里几分钟，日积月累之后会产生惊人的累积效应。

我们这里收录的很多感觉活动都能轻松融入孩子的日常生活之中，有些活动还可以在家校间通用。所有这些感觉活动，与你立刻能想到的那些传统活动都不太一样，希望它们能启发你更多的新创意。

感觉超负荷的 12 个预兆

关于感觉过敏或感觉迟钝的应对方法，我们这本书、其他很多书、孩子的作业治疗师和其他相关专业人士，会给你一箩筐的主意。有些主意很受孩子欢迎，有些则不然。

你自然希望孩子可以"最大限度"地参与到令人愉快的感觉活动中去，但这样的活动是不是越多越好呢？作业治疗师认为，当然不是。再好的活动，若不加节制，也会让孩子娇弱的感官不胜重负，导致可怕的情绪崩溃。以下 12 种信号是过度刺激的预兆，请熟记于心：

1. 失去平衡或方向感。
2. 脸色发红，或突然发白。
3. 孩子喊"停！"。
4. 孩子坚决拒绝活动。
5. 心跳剧烈，或脉搏突然下降。
6. 歇斯底里，叫喊。
7. 胃部不适：痉挛、恶心、呕吐。
8. 大量出汗。

9. 孩子变得激动不安或愤怒。

10. 孩子开始刻板重复他人的语句或一遍遍重复不相关联的语句（自我安抚行为）。

11. 孩子开始出现自我刺激行为（重复性的自我安抚行为）。

12. 孩子开始拳打脚踢或者咬人。

如果出现以上任何征兆，请立刻停止活动。孩子的行为告诉你，活动已经超出了他的承受范围。这时你要克制自己的冲动，不要觉得他"应该"可以承受或再稍微坚持一会儿。请你的作业治疗师推荐一个恰当的活动频率和活动量，并教你如何为孩子制定更加合理的感觉餐单。

让孩子动起来的 50 种方法

体育活动与每个孩子的整体健康息息相关，活动中发生的社会交往对孩子也有很大的益处。所有体育活动都可以给孩子提供多重的感官输入，让他们的大脑得到锻炼，也使他们的感觉系统更好地发挥应有的功能。经过反复练习，即便障碍比较严重的儿童，精细运动技能和粗大运动技能也都会有所改善。无论是单人运动，还是集体运动，均有助于培养协调性、动作记忆、肌肉记忆、控制力以及空间意识。运动还能让孩子学习计量时间、预测进展、听从指令或对指令做出反应、适应变化等。而身体上和社交上的积极反馈则可以激励孩子挺过初学的尴尬阶段，最终体验到成功的乐趣。在此过程中，他们的自尊也将一路看涨。

在给孩子选择"合理"的体育运动的时候，请丢开你的既有成见。即使喜欢足球、篮球和棒球的孤独症或阿斯伯格综合征儿童不在少数，也并不意味着所有人都适合团体运动——规则多到让人头疼，人群纷乱杂沓，跑来跑去、吵吵嚷嚷、气味混杂，而团队成员的期待更是压得人喘不过气来。

有些家长（当然，不是你）认为，除非孩子加入学校足球队，否则根本谈不上真正的运动。这种观念对孩子没什么好处，从理论上说，也站不住脚。只要给机会，假以恰当的引导和有序的操练，孩子完全可以熟练掌握各种不同的体育项目。但如果是人数少一点的运动，效果会更好。因为在小一点的池子里，孩子更可能成为一条"大鱼"，收获更多的成长。而且，这类运动的训练班往往更愿意接纳初学者，甚至还会提供试听或体验课。如果没有，向他们解释孩子的情况，主动询问是否可以安排。最差的结果，是他们回答说不能，但从他们说"不"的态度，你可以大概了解孩子在那里是否会受欢迎了。如果孩子目前还没有建立起竞争的概念，那么先不管它，他也许需要一个慢慢适应的过程；如果他无论如何都无法建立这一概念，那么将体育活动当成生活的一种乐趣，岂不更好？

居住地会在一定程度上决定你对运动项目的选择。内陆城市的居民可能发现想学冲浪很难，而南方海滨城市的滑雪健儿也会觉得在本地无法伸展拳脚。但对一个真心热爱运动的人来说，这都不是问题。还记得1988年卡尔加里冬奥会的牙买加雪橇队吗？他们就是适应性体育运动的大师——他们在热带的牙买加，给雪橇装上轮子，用草坡代替滑道，就地练习。他们让大家记住的，不是比赛成绩垫底，而是他们的勇敢无畏和乐观幽默。在六年后的挪威利勒哈默尔冬奥会上，在4人组的比赛中，他们的成绩甚至超越了美国队。

下面，我们将列举在典型的团体运动之外，还可以怎样享受运动和肢体活动的乐趣。我们的清单说不上什么神奇之处，它涉及的不过是些最为常见的活动。

关于活动的选择，我们再多说几句。在尝试新项目之前，请先想一想，该活动是否符合孩子目前的状态和能力水平，比如：

- 兴趣水平。不要强迫孩子参加不感兴趣的活动；在一开始的时候，选择孩子高度感兴趣的项目，因为这样的项目自带激励和奖励作用，有助于保持积极性。
- 能量和情绪水平。一个低能量的孩子，可能会觉得玩飞盘或练瑜伽刚刚好，而打篮球或打网球则比较难以招架。
- 肌肉紧张度和协调性。这两者都是可以通过不断练习而得到强化和提升的。所以，选一个你们觉得舒服的节奏，从现有的状态开始，慢慢练起来。注意循序渐进，在进行6公里远足之前，最好先找个公园一圈圈练起来。

- 选择单人运动？双人运动？团体运动？你们的主要目标是保持运动、快乐健身。孩子也许更愿意和你一起在家附近悠闲地骑个自行车，而不是和另外几个孩子一起学跳舞。
- 注重乐趣还是输赢？如果孩子输不起，那就比较适合没有竞争性的单人运动，比如钓鱼、远足、攀岩之类无关输赢的活动。不过你要知道，孤独症或阿斯伯格综合征儿童很多都没有竞争概念，你必须正儿八经地教他们，他们才会懂。所以，那个一心想赢的人会不会是你自己呢？
- 利用现代信息技术，引导孩子走出家门，去户外或参加集体活动。通过观看DVD或网络视频，让孩子广泛接触武术、健身、舞蹈等各类活动项目，尝试并找到喜欢的项目。

我们之所以要在下文不厌其烦地列举各种体育项目，目的是给你留下一个深刻的印象，让你知道，你有丰富的选择余地，而且，不要忽略那些常见的项目。只要找准节奏，这些活动应该可以给孩子很大的进步和成长空间，也让你体验到更多成功的乐趣，在这条路上坚持走下去。毕竟，在人生的马拉松里，这才是真正的成功吧。

- 水上运动：游泳、游泳课、游泳队、花样游泳、儿童浅水练习、潜水、冲浪、划船、皮划艇、漂流、钓鱼。
- 轮上运动：玩具三轮车、三轮车、儿童自行车（带辅助轮）、普通自行车、赛车、双人自行车、滑板、滑板车、滑旱冰。
- 球拍类运动：网球、短柄墙球、墙手球、羽毛球、乒乓球。
- 瞄准类运动：保龄球、高尔夫球、迷你高尔夫、射箭。
- 跑、走、跳：儿童两项或三项全能、慢跑、蹦床、远足、田径运动。
- 冰雪运动：滑降滑雪、越野滑雪（北欧式）、滑板滑雪、长雪橇滑雪、雪地鞋徒步、滑冰（花样滑或速度滑）、破冰垂钓。
- 武术：太极、跆拳道、空手道、柔道、合气道、散打、卡波耶拉（capoeira）。
- 马术：骑马、儿童牛仔竞技表演。

- 游戏活动：跳绳、跳跳球（球顶带把）、呼啦圈、绳球（tether ball）、弹簧跳跳杆（pogo stick）、接投回力球（jai-alai）或魔术贴圆盘、草坪或室内曲棍球、飞盘。
- 协调类运动：踢踏舞、芭蕾舞、街舞、民族舞、爵士或现代舞、瑜伽、舞棒、体操、翻筋斗、攀岩等（选择以兴趣为主而非以技能竞技为主的课程）。

学会享受户外野趣

大自然是一个天然的课堂，处处都有令人惊叹的景象、声音、触感和气味。即使你的孩子感觉过敏，你也要带他去体验新鲜事物，让他去发展，去成长，甚至慢慢降低感官的防御性。缓慢而谨慎地扩大孩子的接触面，根据他的反应做进一步的打算，是成功享受户外乐趣的关键。

对你的孩子而言，安静的自然环境最容易带来美好的感受。远离城市的喧嚣，远离电子设备的侵扰，远离市井人群的杂沓，任何人都会情不自禁地长舒一口气。踏着清晨的寂静去一次公园，听一听潺潺的流水，流连于如茵的草地，捡几块有趣的石头回家。或带一块垫子，躺着看午后天空的云动，数一数掠过的飞鸟。还可以去山林中走走，辨一辨你们见到、听到或摸到的10种东西，毛茸茸的、硬邦邦的或柔软的10种东西……总之，去探索！（另见第六章的"我们来寻宝"。）

户外手环

准备一卷耐用的强力胶带，剪一段，绕孩子手腕一圈，带黏性的一面朝外，让他将捡来的枯枝落叶、果壳沙粒或草叶花瓣粘满整个一圈，就是一个很棒的户外手环。注意：要考虑到最后取下手环时孩子的情绪，如果剪断手环会让孩子崩溃失控，那么在制作手环时就要尽量放宽尺寸，或者两端不要粘死，可以折起来用回形针固定，方便取下。

冬天夏天一样好玩

夏天最爱的游戏，到了冬天，换个花样一样好玩。比如，你可以先尝试下面这些玩法：

- 夏天的沙堡模具，冬天可以用来做雪堡，往模具里装雪的动作与装湿沙子的动作如出一辙。
- 用长方形食品保鲜盒制作雪堡或冰屋的砖块。
- 用树枝在雪地上写字或画画，比如"奶奶，我爱你"，然后拍成照片，再将照片装进雪花水晶球里，作为特别礼物送给孩子喜欢的人。（装照片的雪花水晶球可以去精品店或相片冲印店里找，尤其过节的时候，比较容易买到。）
- 如果你家孩子是《戴帽子的猫》(*Cat in the Hat*)的粉丝，那么滴几滴红色的食用色素到喷水壶里，让他像书中的小猫们那样，将白雪喷洒成粉红色。
- 夏天荡过的轮胎秋千，冬天用来投雪球再好不过了。
- 或者解下轮胎，将它往雪堆上投。
- 把雪球当成网球或棒球，练习发球。如果听到啪嗒声，就是击中了。
- 搬出滑梯，使之结冰，然后用来玩保龄球或推圆盘游戏(shuffleboard)。

记住：孤独症或阿斯伯格综合征儿童对气温往往不太敏感，他们不会主动告诉你他们冷，所以你要经常上前检查，以免着凉或受冻。

将大自然搬进室内

有些孩子不喜欢户外活动，因为大自然中有很多东西让他们觉得又脏又恶心。那么你可以想办法将大自然搬进室内，让孩子以自己的节奏逐渐适应它们。比如在厨房、卫生间或任何不怕溅水的地方安放一个小小的戏水池，就是一个小生态系统。泥土、沙子、小树枝、石子、松塔、坚果、种子荚果或小块的草皮之类的东西也都可以搬进室内，收拾安置在比较安全的地方。一开始可以让孩子戴上塑料手套触摸这些东西，渐渐熟悉之后，他会比较愿意去户外直接接触这些东西。

沙桌

玩沙子可以很好地刺激关节，激活孩子的本体感觉。为了提供丰富多样的刺激体验，可以将沙子换成不同的材料：

- 大米（为了增加趣味性，还可以加几滴食用色素）
- 各种豆类
- 猫砂（用碾碎的坚果壳、玉米、再生报纸、木料或其他绿色环保材料制成的那种）
- 盆栽土
- 爆米花（爆开的、没爆开的都可以）
- 鸟粮
- 燕麦、小麦、小米或其他谷物
- 家庭鱼缸用石子
- 豌豆大小的石子

沙桌活动

沙桌游戏不仅仅是把沙子挖起来、装进桶里、再倒出来，它们在儿童的感觉和运动发展中起着重要的作用，比如发展手眼协调、刺激前庭觉和本体觉等。同时，在游戏的过程中，孩子也有机会学习相对或相反的概念，比如内和外、这里和那里、满和空等。可以让孩子在沙桌上反复进行需要推、拉、拽、挖等动作的活动：

- 让孩子挖出埋在沙里的东西。
- 与玩水活动结合起来，特别注意变换不同质地的材料。

- 在沙桌里玩人偶或动物玩具，让它们在材料间进行各种运动——行进、爬、跳等。
- 在沙桌里玩玩具工程车，用它们造山、筑路、挖坑等。

蜘蛛侠大作战

如果你家有个"小蜘蛛侠"，那么在他的房间或游戏室打造一个真人版的蜘蛛网会让他非常开心。将细绳、纱线、风筝线或未上蜡的牙线缠绕在门把手、柜子把手、床腿、椅背或任何牢靠的地方，编织成网；让他从网上攀过、网下爬过，或者走蜘蛛网迷宫；玩过一天之后，给他一把剪刀，让他把网剪破，顺利脱身。

大纸箱的花样玩法

家里买了大件，比起物件本身，孩子更喜欢的，往往是它外面的大纸箱。对孤独症或阿斯伯格综合征孩子而言，超大号的纸箱可以带来很多有趣的体验，而这些体验中恰好蕴含了最基础的感觉治疗。很多谱系孩子喜欢封闭的空间，比如壁橱、隔间以及隐蔽的藏身之处，对这些孩子而言，大纸箱实在是一个很理想的空间。你可以按照自家孩子的喜好和需要，将大纸箱改造成各种样子：

- 营造一个安静的空间。在箱子内部涂上舒缓情绪的颜色，配上枕头、书籍、毛绒玩具、耳机和音乐。
- 如果孩子是个太空迷，那么可以在箱顶上镂刻出星星的形状。
- 如果孩子喜欢大量的触觉输入，那么可以将他最喜欢的材料贴在箱子的内壁上，比如皮毛、灯芯绒、砂纸等各种质地。也可以将几个透明的塑料鞋套当口袋挂在内壁上，在口袋里装上弹珠、种子等粗质地的物品。
- 有些孩子超级喜欢气泡包装纸，想象整个"屋子"被气泡纸包围的场面——气泡墙纸、气泡天花板、气泡地板，他会多么喜欢。

- 在箱子内部涂上黑板漆，方便孩子按照自己的心意变换背景图案。
- 一个小屏幕电视机或 DVD 播放器，可以将纸箱变成电影院。
- 一个睡袋和一个手电筒，可以将纸箱变成露营帐篷。
- 在箱子里开餐馆。你家挑食的孩子甚至可能开发出让你眼前一亮的新菜式。别忘了趁机练习点餐和付账。
- 给箱子装上方向盘，孩子就是赛车手、公车司机、卡车司机、消防员或者飞行员。
- 给箱子四周和顶上钉上丝质面料，铺上地毯，再加几个靠垫，让你的篷车公主在里面尽情幻想。
- 在箱子内部贴上反光纸，在顶上挂一个迪斯科舞厅的球灯或圣诞树顶的彩色星星灯，让孩子仿佛置身于万花筒的内部。（视觉敏感的孩子慎用。）
- 语言训练：以玩游戏的方式，教孩子与空间有关的词汇和概念。比如"西蒙说"（Simon Says）："西蒙说，走进箱子里。把脚伸到外面晃一晃。躲到箱子后面。绕着箱子周围跑。把沙包丢到箱子上。"

浴室里的感觉刺激活动

洗浴时间就是感觉刺激时间！不论是感觉过敏的孩子，还是感觉迟钝的孩子，都要好好利用每天的这个时机进行感觉训练，或舒缓安抚，或强化刺激。

- 借助厨房用具玩泡泡游戏。准备一个用旧了的手摇式打蛋器，加一些泡泡浴液或洗洁精，就可以进行有趣的感觉练习了：打出一整碗泡泡，或一浴缸、一水池泡沫，还可以用泡沫塑造各种形状，凶恶的鲨鱼、漂亮的美人鱼等。
- 用杯子盛水，在水里加入食用色素。
- 使用粗质地的洗浴用品，如沐浴手套、浴巾、丝瓜络、擦背刷。
- 如果孩子喜欢薄荷草、洋甘菊或其他花草茶的气味，可以给她几个这样的茶包，让她泡进浴缸里。
- 洗完澡用干毛巾擦身体的时候，加大按压的力度。

- 给孩子的四肢揉擦润肤乳液（前提是孩子喜欢，并能够忍受乳液的气味）。
- 用电动牙刷刷牙。

到处都能玩水

很多谱系孩子都热衷于玩水，无论哪一种形式的玩法都很爱。他们喜欢在玩水时感受不同的质地、不同的温度以及不同的气味。这种爱好有利也有弊，主要还是看孩子的个人情况。你要注意的是控制游戏中的干扰因素，保持孩子的游戏热情。

- 洗碗，尤其可以将手肘以下浸没到加了洗涤液的水中。
- 在泥地里玩：可以是黏稠的软泥，也可以是稀一点但带粗颗粒的泥浆。
- 用洒水壶接水，再去浇花。
- 玩水坑：踩水踩脚（最好光脚）、用棍棒搅水、往水里扔石子。
- 用水桶或水管洗汽车、洗自行车或洗小狗。
- 在摇摆洒水器周围玩耍，或将其他玩具连到洒水器或洒水管上。
- 坐在气垫或汽车内胎上，漂浮在水上。
- 潜入水中捡拾物品（有点重量的指环、硬币之类）。

小锦囊

再好的奖品，如果经常使用，也很快就会失去光彩。要经常检查作为奖励的感觉活动对孩子的吸引力。如果孩子对该活动不再有兴趣，那它就不再具有奖励作用。

手指画

把双手搞得黏糊糊脏兮兮却不会被数落，这样的机会并不多，手指画是其中之一。想来这也是大家童年的美好记忆之一。不过，你的孩子或学生却未必喜欢那样的感觉。对于触觉防御型的孩子，你需要循序渐进地引导。可以先用棉签画，再改成戴手套画（胶皮或塑料手套，比如备餐用的一次性手套），需要的话，还可以在孩子稍微适应后，将手套指尖逐个剪掉，比如，每周剪一个，逐个露出手指。

至于手指画颜料，大可不必花大价钱购置。利用家中现成的日用材料，就可以轻松调配出自然无毒的颜料来。而且，如果让孩子亲自参与颜料的制作，没准还能提高他对手指画的兴趣。最简单的制作方法，是将面粉和水等量混合，再加入食用色素。你也可以将一份玉米淀粉加三份开水搅开，再加入适量甘油增加光泽。但要注意，在颜料降温前要格外留心，不要让孩子过早伸手去蘸颜料，以免烫伤。

如果你或孩子总是因为担心把家里弄乱而小心翼翼，让手指画失去应有的趣味，那就不妨去室外画。相比在纸上画，孩子说不定更喜欢在树叶或石头上画。等他兴趣渐浓，你还可以引入不同质地、不同黏稠度的材料，比如剃须膏、布丁、沐浴露等，甚至还可以混入大米、玉米粉或砂粒，丰富感觉输入的层次感。

除了手指画，你们还可以尝试用脚、脚趾甚至手肘来画画。

食物的触觉乐趣

即使是讨厌弄脏手的孩子，也会愿意在你做点心、做饭的时候搭把手，而这个过程可能就是体验触觉的好机会。（从生活自理的角度来说，这些技能也该尽早开始学习。）试试以下方法：

- 用手揉搓、拍打面团并擀平。
- 用手搅拌牛油果酱，包括先用手指将果肉捏成泥。
- 用手摇式打蛋器搅打布丁或煎饼糊。
- 用打蛋器搅拌蛋糕糊。
- 在广口瓶内打发黄油。
- 用饼干模具将面团切出或压出不同的形状。

- 做面包时，帮忙揉面团。
- 用棉花糖或橡皮糖做出不同的造型（可用细饼干棒或牙签做辅助）。

可食用黏土配方

玩黏土、捏橡皮泥可以给孩子很棒的感觉体验，但你总是不得不伸手去阻止孩子，因为她总想把这些东西往嘴里塞。试试给她做些可以吃的"黏土"吧。

注意：如果孩子对花生过敏，请不要采用下面的配方。

配方 1：将 1 杯奶粉、1/2 杯柔滑花生酱、1/2 杯蜂蜜混合均匀。给孩子手上喷上防粘喷雾，就可以开始玩了。做出来的"黏土"作品可以马上吃掉，也可以留在冰箱里慢慢吃。如果配以一定的香辛料，比如肉桂或肉豆蔻，还可以制造出另一番感觉体验。

配方 2：将 3½ 杯柔滑花生酱、4 杯糖粉、3½ 杯稀玉米糖浆和 4 杯奶粉混合均匀。

（以上两个配方出自 *SurprisingKids.com*，稍做修改。）

配方 3：巧克力黏土：将 8 盎司（约 227 克）半甜巧克力隔水融化，加入 1/4 杯又 1 汤匙的玉米糖浆，不停搅拌，直至混合均匀（混合物比较黏稠，可能不太好搅）。将混合物倒入保鲜袋，放冰箱冷却固化。取出，揉捏至有足够的延展性，方便塑形（或直接吃）。省着点，如果吃太多，有些孩子的肠胃会受不了。

小锦囊

灯光、气味、声响、颜色、气温、视觉刺激，这些影响孩子日常生活的感觉因素，也会影响评估的准确性以及治疗的有效性。来自从业者的经验之谈：无论在哪个领域，永远对感觉刺激因素保持敏感。

打滚的孩子

打滚可以是一个快乐的全身运动,无论滚上、滚下,还是滚过不同材质的表面。要注意留心孩子是否存在头晕、恶心、失去方向之类的情况。如果有,那就说明感觉活动强度过大,需要立刻停下来。孩子可以在这些地方打滚:

- 草地上:草地或草坡都可以。滚下草坡后,可以让孩子再往上爬回去。
- 地毯上:可以是厚实的长毛绒地毯,也可以是薄一点的剑麻地毯。室内室外均可。
- 裹在毯子里滚:棉毯、毛毯、绒毯均可,不论厚薄。
- 套上纸箱后滚:去掉纸箱上下底面,形成一个套子。

摇摆或旋转

很多孤独症或阿斯伯格综合征孩子都喜欢摇摆和旋转。作业治疗师和言语语言病理学家也经常趁着孩子荡秋千或进行其他有趣的大幅度活动时,一起完成各自的治疗项目,因为语言常常会在这个时候自然而然地冒出来。玩摇摆和旋转,也要多一点创意。

- 普通游乐场秋千。
- 吊床或网兜秋千。
- 轮胎秋千。
- 平板秋千(胶合板以布料或海绵包覆)。
- 塑管或圆筒靠垫秋千(较粗的塑胶管两头封好并以布料包覆),可以反身趴在上面摆荡。
- 吊杠秋千。
- 在以上任何秋千上打转。
- 以不同姿势旋转:双臂垂于身体两侧、双臂张开、双臂举过头顶。
- 在浅水池或浅水里旋转。
- 在雨中旋转(站在水坑里)。

- 与另一个人一起转，双臂张开，每转一圈，双手与对方相碰，就像齿轮相互咬合一样。试试看，你们可以转多快，并且依然每一圈都能彼此相碰。

粗大运动活动

多干"重活"——需要突破阻力运动全身肌肉，才能将感觉信号传到大脑的活动——对很多孤独症谱系儿童都颇有益处。很多家务活都可以给孩子提供良好的本体感觉刺激。除此而外，做家务还会让孩子产生一种家庭归属感以及服务家人的自豪感。

- 搬运或拖拉洗衣篮。
- 割草时推割草机（注意安全）。
- 在商店购物时推购物车。
- 打扫时推吸尘器。
- 将买回的物品从车里提到家中。
- 用铁锹或铲子在花园挖土。
- 在冬天铲雪。
- 使用锤子。
- 推拉四轮或独轮推车。
- 用脚踏泵或手压泵给沙滩排球或轮胎充气，或用气泵给自行车打气。
- 拖地或扫地。
- 用床单或毯子做成"雪橇"，和兄弟姐妹轮流拖拉着玩。
- 拖拉行李箱或拉杆书包（装满）。
- 将 5～10 公斤装的鸟饲料拖到鸟食罐前并装满罐子。

"西蒙说"[①] 游戏

凡是能让孩子跟着模仿的游戏,都可能蕴含着丰富的感觉统合体验。我们平时玩的各种有趣的肢体活动,比如"西蒙说"、"跟着领队"[②] 和各种越障训练,全都涉及粗大运动。让孩子做一做这些全身运动:

- 爬行
- 跳跃(尤其是按一定的花样跳跃)
- 蹦跳(双脚、单脚、扶住一脚、双手握紧举过头顶)
- 奔跑(正跑、倒跑、侧身跑、转圈跑)
- 摇摆或蛇行
- 打滚

玩"跟着领队"游戏时,你可以带孩子穿过家里不同的感觉区域,比如地毯—露台—戏水池—沙箱;还可以假装成不同的动物,时而两条腿走路,时而四条腿爬行,或飞行,或游泳,还可以学猫叫、鸟叫或猛兽咆哮。

▣ 小贴士
一般孩子都喜欢打打闹闹,但有些思维刻板的孤独症或阿斯伯格综合征孩子对这样的活动却可能很无感,至少在一开始会这样。要注意根据孩子的兴趣和学习方式对活动做适当的调整,并随时提防感觉超负荷的发生,适时停止玩闹,转而进行比较舒缓的活动。

儿童友好型接触类游戏

还记得小时候父母、祖父母和你玩过的有趣的身体接触类游戏吗?它们可以提供丰富的触觉、前庭觉和本体觉刺激输入,还是动员爸爸、爷爷一起活动

[①] 译注:西蒙说(Simon Says),一种儿童游戏,一人充当西蒙,发布动作命令,其他人听令做动作。

[②] 译注:跟着领队(Follow the Leader),一种儿童游戏,首先选出领队,领队站在队伍最前面,其他人在其身后排开,跟着做动作,动作不一致者被淘汰出局。

的好机会。不过，你需要密切留意活动的强度，有些孩子可能受不了激烈的追逐打闹。

- 背娃娃：大人站着背孩子前进。
- 骑马：大人趴着让孩子骑在背上前进。
- 坐飞机：大人将孩子扛在肩头前进。
- 划船：两人面对面盘腿坐着，手拉手前后有节奏地摇晃。
- 骑马去远方（Trotting off to Boston）：大人坐着，孩子面对面坐其腿上；大人一边唱儿歌，一边有节奏地上下抖动双腿（搭配歌词中的主人公骑着马越走越远）。
- 女士骑小马（This is the Way the Ladies Go）：大人坐着，孩子坐其腿上；大人一边唱儿歌，一边有节奏地上下抖动双腿（搭配歌词中女士、绅士、农夫的不同骑马状态，越抖越高，越抖越快，开始歪歪扭扭，还可以让孩子掉下来）。

小锦囊

手套是很棒的感觉刺激材料。可以设计专门的手套主题课：让孩子戴上不同种类的手套进行各种活动，看看手套是怎样帮助（或妨碍）他们写字、游戏或做其他事情的。

精细运动活动

精细运动发育比较落后的孩子，在吃、穿、洗漱、写字、做作业各方面均会存在一定程度的困难。所以，要让孩子从小就开始锻炼精细运动能力，以便更好地掌握探索世界的各项生活能力。这些活动是桥梁，是纽带，其中的一触一摸，将最终影响到孩子的适应能力。

- 用电子震动笔画画或写字（对于需要额外触觉刺激的孩子，尤其有用）。

- 用粉笔画画或写字：在画架上画、人行道上画、石板上画。
- 用不同质地的物品当粉笔擦：橡皮、洗碗布、手指、手肘、纸巾、隔热手套、袜子、棉花糖、棉球等。
- 用手指在对方的后背、肚子、手背上写字或画形状，让对方猜猜是什么（不许看）。
- 用铅笔、筷子或牙签在橡皮泥或黏土上写字。
- 玩胶水：手指或棉签蘸着胶水在纸上涂抹。
- 玩发条玩具。
- 将珠子、窗帘环、椒盐卷饼、纽扣等穿成串。或者，将爆米花穿成串，招待屋外的鸟儿们。
- 将一块铁皮制作成磁力板挂起来（包住锋利边缘并往后卷边），往上粘贴字母、图形之类的小东西。
- 木偶戏：指偶、手偶、影偶
- "蚀刻素描"（Etch A Sketch®）磁性画板
- 葵花能量：给孩子一大朵葵花和一把镊子，让他将瓜子摘出来，然后制作成美术作品、用来数数或者吃掉。
- 玩转喷雾瓶。扳动喷雾扳机的动作有助于发展手部与精细控制相关的肌肉。
  - 喷雾瓶里加水，再加入食用色素，往防水纸、咖啡滤纸或方块布料上喷水，创作瞬间艺术作品。
  - 喷雾瓶里加入剃须膏或泡沫，在家门口的人行道或自家的车道上以及家里淋浴间的墙上或浴缸壁上，喷出图形、数字或字母。
  - 喷雾瓶里加水，开始游戏：大盆或大塑料桶里加水至半满，往水里加几个乒乓球、橡皮小黄鸭、棉花球、塑料泡沫或其他漂浮物，让孩子往漂浮物上喷水，迫使其漂流出容器。（也是一个适合在室外或浴缸里玩的游戏。）
  - 别忘了那个最简单的玩法——拿起瓶子，直接与人对着喷射，虽然简单，却也乐趣无穷。（注：不是所有孩子都喜欢这样玩。要教导孩子的兄弟姐妹和小伙伴尊重彼此的好恶！）

- 大一点的孩子，可以玩一些涉及多重感官的较为复杂的活动，比如剪贴画，需要接触不同质地的材料，用到不同种类的胶水。还可以做一些简单的木工，期间会用到不同粗细级别的砂纸；或进行简单的编织、刺绣，将穿孔的卡片装订起来等。
- 单孔打孔钳（把手上带或不带胶皮）是用来发展精细运动、提高双手灵活性的绝佳工具。
  - 初学：在彩色纸上任意打孔，打下来的五彩纸屑可以保存起来，留到下次聚会时使用。
  - 我很生气：让孩子在他不喜欢的人或事物的图片上打孔，比如不喜欢吃的食物、电影里的反派、他自己画的生气的表情，将图片打烂以发泄心中的愤恨之情。
  - 进阶：给他一幅较大尺寸的画，让他沿着画的外轮廓打孔。

大家都能涂色啦

涂色在孩子间的受欢迎程度不言而喻，但那些精细运动发展欠佳、还在为怎么握蜡笔发愁的孩子就与之无缘了。于是，各大厂商在常规蜡笔的基础上进行诸多调整，生产出了各种可以满足特殊需要的蜡笔：

- 大号特粗蜡笔；各种防转动蜡笔，甚至拇指放在哪个部位都标示得清清楚楚。
- 金字塔形三角蜡笔
- 长方形蜡笔
- 可以套在手指上的指尖蜡笔（Coloration®）。
- 球形蜡笔：一端为方便抓握的圆球形，孩子还可以将手指插入圆球中，增加抓握的稳定性。
- 绘儿乐（Crayola）的TaDoodles™幼儿系列不仅增加了握笔的接触面，还做成了可爱的动物造型，深得孩子的喜爱。

减压玩具筐

在网上浏览东方贸易公司的产品目录（*OrientalTrading.com*），你可以找到很多物美价廉的减压玩具。不过这些东西通常成打出售，你需要多找几位家长或老师拼单购买。你要让你减压筐里的玩具具有丰富多样的感官刺激性：视觉、听觉、嗅觉、触觉、前庭觉（节奏玩具）、口腔运动（吹气类玩具）。一些推荐：软胶刺毛球（最好是会在黑暗中发光的）、软胶拉伸玩具（动物造型）、软胶挤捏玩具（眼睛在挤压下会突出来）、软胶黏性玩具、荧光棒、迷你沙槌、指偶、多节蛇、轻质彩虹缠绕球、软胶溜溜球、手持式水中投篮游戏机、指压半边弹跳球①、迷你万花筒、彩色沙漏、陀螺、哨子、塑料手掌拍、卡祖笛等。

自制减压玩具

虽然市面上可以买到各式各样具有减压功能的治疗玩具、聚会玩具，但你也可以试着自己制作一些，比较简单的有：

- 在气球中装上沙子或短粒米后扎紧。
- 方便装入口袋的光滑小石块。
- 海螺贝壳，表面光滑或有突起的纹路。
- 在钥匙扣上穿一把不用的钥匙，如果声音好听，也可以多穿几把。
- 将毛巾对裁或裁成四块，再包边缝上，装入大米或豆子。
- 锡纸做的小球。
- 小块的浮石海绵。

震动按摩梳

许多孤独症或阿斯伯格综合征儿童都很喜欢会震动的东西，比如震动玩具、震动座椅、震动笔和震动牙刷等。这里给不愿梳头的孩子推荐一个不太为

---

① 译注：poppers，软胶半球，用手指翻转后丢到地上会反弹起来。

人所知的梳头"神器"：震动梳子（原本是头皮按摩器）。据作业治疗师的反馈，用了这样的梳子，原本讨厌梳头的孩子会变得愿意梳头了。你可以去附近的美容用品店或网上购买这样的梳子。

口腔运动类活动

口腔周围的肌肉承载着很多功能，关系着孩子的整体发展。无论吃饭、讲话、唱歌、哭泣，甚至呼吸和头部支撑，都与口腔运动的发展有关。口腔运动肌肉不够发达的孩子，在进行这些日常活动时会遇到很多困难。

吮吸和吹气练习可以很好地锻炼口腔肌肉，下面是一些具体的练习活动：

- 用吸管吸食可以锻炼口腔肌肉。可尝试吸食布丁、果泥、稠奶昔、水果冰沙、温热的土豆泥、婴儿甜品、不含果粒的酸奶、半融的冰激凌、半凝的胶冻等食物。
- 扭结和弯曲的吸管不仅能增加吸食的趣味性，还能提高吸食难度。选取柔韧性好又无毒的乙烯基塑料管，松松地打成各种形状后使用，也可以直接使用（尝试各种不同的粗细度）。鸡尾酒吸管一般都很细，需要用到跟平时不太一样的吸食动作，用来吸食比较清爽的饮料会很有趣。
- 最有趣的吸管，当数纽约现代艺术博物馆的可变吸管。它是一个吸管套件，带多个橡胶接头，使用时可以利用接头进行各种拧转弯折，塑造出不同的吸管造型，有些还可以同时吸食多个杯子里的饮料。有些孩子会被这样的新奇玩意儿吸引，甚至愿意用它来尝一尝从没喝过的新饮料。你可以在现代艺术博物馆的线上商店（MomaStore.org）找到这样的吸管套装。
- 往食物中吹气。孩子终于有机会玩食物而不必遭到制止了。让他用吸管往流体或半流体食物中吹气，和他一起观察食物的反应：汽水冒起一层泡沫，布丁像岩浆一样翻滚。你们还可以留意气泡所带出的食物的气味。
- 可吹的东西也不仅限于食物，你们还可以想出其他富有创意的活动。我们认识一个孩子，他喜欢用吸管和一把棉球表演《小猪宝贝》（*Babe the*

Pig）：棉球代表绵羊，他是小猪，"小猪"将"绵羊"吹成整齐的一列，赢得了和牧羊犬的比赛。还有一个孩子，喜欢将卷纸芯堆在一起假装浮木，然后将它们往"下游"吹，再将它们堆起来，再吹倒。一开始可以采用各种轻质物品：揉成团的保鲜膜、乒乓球、羽毛、气球等。随着口部肌肉的日渐发达，逐渐增加物品的重量以及活动的难度，比如，用风干的松塔代替乒乓球，比如，要求孩子将气球不断吹起，尽量不往下掉，而不仅仅是将气球从房间这头吹到那头。更加高阶的玩法是：让孩子自己吹鼓气球、吹泡泡糖。有些比较硬的球形泡泡糖，需要孩子先充分咀嚼才能吹出第一个泡泡，这样的咀嚼过程对于颌骨是一种很好的锻炼。

- 有趣的泡泡画：一茶匙洗洁精加一茶匙蛋彩画颜料和半杯水，在盘子里混合拌匀；用吸管不停地吹，直到泡泡冒到盘子的上沿；取一张纸往泡泡上盖，泡泡纷纷爆破，纸上就会留下漂亮的图案。尝试吹出更多的泡泡，或者更换不同的颜色。这样的泡泡画本身就已经是一种艺术了，但你们可以在此基础上再画上几笔，或贴几张贴纸装饰一下，或者将它们剪成不同的形状。

- 吹画创作：准备一个扁平的容器（一次性的餐盒、蛋糕碟、烤盘），将美术纸剪成合适的大小，放到容器底部；蛋彩画颜料加水稀释，也可以自制：等量的水和玉米淀粉混合搅匀，加入几滴食用色素，调出你想要的色浓度；取一小勺颜料，小心地滴到纸上，让孩子用吸管将颜料往不同方向吹开；加入不同颜色进行相同的操作，每次加一个颜色，直到完成整幅画作；让颜料彻底干透。成品可以装裱起来，或做成贺卡，还可以适当修剪加固，做成书签。（创意来自 Education.com）

- 其他吹气玩具和活动：各种口哨，比如乘务员哨、裁判哨、汽笛哨、滑动哨笛（slide whistle），还有卡祖笛、竖笛、口琴、回声麦克风、扩音喇叭、泡沫吹箭、充气玩具等。

- 聚会上常见的各种卷笛，用来锻炼口部肌肉也相当不错。下面这些简单的游戏有助于促进言语能力的发展。

  - 瞄准练习：让孩子对着比较轻的物品吹，比如卷纸芯或简易的纸牌屋，将物品吹倒。让他尝试使用不同的力度——使劲吹、轻轻吹、一口气长吹、连续短促吹。
- 玩球：用卷笛吹倒保龄球（用卷纸芯当球瓶，10个一排）、吹高尔夫球（用乒乓球当高尔夫球，将球小心地吹到旁边的洞里或侧倒的杯子里）或曲棍球。
- 假扮青蛙或食蚁兽：让孩子用卷笛去追捕昆虫（一丁点大的塑料昆虫或各种种子）。

玩转气球

气球经常被用于各种儿童游戏，帮助克服孤独症导致的感觉和运动障碍。除此之外，对于能力或力量还不足以胜任玩普通球类的孩子，玩气球是一种特别温和的发展运动技能的方式。气球游戏经济、有趣又卫生，而且室内室外都可以玩。

我们到底有多爱气球？来数一数它的玩法吧。

- 想办法让气球一直悬在空中不落地，但不能直接用手拍：可以用嘴吹，用拍子拍——木勺木铲、面包刷或其他厨房工具、苍蝇拍、乒乓球拍、网球拍等。
- 左右手交替拍气球（促进身体左右协调）。
- 拍拍球，拍拍手。两次拍球之间，你最多可以拍几下手？
- 气排球。在房间拉线当球网，把气球当排球打。
- 气篮球。垃圾桶、爸爸环抱的手臂，任何东西都可当作篮筐。
- 气棒球——请使用泡沫球棒。
- 长条形的气球可以用来投标枪。
- 躺在地板上，只靠脚趾顶，让气球保持悬空。
- 气球托举：手掌摊平，让气球在掌心坐稳；托着气球行走，尽量不让它离开手掌；之后可以尝试让气球在指尖保持平衡。
- 气乒乓球。橡皮筋一端系在气球上，另一端系在孩子手腕上，让孩子像打乒乓一样用手拍气球，看她可以拍多少次。之后可以将气球悬在头顶，站着或者躺下来拍。
- 来电了！气球的摩擦会让头发竖立起来，喜欢触觉刺激的孩子应该会喜欢。（警告：某些谱系孩子十分讨厌这种感觉。）气球带电后，让孩子试着将它粘到墙上。还可以玩躲球游戏：孩子与别人互追，努力往对方衣服上粘球，被追的一方则尽量躲避。
- 有些孩子（不是全部）会喜欢气球充气时的滑稽声响，也喜欢用各种方法拉扯气球颈，使之放气。人体的排气声一向受到孩子们的莫名喜爱，我们甚至听说有孩子能控制气球放气的速度和角度，形成各种儿歌调子。
- 如果是玩气球的高手，还可以试试气球杂耍：将多个气球连环抛向空中，边抛边接。

孩子一旦学会吹气球，就多了一个释放压力的绝佳途径。你可以让她将她的愤怒、难过、焦虑和傻气统统吹进气球，捏紧气球（不扎起来），举高，放手……随着气球在房间飞蹿，并发出放屁一样的声响，大部分孩子都会兴奋不已，烦恼也随之消散。

小锦囊

在与孤独症谱系孩子的相处中，请丢掉"所有孩子都喜欢……"这样的想法。"所有孩子"都喜欢的事物，对你的孩子来说却可能是很不舒服的。在初次尝试新事物的时候，请留心孩子的反应，再决定取舍。

好玩的泡泡

泡泡是深受孩子喜爱的另一件玩物，也很适合用来进行感觉训练。一般的泡泡玩法我们就不说了，这里介绍几种别出心裁的玩法。

- 双侧运动：左右手交替击打泡泡。摆动苍蝇拍产生泡泡，然后左右手交替击打泡泡。也可以双手对拍，打破泡泡。
- 肥皂水不慎入眼会很疼，可以自制没有刺激性的泡泡水：1/4 杯无泪婴儿洗发水，3/4 杯水，3 汤匙稀玉米糖浆。
- 用饼干模具吹泡泡。饼干模具造型多样，选择孩子喜欢的形状吹泡泡——数字、动物、万圣节小物、星星等。
- 独家特制泡泡棒：细口瓶刷，将刷头部分弯折成你想要的形状；酸奶盒盖子，中心掏空；装莓果的塑料小篮筐；手动打蛋器。
- 在天寒时吹泡泡，观察"冻僵"的泡泡长什么样。（无色，而天暖时吹出的泡泡通常略带紫色。）
- 往广口瓶里吹泡泡，盖上盖子，看它们能在里面坚持多久。
- 湿手抓泡泡并握在手里（泡泡爆破是因为接触了干燥物体），再试着将泡泡转移到另一只手里（也沾湿了）。
- 用音乐卡通泡泡机，边吹泡泡，边欣赏音乐。

地板好硬！

小朋友坐地上学习和玩耍的时间其实是很长的。对有感觉（包括前庭觉）问题的孩子来说，地板真的不太舒服，但又让人无可奈何。这里有一些改善的方法：

- 用带靠背的坐垫椅给孩子一个额外的支撑（网上有各种不同型号）。
- 将叠成方块的毯子垫在身下，也可以垫上健身垫、野营垫或小地毯。
- 让孩子坐在靠垫或枕头上。
- 使用蒲团或打坐垫，或专为久坐而设计的楔形靠垫。

视觉问题[①]

足尖行走、头痛、书写不良、不善于整理，这些问题的共同点是什么？——孩子存在视觉加工方面的问题。

---

① 原注：部分内容改编自 *EnVISIONing a Bright Future* by Patricia Lemer. Optometric Extension Program Foundation, 2008。

如果说交流不仅仅是语言的问题，那么视觉也不仅仅是视力的问题。视觉是一个习得性的发展过程，它赋予我们眼睛所见以意义，是眼睛和身体接收的感觉信息经大脑整合后产生的整体知觉。它既是概念性的，也与具体的感知觉息息相关。通过视觉，我们对周围世界投以关注、进行加工并最终获得理解。

谱系个体常见的一个问题，就是视觉（不是视力）受损，这种损伤有时还是多方面的。要是孩子存在以下情况，很可能是视觉功能出了问题：

- 眼神接触困难。
- 近距离看东西时，头部常常倾侧歪斜。
- 眯眼、闭一只眼、捂一只眼或睁大双眼。
- 经常有头痛、恶心、眩晕感。
- 阅读时，需要移动头部、身体或用手指指着逐字阅读。
- 经常在阅读时迷失，不知自己读到了哪里，或经常找不到放在书桌、储物柜或书包里的东西。
- 着迷于光线、旋转的物体、影子或图形。
- 透过指缝看东西。
- 经常在眼前扇动双手或用手轻弹眼前的物品。
- 看东西时喜欢从侧面看、凑近看或反复瞥着看。
- 对地面或楼梯的变化感到困惑不解。
- 用足尖行走。
- 极度笨手笨脚。
- 经常按压或揉擦眼睛。
- 走路时会东撞西撞或需要摸着墙壁。
- 不能发现自己作业里的错误；通常注意不到细节。
- 写字潦草，涂色总是涂到轮廓线外。
- 无法准确抄写黑板上的内容。

假如你怀疑孩子可能存在视觉问题，请去眼科做一个彻底的视觉评估。

家庭的适应性调整：

- 在物体边缘或轮廓线上增加触觉元素，让边线更加分明：
  - 在纸的边缘贴一条纸胶带。
  - 涂色时，在轮廓线上涂一层闪光胶，或贴一根带胶的细线，或在轮廓上打一圈孔。
  - 剪纸时，用比较粗的黑色记号笔加深边线。
  - 剪直线时，在直线任意一边粘上做手工用的小木片或小木棒。
- 用手电筒玩追踪游戏：在黑暗的房间里，大人打开手电筒，将光打到墙上，让孩子将他的手电光打到同一位置；变换光点位置，让孩子跟着变换到相同的位置，如此反复；光点在墙上连续游走，描画出一定的图形，让孩子用他的光点跟着描画。
- 玩一些需要手眼协调的简单游戏，比如"连连看"（将圆点连成图形，可以买现成的连线书，也可以自己制作）、拼拼图。
- 走迷宫：
  - 纸上迷宫。可以去外面买，也可以自己画。让孩子用手指、铅笔或拿着他的卡通小人在纸上走迷宫。
  - 路上迷宫。用粉笔在家门口的步行道或自家车道上画迷宫，大小随意，让孩子用粉笔或直接用小脚走迷宫。
  - 还可以去雪地、沙地，甚至玉米地里走迷宫。
- 圆片游戏：用毛毡布、卡纸或塑料片剪出两套完全相同的圆片，你和孩子一人一套，圆片可以大大小小，五颜六色；你先用你的圆片拼出一定的图案；让孩子从他的圆片中挑出相同的圆片，匹配到你的图案上。也可以用不同大小的硬币来玩这个游戏。
- "找不同"游戏：要求孩子在两张相似的图片中发现不同，以此锻炼视觉感知能力。

学校的适应性调整：

- 做作业时，为减少整页文字给孩子造成的视觉混乱，可以遮住作业的其余，只留出当前正在做的题。你可以去买专门的遮挡模板，用起来很是方便利落，当然，也可以用卡纸或普通纸自制模板。
- 对于刚开始学习阅读的孩子，可以在词语之间贴上细长条的旗形便利贴。
- 用视觉符号标记开始和结尾。比如，开始处用箭头，结尾处用"停"的标志，或是开始处标绿线，结尾处标红线。
- 一般人感觉不到的眩光可能会困扰到孩子，可以在孩子课桌的桌面上覆盖一层黑色卡纸，或者在作业底下垫一大张黑色纸板。
- 做数学题或其他涉及数字或表格的作业时，给孩子提供带方格的作业纸。
- 阅读时，用尺子或书签引导着逐行阅读。
- 为了找出作业中被忽略的错误，教孩子在第二天上学前，在家中将作业大声朗读一遍。
- 和学生玩记忆游戏：拿出一张纸，纸上有好几个物品的图片，给学生看一分钟；把纸收起来，让学生尽可能多地回忆起刚刚看到的物品。

注意：天宝·格兰丁在序言中还提到了其他颇有见地的感觉适应性策略。

你知道吗？

眼睛是对营养要求最高的人体器官之一。研究显示，某些营养对眼睛健康起着积极作用：维生素A、维生素C、维生素E、叶黄素、玉米黄质、Ω-3脂肪酸、β胡萝卜素、番茄红素。

使用放大镜

视觉加工能力较弱的儿童常常会对周围世界的某些部分视而不见。有些儿童视野狭窄，如同通过隧道在看事物。有些儿童的视野缺乏深度知觉，或仰赖周边视觉才能看清事物。而对于视觉问题不太大的孩子，放大镜可以打开一个崭新的视界。给孩子准备各种放大工具，即各种款式和尺寸的放大镜、望远镜，让他从自己的身体开始，一点点探索他的世界。

- 观察他的手背、某个脚趾、他的肚脐眼。让他看镜子中的自己，研究他的头发、他的牙齿、他的眼球。
- 然后研究他的房间：地毯、床罩、挂钟、玩具、袜子。
- 再研究整个家：毛巾、梳子、书、生菜、苹果、橙汁、钱币、灯照。
- 接着去看大自然。
- 在观察过程中，当他对某个物品或区域显示出特别的兴趣时，记得多做拓展：
  - 写一个故事。
  - 画一幅画。
  - 帮他拿着放大镜，让他透过放大镜作画，然后拿开放大镜，让他看看那幅画实际上有多小。
  - 用超小号字体写密码。

小锦囊

感觉敏感度是不断波动的，不同日子、同一天里都会有起伏。对于同一种感觉，孩子可能在某天表现得过度敏感，接着几天却又过于迟钝。不要有先入之见，觉得事情"应该"怎样，要随时留意孩子是否存在感觉超负荷的迹象。

图形－背景加工功能障碍

如果孩子意识不到你在她跟前对她讲话，却又似乎能听到房间那头其他孩子的谈话，那么她可能存在听觉性的图形－背景加工（figure-ground processing）功能障碍。也就是说，她无法将前景中的声音从背景中区分出来。而如果是视觉性的图形－背景加工功能障碍，孩子会很难从一堆物品中发现目标。你会看到她很难从一页纸上找到某个特定的信息，很难从人群中认出熟人的脸，很难从地上的衣服、玩具中找到她的鞋子。

图形－背景加工功能障碍可能会降低孩子对危险的觉察，比较典型的例子是，孩子会直接过马路，而不是先停下来观察路况；或者从危险的地方直接往下跳。

感觉急救包

有经验的家长，会在孩子开始失去冷静、变得焦躁的时候，及时拿出备好的感觉玩具或材料安抚孩子。这种做法的更进一步，就是将各种轻便的感觉工具收到一起，成为一个感觉急救包。急救包可以是一个盒子、篮子、背包或小的手提箱，便携易带，平时存放在孩子容易够到的地方，需要时随时拿来救急。

- "舒缓安抚"包：柔软的小枕头1个、音乐播放器1个、豆袋沙包若干、减压球1个、口香糖或咀嚼项链或咀嚼手环1个、大腿盖毯1条、孩子最爱的香薰精油及手绢1条、阻力健身带若干（提供本体感觉输入）。
- "活力唤醒"包：外科用软毛洗手刷、挤捏球、掌上游戏机、香薰精油及手绢、1～2套包含重复动作的运动说明书。
- "集中注意"包：解压玩具、触觉玩具、填字游戏、桌面游戏、口香糖或咀嚼项链或咀嚼手环。

教孩子自我调节

Alert Program® 是一套以自我调节为主题的培训课程。它会帮助学生理解感觉统合的基本理论，学会通过自我调节，达到一种清醒、警觉、专注的状态。它在介绍自我调节这一概念时，将其比作汽车的引擎："你的身体好比一个汽车引擎，它时而高速运转，时而低速运转，时而正常运转。" Alert Program® 培训分三个阶段：帮助学生识别他们的引擎转速、尝试各种改变转速的方法以及开始调节转速。通过训练，孩子将学会在各种不同情境下改变他们的引擎发动水平，从而带着恰当的唤起状态去做自己想做的事（学习、工作、游戏）。

想了解更多关于 Alert Program® 的信息，请登录其网站 *AlertProgram.com*。很多作业治疗师对这个培训都不陌生。如果你是家长，不妨组织其他家长一起，让你们的作业治疗师给你们进行一个短期的集训，这样你们就可以在家进行这个训练了。

应对声音烦恼

孩子听到某个声音会捂起耳朵，听到洗碗机或邻居家吹落叶机的声音就情绪不稳，在外用餐碰上附近消防站警铃大作，就再不肯回来用餐……这些都是对声音敏感的表现。声音敏感会造成持续的焦虑和不安，有些孩子甚至还会伴有生理上的疼痛。你可以尝试对孩子进行脱敏训练：先录下声音，再一点点放给孩子听，注意一开始的音量要非常低。允许孩子自己放录音、自己控制音量（逐渐提高）。音量控制是这个过程中非常重要的一步，请根据孩子的实际需要，慢慢提高音量，让孩子始终带着信心去接触更大的声音。

耳机和耳塞的利与弊

用耳机和耳塞隔音是一种大家比较接受的防干扰方式。谱系儿童常常会为别人不以为意的某些声音而苦恼，我们听来正常的声音，他们听着却非常刺耳，而降音降噪的耳机和耳塞则可以带给他们暂时的安宁。但也要注意，对某些儿童而言，头上套个东西可能比声音本身更加难以忍受。而且，研究也证实，经常使用耳机和耳塞会损伤孩子的听力，或者加剧对声音的敏感度。所以，要让孩子慢慢适应这些设备，同时限制使用的时间（最多占醒着时一半的时间）。如果你是老师，还需征得家长的同意。

足尖行走[1]

用足尖行走是学步期宝宝常见的现象。但如果你家孩子已经超过 3 岁，还在用足尖或前脚掌走路，或者小时候并没有这种现象，大一点之后反而开始这样做，那么它就可能是一种神经系统"软体征"，需要进一步关注和探究。

就孤独症儿童而言，足尖行走可能与感觉信息的加工障碍有关。孩子之所以尽量不用脚掌走路，可能是想避免鞋子或袜子给她的异样感。如果是光脚时

---

[1] 原注：Copyright © Lindsey Biel, OTRIL, co-author of *Raising a Sensory Smart Child*。最初发表于 *Autism Asperger's Digest*，2009 年 7–8 月。

踮脚走路，则可能是为了躲开地板、地毯、沙子、草地给她的触感。还有可能，是她的重心感发生了异常改变，或者她的视觉-空间感出现了偏差。

跟你的作业治疗师或物理治疗师聊一聊，看看你是否需要带孩子去看儿童发育或神经发育方面的医生，接受检查和治疗。下面几条建议来自我们最爱的作业治疗师琳赛·比尔（Lindsey Biel）：

- 教孩子认识身体各部位的名称，鼓励她脚跟着地地行走。
- 给孩子准备一个小蹦床，让她在上面蹦跳，拉着她的手或围好围栏保证安全。教她将脚跟放下来。
- 让作业治疗师或物理治疗师教你如何帮孩子做跟腱拉伸，因为足尖行走会导致小腿肌肉过度收紧。
- 尝试各种鞋袜，看哪一种比较有助于缓解状况：带缓冲垫的运动鞋，还是不加垫的普通鞋？加厚的运动袜，还是薄袜子？无接缝袜子？反穿袜子？
- 对于刚刚学会走路的幼童，可以尝试穿上叫叫鞋（踩下脚跟时会叫的那种）。
- 与物理治疗师或作业治疗师商量，看孩子是否需要穿高帮运动鞋或使用矫正鞋垫，以便给脚部以恰当的校正，让脚跟着地。

哪来的怪味道？

孤独症谱系障碍儿童往往会对气味过度敏感。一般人觉得很香的气味，或完全没有感觉的气味，可能会让你的孩子痛苦不堪。设想一下，假如有一种味道你一闻就恶心，某种香水的味道不用5秒就让你头疼，但你不得不一整天、日复一日地忍受它，你会怎样？现在你大概能理解嗅觉过敏对孤独症孩子的影响了吧。如果孩子的嗅觉防御性很高，那么你要给他创造一个更加友好的家庭环境。以下是一些改善的方法：

- 给孩子洗衣服、床单被套和毛巾时，采用无香、无染色、低致敏性的洗衣液和柔顺剂。避免使用含氯漂白剂。
- 给孩子准备无香、低致敏性的浴液或香皂。
- 如果卫生间有异味，点根蜡烛熏一下（没错，真的管用），或装一个排气扇。别使用空气清新剂，它们只会增加新的异味。
- 使用无香的护手霜和去体味剂。避免使用香水、须后水、润肤乳之类的东西。
- 如果在家庭清洁时使用了氨水、漂白剂或其他气味较重的清洁产品（比如柠檬味、松香味），要及时并彻底地通风换气。
- 做菜时也要注意。在烹饪气味较重的菜品时，一定要注意排风换气，要开窗。如果有些菜的气味实在太浓，但可以生食，那就避免烹饪。
- 如果家里有园子，需要用到杀虫剂、化肥之类的化学品，那么请将它们存放在孩子生活区域之外且通风良好的地方（比如说，她每次出门时不会经过那里，或者化学气味不会从窗口飘进她的房间）。
- 带孩子体验芳香疗法，看看哪种香味可以让她安静，哪种又能让她振奋。一般来说，薰衣草、肉桂、洋甘菊、香草和广藿香有镇静作用，柠檬、罗勒、刺柏、西柚、生姜和薄荷则可以提神醒脑、唤起活力。找到对孩子最有效的一款香气。

你知道吗？

- 我们的嗅觉可以分辨出近40万种气味。但我们的鼻子很容易疲倦，这就是为什么我们每次只能闻出几种玫瑰的味道，为什么我们去泳池游泳的时候，刚进门会觉得氯气熏人，但几分钟后，气味就没有了。
- 婴儿一开始对气味是没有"香""臭"之分的，他们是从我们的反应中学会的：面包出炉，嗯，真香！垃圾桶，呃！
- 女性的嗅知觉系统比男性更为发达。
- 我们大部分的味觉是依赖于嗅觉的。
- 我们鼻腔中负责分辨和处理气味的部分大概像一张邮票那么大。
- 随着年龄增长，你的嗅觉会退化。儿童往往比他们的父母或祖父母有更强的嗅觉敏感度。

我们闻到的是同一种气味吗?

为了更好地了解孩子对气味的好恶,你们可以玩一玩闻气味游戏。孩子先闭上眼睛或遮住眼睛,你拿出某样东西,比如橘子、皮包、巧克力、鱼、爆米花等,让她根据气味说出东西的名称。

加点重!

对有本体感觉障碍的儿童来说,加重服装(weighted clothing)和其他加重物品简直就是他们的"救生圈"——让过分活跃的他们安静下来,更好地控制他们的感觉,更好地集中注意力、关注眼前事、学习新技能。市面上可以买到各式各样治疗用的加重物品,只不过有的价格实在太高了。你也可以发挥自己的创意,用比较低廉的成本,达到相似的治疗效果。下面是我们的推荐。

注意:只在作业治疗师的监督下使用加重物品,因为只有治疗师知道什么样的重量比较合理。超重会导致刺激过度,或者给孩子带来伤害。

- 加重背心:去旧货店或二手运动品商店买一件小号的钓鱼背心。如果你比较擅长针线,那么只要在背心里层或外层多加几个口袋,就可以把一件普通背心变成加重背心了:将沙子、大米或鸟饲料等小颗粒物体装进塑料自封袋中,再将自封袋放入背心口袋;如果想让重量更加稳定,可以装入黏土。(每次清洗前,记得掏出加重物。)
- 加重毯子或加重被子:采用比较厚实的牛仔布当面料;先收集几条旧的牛仔裤,拆除裤子后袋,将裤腿剪成15~20厘米见方的小块,再将所有方块缝到一起成为被面,将拆下的口袋缝到被面的不同位置,最后,缝上衬里,加入被芯。这样做成的被子已经很重了,但你还可以让孩子往被面的口袋中塞入更多的重量,硬币、鹅卵石、弹珠,让他自己去想——这是一个有趣又有益的过程。
- 至于被子的尺寸,要看孩子怎么用。如果是睡觉用,就要大一些。如果是盖在大腿上,那么可以稍微小一点,看电视、阅读、做作业的时候都可以用起来。

- 抱抱椅：制作两条加重"手臂"（用剪下来的裤腿或者用厚实面料自制的直筒），绑到椅子扶手上；孩子坐下后，用加重"手臂"围住他，或披挂在他的身上。

"人肉汉堡"

你家的汉堡小狂人会超级喜欢这个深压刺激游戏，因为它足够有趣：准备两块坐垫或沙发靠垫（面包片）、一个柔软的油漆刷或洗车海绵（佐料刷），让孩子将肉饼（他自己）躺到下层面包（靠垫之一）上，问问他想要什么样的佐料，用油漆刷或海绵在他全身"抹上佐料"——用力下压他的胳膊、双腿、躯干（不要挠痒），盖上上层面包片，即另一块垫子，注意露出他的脸或后脑勺，"汉堡"做好了！将你的部分身体斜靠在"汉堡"上（加压），开始大声吃"汉堡"。"吃完汉堡"，记得告诉孩子有多好吃哦！现在，你可以问问他，想不想再做一次"甜点"——奥利奥饼干？冰激凌三明治？

裹身披肩

如果深压刺激对孩子有很好的安抚作用，那么当周围环境让他不舒服的时候，可以试一下我们现在要介绍的这种感觉输入法——裹披肩。会用缝纫机的妈妈十几分钟就能做出这样一条披肩：

买一块有弹力的莱卡面料，布料的幅宽通常为1.5米，长度则需要根据孩子的胸围来定，加放20~25厘米（需要留出一些富余用来打结，下文会提到）。

做法：将两条织边对折，再把两端的剪边缝合起来，将缝线翻到里面。

使用方法：像正常披肩一样披在孩子身上，两端置于胸前，让孩子双手各抓一端，按自己需要的力度用力裹紧披肩，就如同在给自己一个治愈的拥抱。

> **小贴士**
>
> 为防止披肩从孩子手里滑脱，可以在披肩两端分别打结，方便抓握和施力。

藏身之处

喜欢本体觉刺激的孩子有时会喜欢逼仄拥挤的空间。在壁橱或类似壁橱的地方（楼梯下或房间的其他角落）准备这样一个具有安抚作用的空间，让孩子在需要的时候去里面进行自我调节、阅读或做作业。

豆袋家族

长筒袜里装上豆子、带气泡的包装纸或坚果壳（或其他任何触感鲜明或会发出声响的东西），在袜口打结或直接缝死。如果孩子喜欢，还可以用颜料或记号笔在袜子上画几个笑脸。用不同材料多准备几个这样的豆袋，有趣的豆袋家族就诞生了，用它们来玩感觉统合游戏再好不过了。

- 大豆袋：用旧毛衣、旧运动衫的袖子做成，两端缝死。
- 超大豆袋：用运动裤的裤腿做成，两端缝死。

着装舒适第一

穿新衣服是很多孩子的向往，却会引发触觉防御型孩子的痛苦。而别人穿剩下的闲置衣物或二手店的旧衣服，因为被多次洗涤和穿着而变得柔软，面料上化学定型剂的怪味和对皮肤的刺激也消失不见，所以反而更加适宜穿着。而且，这样的服装已经缩过水，尺寸稳定，不会有洗后变小、过于紧身的弊病。在穿着前，记得去掉所有可能摩擦皮肤的标签，也可以在购衣时选择使用热转印标签（没有缝上去的标签）的衣服。

> **小贴士**
>
> 孤独症或阿斯伯格综合征孩子的社会关系比较简单,当他们穿上自己喜欢的某位哥哥或姐姐穿过的衣服时,可能会感受到一种特别的情感联结。

尊重孩子对衣物的喜好

对喜欢触觉刺激的孩子来说,当感觉系统开始失常的时候,如果可以悄悄摸一摸衣服上的小东西(这边一颗有特殊质感的纽扣,那边一条隐形的拉链),满足一下感觉上的需要,可以帮助他保持平静;而在需要安静、专注的场合,比如在考试时、在图书馆里、在进行集体阅读的时候,这样的刺激又可以帮助他集中注意力。在孩子的衣服上点缀一些小饰品(可藏可露),让孩子在需要时可以获得他最爱的感觉刺激。

- 将魔术贴粗糙的一面缝在孩子衬衫或T恤的下摆上。
- 在孩子衣服的口袋里缝上光滑的丝绸、柔软的羊毛或其他皮毛。
- 用皮绳或棉线将珠子、纽扣或金属挂件穿成串,悬在衣服的纽扣上、垂在背心口袋外或者挂在裙子的腰带上,既作为一种可爱的装饰,又能给孩子提供恰到好处的手部刺激。

甲之蜜糖,乙之砒霜。同样的东西,一个孩子觉得舒服解压,另一个孩子却可能因此而生出许多压力。很多孤独症孩子不喜欢衣服上有多余的点缀,连扣子和拉链都是一种侵扰,让他们很不舒服。如果是这样,那么在选择衣物时,要注意避免纽扣、摁扣、拉链、领子、袖口、法式包边、贴花、标签、珠子、亮片、缎带和刺绣等元素。

还有紧身衣、紧身裤、防护绷带这类衣着,喜欢本体感觉输入(深度压力)的孩子会很喜欢,但触觉敏感的孩子却可能一年到头都喜欢穿短裤,因为这样可以避免腿部与衣物的接触。

判断孩子对衣物的喜好和需求,最简单的方法,是**直接问孩子**。也许他无法用语言说出他的意见,但如果可以,他的答案或许会让你大吃一惊。我们认识一位妈妈，她一直让她的儿子穿牛仔裤去上学，因为觉得他会喜欢穿得跟其他孩子一样。当得知他非常讨厌穿牛仔裤时，她真的羞愧难当。她没有想到，这样的衣服又硬又重，让他很不舒服。她问他，为什么从来不告诉她这一点，孩子回答说："你没有问啊。"她听从了作业治疗师的建议，让他改穿他喜欢的柔软的运动裤和T恤。孩子的老师们反馈说，他明显不像以前那么容易焦躁了。

记得询问并尊重孩子对衣物的喜好，如果孩子更喜欢舒服，那就放弃款式和流行。尊重孩子的选择，既能避开可能的感觉问题，也有助于增加孩子的自主性和自信心。

小锦囊

对于经常需要靠触觉刺激来保持镇静以完成任务或实现自我调节的孩子，可以在他的桌肚下用魔术贴固定一个外科用的软毛洗手刷或者其他有质感的物品（一块毛皮、砂纸）。

关于衣物的其他建议

如果孩子视觉比较敏感，那么他可能更喜欢色彩柔和的纯色衣物，不要条纹，不要格子，图案、标志、印花全都不要。如果你觉得孩子还不能用语言表达喜好，那就让他自己选，注意看他都选了哪些。

面料也要注意。如果孩子对化学品敏感，那么他应该会觉得天然的纯棉织物比较舒服。羊毛和亚麻虽然也是天然纤维，但可能有些扎人；而涤纶（包括绒布）、人造丝、尼龙之类的合成纤维，则不太容易散热。

还有刮风的日子，头发被风吹起，会让某些孩子觉得很不舒服，让他很焦躁甚至愤怒。如果是这样，无论哪个季节，只要有风，出门前记得给他戴一顶合适的帽子。

睡眠问题

在与孤独症相关的所有障碍中，睡眠问题是最让人伤脑筋的一个。睡眠障碍可能是由本体觉和/或前庭觉的问题引起的。下面是几个相关的应对策略：

- 睡衣。像秋衣秋裤一样贴身的长袖睡衣，可以轻柔地包裹全身，让孩子觉得比较舒服。而宽松的睡衣、睡袍则可能随着身体的翻动而往上跑，这对孩子会是一种困扰。此外，睡衣的面料是否扎人或起球，有没有纽扣、缎带，绣花突不突起、扎不扎人，裤脚、裤腰或领口有没有松紧带，都是要考虑的因素，因为它们都是潜在的刺激因素。
- 睡眠空间。睡觉时周边空间太大，可能会让孩子失去边界感。可以在床上装一个帐子、顶棚或拉一个帘子（参考《哈利·波特》里的相关描述或者医院病房）。木乃伊式的睡袋或加重毯子可能也会有用（使用前请咨询作业治疗师的意见）。
- 抱着"宝贝"入睡是儿童睡眠的常见做法，但普通的泰迪熊或洋娃娃可能不在你家孩子的选择之列。只要没有危险性，无论多怪，多不寻常，都请尊重孩子的选择。我们认识一个孩子，每天都会带着他心爱的小笤帚入睡。
- 睡觉前给孩子涂抹乳液可以起到一定的安抚作用。但要注意，香气可能会干扰孩子入睡。尤其是在睡前的一系列生活常规中，会用到牙膏、香皂、洗发水、乳液等洗护产品，要注意它们之间的香味不相犯冲，否则可能会让孩子觉得恶心。

出门旅行的睡眠建议

出门在外，孩子更容易出现入睡困难的问题。被普通人当作背景充耳不闻的声音，会被感觉过敏的孩子尽收耳中。由于不知道陌生声音会在什么时候响起、这次响完还有没有下次，这些孩子会处于一种持续的焦虑之中，当某个声音让他比较痛苦的时候，这种焦虑更是加倍提升。

可以提前跟孩子说一说，晚上在别人家或酒店住宿可能会听到哪些声音。对某些孩子来说，用游戏的方式听一听陌生的声音，辨一辨它们从何而来，也许有助于缓解焦虑情绪。在他上床前，和他一起听一听房间外交通工具的声响，比如汽笛声、公交车声、火车声，酒店房间里下水管的声音，走廊或楼上房间的脚步声、说话声，制冰机或自动贩卖机的声音，送餐推车的咯吱声，电梯上上下下的声音，还有虫声、鸟声、狗叫声或其他任何动物的声音。知道声音从哪里来并且安全无害，有助于孩子放下戒备、安心入睡。

☑ 小贴士

建议你在预订房间时，提前告知酒店与你同行的是特殊需要儿童，让他们安排一个安静的房间，尽量远离电梯、自动贩卖机，不要在厨房楼上，不要临街，也不要与承办通宵庆祝或狂欢活动的房间在同一楼层。

提前预防策略

聚会、购物中心、游乐场、热门景区公园和户外活动场所等人多喧闹的地方，几乎肯定会让你的孩子遭遇感觉问题。在进入这些活动或场所前，有计划地做必要的准备，让孩子有机会逐步适应环境，而不是毫无预警地一头扎进去。一般来说，准备可以分三步：首先，提前做好感觉安抚，比如玩一玩挤捏球、嚼块口香糖、在驱车前往的途中盖上加重盖毯或听听舒缓的音乐；其次，早一点到达活动场所，选一个远离主要活动场地的区域、角落或房间，在加入活动前做一些满足感觉需要的事情；最后，让孩子自己判断有没有准备好了、什么时候可以加入活动。

如果孩子还没准备好，不要强迫。不论你们参加活动是出于自愿还是不得已，强迫都只会增加孩子的抗拒心理。正应了那句老话，强扭的瓜不甜。相反地，你应该观察，孩子抗拒的是什么，然后采取措施解决它，以免下次出现同样的问题。同时，你也要有信心，随着孩子的学习和成长，有朝一日，他会接受并爱上越来越多的活动。

小锦囊

像火烈鸟般单腿站立，是锻炼本体感觉的一个好方法。它能锻炼核心肌肉的力量，帮助孩子更好地感受他的四肢。做瑜伽树式或打太极也是不错的选择。

感觉唤醒策略

会哭的孩子有奶吃，对吧？用到孤独症领域，就是我们总是最先关注到孩子感觉过敏的表现。当声音太大、光线太强、食物太难吃、周围人太多、太多事情同时进行的时候，孩子会通过行为表达他的感受：捂住耳朵、吐出食物、跑开等。想办法安抚过度紧张的感官，是孤独症或阿斯伯格综合征儿童生活中一个永恒的主题。但别忘了，感觉过敏的另一端，还有感觉低敏——与感觉过敏相比，它得到的关注实在少得可怜。

感官敏感度比较低的孩子，往往觉察不到普通水平的刺激输入。当感觉唤醒水平持续处于低位时，孩子可能会呈现出倦怠、迟钝、退缩等状态。而当他们需要较大的感觉刺激时，一些人会表现出我们看来比较古怪的行为，比如自言自语，比如吃不该吃的东西（异食癖），甚至抠抓皮肤、撞头之类的自残行为。对于感觉低敏的孩子，我们需要提供的不是安抚，而是对感觉有唤醒作用的因素和活动。

让我们围绕孩子一天的作息，看看可以从哪些方面入手，给他们提供有唤醒作用的感觉输入吧。牢记一点：孩子的唤醒水平在一天里是不断波动的。上午的唤醒水平比较低的孩子，到了傍晚或晚上会逐渐趋于正常，而睡前或许又会开始出现过度敏感的倾向。记录孩子一天里每个小时的活动以及他对活动的反应，有助于准确把握唤醒水平发生变化的时间和地点。

- 叫醒瞌睡虫。有家长反映说，孩子在早上总是昏沉不醒，无论穿衣、洗漱还是吃早餐，都可能重新睡过去。如果你家孩子也有这样的情况，试试以下刺激方法：

- 尝试使用闹钟或其他叫醒方法。如果普通闹铃叫不醒他，那么试试用他爱听的音乐。如果是小一点的孩子，不妨试试他最喜欢的卡通发声玩具；如果是大一点的孩子，并且他有手机的话，你懂的，大概没有哪个少年会对手机铃声无动于衷吧。
- 淋浴有提神醒脑的作用。给孩子安装一个可手持、可调节的脉冲花洒，让他自己选择喜欢的档位；气味强烈的浴液也有清醒作用（前提是孩子可以忍受那样的气味）；而用粗糙毛巾、搓澡巾、丝瓜络在全身涂抹肥皂泡或浴液也有很好的提神效果。
- 让孩子站在全身镜前穿衣服。坐床上穿衣服实在是打瞌睡的好机会，镜子则可以给孩子提供多种颜色的视觉刺激；照镜子还能帮助孩子检视自己的外在形象，这是一种很重要的社会意识能力。
- 早餐也很重要。早餐应该准备孩子喜欢的食物。而即使是他喜欢的食物，某些品种又会比其他品种更胜一筹，比如嚼起来嘎嘣脆的食物，让人精神为之一振（燕麦脆和普通麦片，选前者而不是后者，虽然两者在本质上是同一种食物）；而酸、辣等较为刺激的味道也能起到提神的作用。

> **小贴士**
>
> 不要想当然地认为孩子一定爱吃甜食。埃伦的儿子布莱斯就不喜欢吃熟透了的草莓，嫌它们太甜、太软。他喜欢酸味，爱吃酸掉牙的葡萄，连香蕉也坚持要选绿皮的、还带一丝酸涩的那种。话说，有人喜欢喝西柚汁吗？

- 上学路上适量运动。如果是坐公交或校车，能不能让他多走一站再上车（做好必要的监督）？如果是你开车送他，能不能提前一小段路放他下车？助教、老师或同伴能不能陪他绕个远路再进教室，或者到教室后再去操场转两圈？
- 在学校（以及回家做作业时）
  - 喜欢本体感觉刺激的孩子，需要经常运动和变换位置，光是坐在椅子上伸个懒腰是不够的。在教室给孩子多留几个做作业的位置：他自己的课桌、讲台、边柜、可以躺下来的地垫或地毯、可以坐着的健身球、摇椅或办公转椅等。

- 有些孩子喜欢通过口腔刺激来满足感觉需要。用餐时可以吃一些响脆的食物，非用餐时间则可以用吸管杯喝水（吸吮凉水，甚至啃咬吸管）。可以随身携带咀嚼项链（穿在挂绳上的乳胶制品，卫生无毒），课间嚼个口香糖或吹吹泡泡也很有帮助。
- 在设计教学活动时，要记住，重复性或机械性的活动具有安抚作用，而多变的、需要身体运动的活动则具有振奋作用。
- 绝对不要将取消课间活动或体育活动当作对孩子的惩罚或问题行为的解决方法。因为孩子的问题恰恰在于需要多多运动，剥夺他运动的机会不仅无助于解决问题，反倒会使问题行为更加严重。抓住一切机会，让孩子动起来：倒垃圾、整理书架、擦桌子等。

● 注意事项

- 感知觉水平较低的儿童可能会为了获得触觉或口腔刺激而将物品放进嘴里或放到嘴边，或者探究性地伸手去按压别人（没有挑衅的意思）。
- 他们可能不太会抓握轻巧的物品。如果上课需要用到卡片，可以将卡片附在有重量的物品上，比如书本、积木或光滑的小石头上。
- 当他们在环境中移动的时候，有可能注意不到周围的人或物品，因而会不自觉地撞上同学、课桌椅或其他东西。

小锦囊

如果孩子存在平衡问题，那么让他在活动时尽量放慢速度，给身体一个调整的时间。还有一个方法：让孩子在移动身体时盯住某个固定的物体，好比舞者在旋转时"盯着看一点"一样。

区分感觉需要和感觉奖励

无论在家还是在学校，奖励或强化物在孤独症或阿斯伯格综合征孩子的教学中都起着重要的作用。对存在感觉问题的儿童来说，感觉刺激本身就是一种奖励，具有很好的激励作用。用对感觉刺激的关键，在于分清哪些感觉刺激属于孩子的**客观需要**（不应该根据孩子的行为表现决定给予或剥夺），哪些感觉刺激属于孩子的**主观偏好**（最喜欢的活动、物品、食物或其他选项）。

感觉需要

- 教室对孩子来说太吵了，我们允许他戴上耳机、耳罩、兜耳帽或iPod。这不是奖励，只是为了帮助他降低声音刺激水平，从而调节自身状态，专心于作业。
- 孩子需要活动，我们允许他去办公室跑个腿、在教室搬个椅子或整理班级图书。这也不是奖励，而是给他提供必要的本体感觉输入，便于他集中注意力、保持警醒、维持必要的学习或做事效率。

感觉奖励

如果选对奖励，几乎所有孩子都会做出响应。所以，"选对"就格外重要了。只有孩子本人觉得奖励对他有意义，奖励才会有效果，而只要孩子觉得有意义，它就会持续地发挥效用——但这也恰恰说明，它不是一劳永逸的。在准备感觉奖励时，要全面考虑孩子的各种感觉因素。奖励可以是：

- 可以把玩的东西，比如他喜欢的安抚玩具。
- 可以看的东西，比如书、喷泉、来往车辆、动物。
- 可以吃的东西。
- 可以闻的东西。
- 可以做点什么的东西，比如海洋球池、沙桌或其他感觉体验。

注意：强化物能否顺利发挥作用的一个重要因素，是准确拿捏强化的量——多少才够，多少又过了（过度满足）。如果你让他玩"弹珠树"[①]游戏，那么奖励时间结束时他愿意放下吗？他会不会觉得玩具被拿走是一种惩罚？准

---

① 译注：弹珠树（Marble Tree），一种简单的弹珠游戏，将弹珠放在树形结构的顶端，它会在重力作用下沿着叶片螺旋滚下，最后落在树底的托盘中。

备多种不同的强化物，交替混用。一开始就明确约定：玩弹珠树是一种奖励，只有在你得到这个奖励的时候才可以玩，而且每次只能玩 3 分钟——我们定好闹钟，闹钟一响，游戏就结束。同样地，我们强烈不建议拿食物当强化物。首先，能起强化作用的食物几乎都不怎么健康（如果你家孩子更喜欢吃葡萄或小胡萝卜，而不是糖果、薯片或饼干，你真的走运了）；其次，如果孩子才刚吃完饭或还很饱，你该怎么办？此外，多少饼干或巧克力才能起到激励作用，太少会不会反而让孩子失望？

动手操作式学习

将触觉和视觉元素融入所有学科领域，促进孩子学习。

- 在实验室做实验。
- 数学课上采用不同质感、形状、颜色的教学材料（来自大自然或能够满足孩子的特殊兴趣）。
- 在准备历史、文学、科学主题的立体造景或模型展示时，让孩子从家中带来他喜欢的人偶、动物玩具、石头，给造景或模型添上他的个人色彩。
- 拆卸物品，了解物品的构造：将废旧电器或玩具拆成零件，把书本、衬衫拆开；将拆下的零部件整齐排好，厘清组装的先后顺序。

帮助静坐的深压刺激

有时，孩子需要安静地坐在自己的位子上，而不是在教室四处走动。给他开发一些坐着也能进行的深压练习，再为这些深压活动准备一些视觉提示材料，粘在课桌上，需要的时候，你可以指着其中的某项活动提示他。可以选择的深压活动有：

- 挤捏球或其他没有响声的安抚玩具。
- 有点重量的小石块、豆袋或治疗胶泥，让他在双手间来回倒腾。

- 牵拉健身橡胶带。
- 咬嚼胶管或水杯的吸管。
- 静力锻炼,比如,拳头与下巴互抵,十指相扣往外拉(拉—放松—再拉—再放松),或者用手掌压膝盖,膝盖同时往上顶手掌(反复对抗—放松)。

再坐一会儿

当孩子需要静坐更长一段时间时,可以将加重小毯子盖在腿上:盖 20 分钟,拿开 20 分钟,反复交替。还可以试试以下适应性策略:

- 在椅子腿之间绑一条蹦极用的弹力绳。
- 准备一个加重用的装满沙子的马鞍袋。
- 让孩子跨坐在大的长条的圆形垫枕上,而不是常规的椅子上。
- 在椅子上加一块蛋托形坐垫,以提供更多的感觉刺激。

可以在教室自由活动啦

如果你的学生不能老老实实坐在椅子上,他可能就是需要活动,需要通过活动获得感觉输入从而调节自我。可以给他安排两张课桌,或者在课桌之外,再安排一个可以写作业的地方,让他有一个名正言顺可以走动的地方,而不是四处乱走。

为了方便眼神和语言交流,老师通常会把坐不住的孩子安排在教室前排。但反过来,把孩子安排在教室后排,也能收到不错的效果。因为在后排,学生可以适当做一些小动作,只要不影响其他孩子就行。一些老师甚至发现,平时坐立不安的学生,当有机会去活动身体、做点小活的时候,比如给班级宠物喂食、给植物浇水、分发物品,他们会更容易接收周围的听觉信息。

在课堂中融入适当的身体运动,有利于班上所有孩子的身心健康,而不仅限于特殊需要儿童。请大胆设想,充分发挥你的创意。在学习名词和动词、奇数和偶数的时候，可以跟学生们玩一玩"起立，坐下"的游戏；很多正误判断的学习可以用到"西蒙说"；学算术或单词拼写时可以玩兔子跳。

应对课堂上的自我刺激行为

某些特定的自我刺激行为，比如扇动双手、摇晃身体、动手动脚，都是孩子寻求前庭觉刺激的动作表现。试图消除这些行为的做法是不合适的，因为这些行为背后的诉求是应该被认可的，只不过它们需要以更加合理的方式表达出来而已。尽可能多给孩子活动身体的机会，可以大大减少这样的自我刺激行为。

在校园内找一个可以让孩子进行自我调节的机会：让他将出勤表或午餐记录送到办公室、去取体育器材、去擦黑板、去将椅子摞起来、去搬书、去扯一会儿课桌或书包上系着的橡胶管子、去摩挲一下解忧的小石头、去操场上爬一爬攀登架或荡一荡秋千、去打一打绳球、在音乐课或班级合唱时敲个鼓，等等。

IEP 中的感觉训练目标

孩子的感觉需要会随着时间的推移不断变化。在写 IEP 目标的时候，凡是涉及适应性工具的地方，尽量泛指，不要写得太具体。比如，最好写"通过使用适应性工具，莫妮卡可以连续 15 分钟坐在座位上听故事"，而不要写"通过使用三角坐垫，莫妮卡可以连续 15 分钟坐在座位上听故事"。这样，在实际操作中，你可以根据需要随时变换工具，比如用震动枕头代替三角坐垫，让 IEP 与时俱进。

教室里的"开学味"

如果环境中较重的气味会让你的孤独症或阿斯伯格综合征学生心神不宁、烦躁不安，那么在秋季开学时，要提前并持续关注教室里的气味情况。问问校长，学校会用什么样的油漆、清洁剂或其他新材料。现在很多学校都开始采用绿色环保的清洁产品了，但如果你们学校还没有，你要告知相关负责人员，工业化工产品的刺激性气味会在教室残留几天甚至几周的时间，会让对化学品敏感的学生无法安心学习。此外，视觉敏感的学生也会受到影响：教室刚刚打过蜡的地板会直接反射阳光和灯光，让他们感觉很刺眼。

校外培训的相关建议

随着人们孤独症意识的逐渐提高，我们也开始收到越来越多来自校外机构的咨询，包括主日学校或宗教培训班、课外艺术班、早教班、童子军和其他社会组织。我们之前讲过的适用于学校的各种调整性策略也适用于这些机构，比如，提供各种视觉上的支持，提供让孩子独自待着的角落，明确活动常规，在圆圈活动时用视觉提示标注个人边界，在任务转换时做好预警等。除此之外，下面这些对感知觉比较友好的策略也可以让孩子在校外的学习变得更加轻松自在。

- 孤独症儿童不善于主动与人交往，也不善于从一个环境转换到另一个环境，所以，随意的自由玩耍会让他们产生胆怯心理。在正式上课前，老师可以安排一个有组织的涉及多重感觉的活动，让孩子一来就能轻松地参与进来。家长也可以向老师推荐孩子喜欢也符合课堂条件的活动。大部分老师都会乐于接受建议，因为他们也希望孩子可以获得成功的体验。
- 允许孩子带自己喜欢的玩具来上课。比如蜘蛛侠，可以让它在黏土中跳跃，可以蘸上颜料踩出脚印，可以飞进树叶拼贴画中，也可以用水彩笔画个大花脸（可以洗去）。
- 如果课外班或课外活动每周只有一次，那么给孩子一张班级的全家福照片，照片上标明每个学生的名字，方便孩子尽快认识并记住。
- 如果课程不是一周一结，而是前后连贯的，那么老师有必要给孩子一些书面的视觉材料，作为课后指导和提醒。
- 家长给老师准备一份材料，告诉老师哪些情况预示着孩子即将感觉超负荷（捂耳朵、哼哼、咬自己、在教室到处跑或跑出教室、语调或声音激动、重复某个词语或短句）。这样，老师在需要的时候可以及时带孩子去安静的角落，或让同事将孩子带离活动现场。

- 孤独症孩子一般都不善于处理单纯的听觉信息，所以，老师在讲故事的时候，要借助视觉材料的辅助，尤其是三维的视觉材料，比如，人物、道具俱全的乐高玩具，就很适合用来表演故事，而蓝色的塑料包装纸可以用来假装是水，从外面捡来的泥土、石块、小树枝，生活中的扫帚、毯子，全都可以拿来充当道具。
- 经常变换活动（变换前有恰当的提示），有助于孤独症儿童保持注意力、防止走神。在教室准备几张桌子或几个不同的位置，轮换着进行不同的活动。圆圈活动也是这样，不一定在一个位置坐下就不动了，而是可以根据孩子的年龄以及注意力持续的时间，适当起来活动一下，换换位置。这样做不仅对孤独症孩子有利，对其他孩子也都有好处。

区分危险行为、不恰当行为和单纯讨人厌的行为

一旦理解了感觉统合障碍会对孩子产生多大的影响，你大概会迫不及待地想知道，我应该从哪些方面入手？应该先满足孩子的哪些需要？最重要的，你首先要知道，帮助孩子学会很好地适应孤独症是一个过程，一个相当长的过程，而你有的是时间。

然后，你需要将孩子的行为问题分成三大类：威胁到孩子自身或他人安全的行为、没有人身危险但会在社交上孤立孩子的不恰当行为、古怪或令人讨厌但不影响身体和生活的行为。一旦分清行为类别，从哪里入手也就显而易见了。

- 威胁自身或他人安全的行为（请立刻咨询你的作业治疗师）：
  - 似乎对疼痛无感（很严重，必须要解决，因为疼痛是身体发出的自然警告），对寒冷也无感，即使冬天去室外也不愿穿上足够御寒的衣物。
  - 从高处——操场游乐器材、楼梯、家具、树上——往下跳。

- 粗暴对待玻璃制品——往镜子、杯子、镜框上猛击或将它们往地上扔。
- 撞头。
- 咬自己或他人。
- 过度手淫或摆弄生殖器。
- 显示出对火的痴迷。
- 显示出对水的恐惧或痴迷。
- 遇到不喜欢的状况会迅速逃跑，或者总是乱跑。
- 有口部或进食障碍——咀嚼困难、嘴里食物塞得过满、设法将食物整块吞下、将食物吐掉或对食物进行反刍。
- 将不能吃的东西放到嘴里或吃下去。

- 不恰当的或容易导致孤立的社会性行为，或久而久之会危害自身健康的行为（根据实际情况，咨询你的作业治疗师、言语语言病理学家、牙科医师或其他专业人士）：
  - 玩弄自己或动物的大便。
  - 强迫性地嗅闻他人或物体的气味。
  - 极度挑食，只吃几种食物，且仅限特定质感、特定品种或特定颜色的食物。
  - 不讲卫生，不愿意刷牙、剪指甲、洗头、洗手、洗澡、上厕所。
  - 疼痛阈值低，容易头晕，对光和身体接触特别敏感。
  - 用足尖行走——需要尽快处理，因为这可能导致肌腱短缩，让正常行走变得困难（另见本章前文"足尖行走"部分）。
  - 当众脱衣服。
  - 表现出对身体某个部位的强迫性兴趣，或摸或舔。我们认识一个孩子，喜欢摸女性的腿，不管对方是家人、朋友还是陌生人。
  - 与人初见面时，又亲又抱，不管对方是谁，哪怕陌生人。（4岁时这样也许很可爱，但14岁时这样就危险了。）
  - 难以接受各种转换：活动与活动之间、家与学校之间、醒着与睡眠之间、春夏秋冬之间。

- 不耐挫折，容易放弃。
- 身体平衡有问题，跑步、骑自行车都很困难。
- 饮食不规律，时而暴饮暴食，时而不吃不喝。
- 古怪或讨人厌但对身体或生活没有实质影响的行为：
  - 喜欢内衣外穿。
  - 需要以特定的方式摆放自己喜欢的物品。
  - 不喜欢盘子里的食物有碰触。
  - 无法忍受所谓时髦的装束。
  - 对动物没有兴趣。
  - 固守一些无伤大雅的狭窄兴趣或强迫性兴趣。

第二章
沟通与语言

我的语言有多局限,我的世界就有多局限。

——路德维希·维特根斯坦

（Ludwig Wittgenstein）

普通孩子一个眼神、一个手势就可以轻易捕获我们的关注。他们稍一转头，或抬起手指，不用只言片语，就完成了与我们的沟通与连接——我们知道了他们对周围世界的感受，知道其中什么东西吸引了他们的注意。然而，大部分孤独症孩子却很难如此清晰地表达内心的想法：过于敏感或不够敏感的感觉系统干扰着他们的视觉加工过程，社会性思维方面的障碍又让他们不知道如何从他人那里寻找参照，而他们的运动系统也无法自如地完成计划——协调——执行这一系列操作，无法自发地注视或做出动作手势。

所以，我们不能指望通过他们做了什么、没做什么，或说了什么、没说什么来准确判断孤独症或阿斯伯格综合征孩子的兴趣、想法、感受以及沟通的欲望。

他们既不用手指，也不用目光注视，所以我们必须要通过其他蛛丝马迹，发现他们的兴趣所在以及沟通的意图——朝向某个物体的匆匆一瞥、噘起的嘴巴、胳膊用力往外甩或紧紧缩起、发出快乐的尖叫声、反复观看某部电影的某个片段……每次当你提到某件事，他都会转过头来，那可能就是他的兴趣所在。就这么简单，这么悄无声息。当我们更用心地观察和聆听时，我们会觉察到孩子为沟通所做的各种尝试，解开他们的沟通密码，并给予恰当的回应：该认可的认可，该应对的应对，该教的教。

我们所使用的语言不过是人际交往中很小的一个部分，但整个社会却重视说话胜过其他一切沟通形式："教我家孩子说话吧，拜托了。"然而，这种对语言的普遍推崇却使我们忽略了孤独症孩子每天对我们做出的沟通尝试，因为它们实在太不起眼了。遗憾的是，如果那些尝试总是被无视，孩子与我们沟通的动机会越来越弱。

相比于孩子，我们成人就是生活中的沟通能手。我们的任务是将复杂的沟通活动分解得更小、更易于掌握，并帮他们找到一个对他们而言有意义的、可靠而实用的沟通方法，**不论何种形式**。五年前，文献曾经告诉我们，40%的孤独症儿童终其一生都不会发展出语言能力。这样的论调我们如今再也不信了，因为我们的孩子实际上比我们认为的更善于沟通，通过针对性的密集干预，他们是可以掌握各种沟通工具从而表达自我的。至于这种表达通过何种途径实现——口语、图卡、沟通辅具还是手语，其实都无所谓，因为所有这些都是沟通。我们的任务，就是想方设法聆听并听懂他们的表达。

想知道你就问

埃伦至今还记得她儿子 4 岁那年问她的那个重要问题。那一天,从学前班(有特教支持、带社会交往性质的融合式课堂)回来,他问她:

"你想知道一件事吗?"

"当然想啊。"我答道,心中暗喜,这是要主动与我分享学习经验的架势呀。

"妈妈,你想知道一件事吗?"

"嗯,我想呀,我很想知道。"我很兴奋。

"你想知道一件事吗?"他又问。这么来来回回几次之后,我有点泄气,显然我没有答到点子上。最后,他非常自豪地说:

"嗯,你想知道的话,那就问我吧!"

我们常常忘记"问"孩子,或许是内心偏见使然,觉得他们语言有限,未必能回答我们,更有甚者,压根儿不觉得他们会有自己的思想和喜好。

问问孩子吧。孤独症孩子的学习方式也许和普通人的方式不太一样。老师们,让孩子来告诉你该怎么教他。问问他,他自己觉得怎样学习最好,认真聆听他的回答(不一定是用嘴巴说出来的)。是通过阅读吗,还是写作?是通过与同伴合作吗?实地考察?亲自动手实践,比如科学实验、美术创作、桌面游戏?

为了回答你的问题,孩子也需要反思自己是怎样学习的,哪些因素有助于他的学习。由此,他慢慢开始对自己的学习负起一部分责任。这样的意识可以极大地增强孩子的自信心。

反过来问

当通常的问法不起作用的时候,你可以试着反过来问。不要问"这次生日聚会你想做什么",而是问他"这次生日,你不想做什么"。你可能会惊讶地发现,他讨厌蜡烛,讨厌玩保龄球,不喜欢唱生日歌,也不喜欢需要盛装的场合，不喜欢家里同时有 5 个人以上。

在平时的教学和日常生活中，可以多运用这种逆向心理学。比如，让孩子说一说小狗的 10 个缺点。也许你会发现，他非常喜欢家里的小狗，但不大喂它，不是因为忘记，而是受不了狗粮的气味。

五字要诀："我在这儿呢！"

抚养孤独症儿童的过程，似乎每一分钟都不容懈怠：精心设计各种结构化的学习内容，因为孩子需要；带孩子去各种专业机构、找各种专业人士，因为我们自己不够专业；还要时时自省，我们有没有在为孩子全力以赴，总觉得应该足够努力才行。我们每天的时间往往都被这些事给支配了。结构化学习安排、专业支持、自我反省，的确一个都不能少，但也不要因为过于盲目地追求这些而失去自我。假如你每天都需要看着表过日子，那么，你很有必要从这种状态中抽离，对孩子的学习和成长方式做出反思。没错，他是通过实践，在做中学的，但在一开始，在他还远没有能力这样做之前，他是通过自己对周遭的**感受**来认识一切并做出反应的。情绪情感有时比理智思考或行动更强、更有力，关于这一点，我们大概都不乏切身的体会。

"随时（给孩子）提供情感上的支持，与你为他做些什么同等重要，甚至更加重要。"

注册作业治疗师、儿童教育与咨询机构 Kid Links Unlimited 总裁詹妮弗·洛西尼亚（Jennifer Rosinia）博士就曾说过这样睿智的话。孩子学习自我调节是一个漫长的过程，在此期间，如果他能与生活中的几个重要成人建立稳固的关系，也就树起了对抗压力和焦虑的强大防线。洛西尼亚博士认为，既要埋头做事，也要抬头看见——理解孩子的感受，与孩子同在——这两者不分伯仲，同等重要。

孩子听力正常吗？

如果孩子存在语言障碍，那么应该给他做一个听力测试，排除生理性听力问题的存在。孤独症孩子可能很难完成学校组织的普通听力测试，因为这样的测试要求学生举手对音高做出反应。他也许并没有听懂说明，只是看到同学们都举起手来，便也跟着举手，或者，他只是觉得应该举手，便胡乱举了起来。

所以，你需要寻求儿科听力师的帮助——他们是从事儿童听损评估的专家，一般为硕士或博士，并取得了专业的资质证书（认证过程与言语语言病理学家类似）。关于相关资质，你可以查询美国言语语言听力协会（American Speech Language Hearing Association）的听力师临床执业资格证书（CCC-A）或美国听力学会（American Academy of Audiology）会员证书（F-AAA）。

听力测试会综合考虑儿童的生理年龄和发育年龄。听力师也可能会和孩子的医生、老师、言语语言病理学家合作，一起选定合理的测试题目。像上面提到的行为反应测试，只要做合理的调整，连对婴幼儿都可以使用；听性脑干反应（auditory brainstem response, ABR）测试或耳声发射测试（otoacoustic emissions, OAE）可以测出耳内的神经反应；鼓室导抗测试（tympanometry）则能测量鼓膜运动，排查鼓室积液之类的问题。

说话前先引起孩子的注意

在开始对孩子讲话或发起对话之前，应该先与之建立一定的联系。我们大人常常会忘记这一点。话语从我们嘴里一个劲儿往外冒，我们以为孩子或学生一定知道我们在说什么。但孤独症孩子通常缺乏社会参照能力[1]，我们在发起对话之前，一定要先引起他们的注意：

- 放低身姿：走到孩子身前，或坐或蹲或弯腰，让你的脸部正对孩子的眼睛。
- 建立关注：尽量靠近孩子（如果孩子能接受的话），让孩子看见你（需要的话，可以搬动你或他的座椅），等孩子朝向你（不一定有眼神接触）。气氛活泼一点。可以使用视觉小道具。
- 让孩子知道接下来的事需要他的关注。可以使用简单的口头或视觉提示：

---

[1] 译注：社会参照指婴儿参照成人的情绪表现（表情、语音、肢体语言）对某个事件或周围环境形成自己的反应，并调整自己对他人和物体的行为的过程。

轻轻拍一下他的肩膀或手臂，叫出他的名字，或说一两个词引导他，比如"听""看""看着我"之类。
- 使用有意义的手势和肢体语言。讲话时双手不要凭空挥舞，有必要运用手势和肢体动作时，要慢，要清晰，让孩子有时间进行联想和消化。

说话跳脱

孤独症儿童常常太专注于自己的思想，有时难免说出没头没脑的话来，让人听着莫名其妙："……有一个穿绿衣服的女生，好漂亮，然后进来一只青蛙！"通常来说，孤独症或阿斯伯格综合征儿童，即使那些我们觉得"聪明"的孩子，对自身及他人的观念、想法、目的、好恶等都缺乏必要的体察能力，也很难领会这些心理因素之于每个人都不尽相同。我们的孩子意识不到他人的想法与他们的并不相同，会一厢情愿地认为听他说话的人知道他的想法，可以自行脑补他没有说出来的内容。

所以，我们要仔细探索、耐心领会他想要表达的意思。你可以问他："你说的是什么？是怎么回事？是书里的故事、电影情节，还是真人真事？是昨天的事，还是今天的事？"引导他回到思想的原点。当然，这一过程对孩子来说可能并不愉快，他也许不愿费心去厘清这些，也可能根本不知道原点在哪里。

针对这一问题，你在平时就要注意不时将自己的想法诉诸语言："看到秋千上那个小女孩了吗？她笑得很开心。你觉得她在想什么？"等他说出他的想法，你再说说你的想法，跟他的想法形成对比，当然，你也可以说一些他完全想不到的想法。大量制造这样的机会，让孩子知道，不管什么时候，人们的脑子都在想事儿，而且五花八门，什么都有。

你的孩子或学生不能觉察听者的想法，分不清哪些信息对方已经知道、哪些还不知道。对此，你不能抱着"好吧，无所谓"的态度，听之任之。意识到"他人心灵"的存在，是一项必要的社会性技能，能让孩子学习从另一个角度看待事物、领会他人的想法和观点。无论多大的孩子，都不要听任他随意地发表想法，要让他学会理解别人的意思，也说出别人能听懂的话来。

小锦囊

可以在昏暗的房间玩词汇游戏：给孩子（一个孩子或好几个一起）一个手电筒，你说出房间里某件物品的名称，让孩子找出来并照亮它。

帮孩子把话补充完整

现在要说的情形恐怕很多家长和老师都很熟悉：孩子可以很清晰地说出一个句子的头和尾，但除此以外的所有内容都晦涩难懂，比如"小猫啊嘟呢嘚呢篱笆"，表达的是"小猫跑着跳过了篱笆"的意思，或者比较简单一点，"我啊去啊啊啊商店"，表示"我想去逛那家商店"。这两种情形，孩子是知道自己话里缺词的，但他说不出来，所以只能用无意义的词代替。遇到这样的情况，请帮孩子把话补充完整："哦，你想去逛那家商店！"

当言语卡壳时[①]

言语是一件复杂的事，但也不过是语言和沟通的一个部分。关于言语、语言和沟通三者的关系，言语语言病理学家、威斯康星州麦迪逊沟通发展中心（孤独症谱系障碍儿童言语和语言服务机构）主任玛吉·布朗（Marge Blanc）与我们分享了她的观点：

> 言语是运动，是动作或肌肉行为，它不是语言。作为一种动作行为，它比较复杂，涉及三个层面：首先是呼吸，确切地说，是呼气；其次是语音，或者说喉部发声；再者，更进一步，是下颌、舌和双唇的协同有序运动（吐字发音）。
>
> 运用障碍（dyspraxia）是一种肌肉协调障碍，它影响的是个人独特的动作"计划"，而不是肌肉自发的序列运动。当孩子因痛苦而尖叫时，这

[①] 原注：改编自"Finding the Words... When it's Hard to Find Your Voice!" by Marge Blanc. *Autism Asperger's Digest*, 2006 年 1–2 月。

种发声是无意识的，但当他试着反复发出这样的声音，即故意这样发声时，就是有计划的了。对于有严重运用障碍的孩子来说，后者即使并非毫无可能，也是相当困难的。

我们可以通过自下而上的8个层级体系，逐步奠定孩子的言语基础。这8个层级是一个环环相扣的完整过程，每一步都建立在前一步的基础之上，第1层级对应的是肌肉紧张度还不足以发出声音、完全无言语的孩子，而发展到第8层级时，孩子已经可以进行有意义的言语表达了。无论你是家长还是治疗师，都可以采用这一有效的治疗方案，帮助孩子开口说话。

帮助孤独症或阿斯伯格综合征儿童开口说话的实用层级系统

第1级：深呼吸/呼气。这个水平的儿童不会发声，或不会尝试用声音来交流，就算能发出声音，也很微弱且不能持久。

第2级：发声。儿童在游戏中用声音（不一定有词语）来交流，比如玩小车时的"呜呜"声、从滑梯滑下时快乐的尖叫声、哼哼声等。

第3级：声调变化。由于可以发出足够长的声音了，儿童开始出现声调变化，时高时低、动静起伏。

第4级：发声、保持和收声。这个水平的儿童，发声、收声或中间声音的保持都没有问题，声音成为一种稳定的沟通方式。

第5级：元音。儿童可以持续发声后，辅以一定的作业治疗，强化舌头和发音肌肉的功能，从原来的"嗯嗯啊啊"，逐渐进展到需要更多肌肉控制的元音发音。到了这个阶段，孩子的声音听起来像在"说话"了。

第6级：辅音发展。与元音一样，辅音是嘴型变化的副产品，但很多辅音难度较高，需要给予更多的帮助和对口部肌肉进行更多的训练才能顺利发出。（对此，天宝·格兰丁在序言中也有所提及。）

1-6级的练习可以通过有趣的活动来实现，孩子在活动中咯咯笑出声来或快乐得尖叫，就是一种无形的强化。这几级都不涉及有目的的交流，但孩子在活动中大口呼吸、不自觉地大笑、发出各种各样的声音，其实都是在锻炼发声。一旦他们获得信心，确知自己也"有声音"，教学就可以进展到初步的言语阶段了。

第 7 级：有序发声。使用声音，并以特定的顺序反复发声。

第 8 级：有目的地说话。

将单词扩展成句

谢莉只会用单词说话，比如"杯子"。为了让她学会把话说完整，成人可以示范完整的句子："我想要杯子。"让孩子照着说一遍。

活动：看图说话。找一张图片，可以是你们自己的照片，也可以是杂志或书上的图片；让孩子描述图片上的内容；你和他轮流补充细节。比如，你们可以这样对话：

> 男生。
> 男生拿着球。
> 男生的球是黑白的。
> 男生用黑白的球踢足球。
> 男生准备踢足球了。
> 踢足球的男生穿着绿色 T 恤。
> 这个男生是"神龙队"的，所以他才穿绿色 T 恤。
> 他是"神龙队" 3 号球员。
> "神龙队"在室外踢足球。
> 今天天气很晴朗。
> 他的脸看起来很开心。

准备一沓这样的卡片或照片，以便随时取用。每张卡片应该用到一次以上，说过一次之后还要回来复习拓展。耐下心来，做好长期训练的准备。从蹦单词到整段叙说的过程可能需要好几个月，甚至好几年的时间。

暂时退步也没关系

孩子的语言不是直线发展的。生病、受伤、受窘、情绪冲动的时候，孩子的表达能力会受到影响。即使你计划和安排得再周密，也不能避免这些状况的出现，况且，你也不应该这么做。不要因为孩子的语言出现一时的倒退而过度紧张，请放松心态，该干吗干吗。

视觉策略[1]

孤独症或阿斯伯格综合征儿童大部分是视觉型学习者，也就是说，他们更容易理解他们看到的，而不是他们听到的。但我们的教学和社会交往却主要通过语言来实现，结果便是儿童每天都要承受很多沟通失败的风险。

视觉工具是对语言交流的一个有益的辅助。孤独症领域的视觉策略专家琳达·霍奇登（Linda Hodgdon）[2]认为，学生能够看到的任何东西都可以用来作为视觉工具。视觉时间表、选项板、沟通小纸条、课堂纪律、书面的步骤说明，哪怕肢体动作，都可以极大地帮助学生成功实现与他人的沟通。在家也同样如此。具体来说，视觉工具可以辅助学生处理语言、组织思想、记忆信息，还可以帮助他们学习恰当的社会互动和积极的行为。

视觉时间表和视觉日历是孤独症或阿斯伯格综合征儿童最常用的视觉工具。它们可以很简单，也可以很复杂，并且能广泛运用到各种环境之中，从一般的教室到体育馆、音乐教室，再到作业治疗或言语治疗，到家庭或教堂，等等，全都可以使用。使用视觉时间表有诸多好处：

- 可以让孩子清楚地看到在什么时间做什么，并建立起先后顺序概念。

---

[1] 原注："How to create a visual schedule" 改编自 Linda Hodgdon 网站 www.usevisualStrategies.com 上的信息。

[2] 译注：琳达·霍奇登的两本视觉策略著作——《促进沟通技能的视觉策略》（*Visual Strategies for Improving Communication: Practical Supports for School and Home*）和《解决问题行为的视觉策略》（*Solving Behavior Problems in Autism: Improving Communication with Visual Strategies*）中文简体版已由华夏出版社于 2019 年出版。

- 可以提醒学生每日常规的变化。
- 可以让学生看到他接下来要去哪里,有助于他独立完成不同活动、不同环境之间的转换。
- 给孤独症学生展示每天和每周结构化的活动安排,帮助他们做好规划和预期,从而减少焦虑,降低问题行为的发生率。
- 这种视觉上的支持还可以鼓励学生去完成那些他不太想做的事:可以策略性地将他不喜欢的活动穿插到他喜欢的活动之间,两者交替进行。
- 社会交往也可以巧妙地融于时间表之中:将已完成的作业交给老师、说"你好"和"再见"、邀请同伴一起游戏,等等。
- 对于无言语的学生,视觉时间表可以是一种替代性的沟通方式。习惯成自然,坚持使用时间表,学生就能逐渐将时间表上显示的符号与将要进行的活动对应起来。

如何制作视觉时间表

1. 确定谁将使用这个时间表:是几个人共用一个时间表,还是某个儿童专用?
2. 将一天或某个活动分成几个部分,给每个部分起好名字。
3. 根据孩子的表征水平,决定时间表的呈现方式(实物、照片、绘画、文字)。
4. 想想这个时间表怎么用、什么时候用,选择合适的版面大小。如果是某个孩子专用的时间表,那么最好是桌面大小,甚至更小,方便他夹到笔记本里随身携带;如果是很多学生共用,那么应该选择较大的尺寸,方便上墙。
5. 选择恰当的、与活动或日程相关的视觉材料,制作出时间表。

小贴士[①]

时间表至少同时显示两件不同的事。这样,学生才会知道,事件和活动不是孤立存在的,而是按次序相继发生的。

---

① 原注:改编自"Schedules, Schedules, Schedules: Tips for Teaching, Tips for Using" by David Freschi. *Autism Asperger's Digest*, 2003 年 7–8 月。

6. 在将时间表交给学生之前，将表上的内容从头到尾捋一遍，确保内容清晰，各部分井然有序，也没有遗漏必要的部分。

7. 教孩子使用时间表的方法。确认他理解表上呈现的每一项内容。

8. 经常参照时间表，获取活动信息：接下来会发生什么、将有什么变化以及孩子需要知道的其他任何情况。

在使用视觉时间表之前

视觉时间表可以减轻孤独症儿童的压力，即便对适应能力比较好的孤独症儿童也不例外。想想你自己，是不是也因为各种记事本、备忘录（包括数字化工具）的使用而多了许多便利和轻松的感觉。不过，一个有效的视觉时间表可不仅仅是几张按顺序排列的图片而已。

- 让言语语言病理学家或孤独症康复师判断一下你家孩子的表征水平：图片、绘画、文字，哪种方式更能被孩子理解和接受？如果孩子的理解水平有限，那么你可能需要在时间表上粘贴相应的小玩具或实物。
- 然后，让作业治疗师帮你判断一下孩子最适合以哪种顺序浏览时间表的内容，从上到下，还是从左到右？
- 时间表应该显示几项内容？对有些儿童来说，三项已经是极限；但对有些儿童来说，六项甚至更多也没问题。
- 时间表可以包含哪种类型的视觉内容？安全提示图片（危险、停、烫），情绪情感（开心、难过、厌倦、生气），食物（孩子爱吃的和各种主食），每日作息常规（用餐时间、睡觉时间、洗浴时间），喜爱的卡通人物（海绵宝宝、托马斯小火车、朵拉）。
- 孩子的视觉或身体障碍可能会影响时间表的正常使用，要考虑到这方面的因素。
- 时间表便于携带吗？可以带去托儿所吗？可以带进车里或带去度假的地方吗？可以带去姨妈家过节吗？

什么时候使用视觉时间表

经常使用！视觉时间表可以专门用于某个活动或某一节课，帮助孩子更好地了解活动或课程的步骤顺序，或预知活动的后续进展；也可以运用于全天，让孩子借助图片，知道整个一天会发生什么。它可以告诉孩子某个任务或游戏的起止时间，提醒孩子常规的变化，也可以用于标记已经完成的任务。每周、每月的时间表则可以帮助孩子提前计划和安排活动，无论在家还是在学校都很有用。还有适用于整个年度的视觉时间表，用于教授季节变化、标记节日、显示某个时间跨度较长的活动（比如在校学习天数、搬家）的起止日期，等等。

视觉拐杖？

你的孤独症学生正在使用视觉时间表进行自我管理，你看到他的自尊和自信都在快速上涨。一切如此顺利，你几乎觉得，他可能不再需要使用时间表了。

然而，视觉时间表并非权宜之计，不是用一阵就可以丢弃的东西。你可以将它们当作一种管理工具，帮助孩子保持条理和冷静，更好地适应他的学习和生活。如果孩子的表征水平有所变化，那么时间表的呈现方式也要随之改变，从图片到绘画，再到文字，逐渐进展。总之，对孤独症学生来说，视觉时间表的持续使用是一条重要的救生索，是提高他们生活独立性的关键之一，无论在学校、家庭还是社区。

视觉语言支持要与孩子的学习方式相适应

视觉语言支持有助于孤独症儿童适应学校生活，但在将它们粘到他的课桌上之前，请想一想他的学习方式。他大部分时间都坐在课桌前吗？如果是这样，那么将视觉工具固定在那里，的确再好不过。但如果他喜欢四处走动，喜欢在别的地方写作业，那么，视觉工具就需要随身携带——可能需要制成卡片，塑封并依次穿到金属小圆环上，或者，你需要将视觉工具分别贴到房间的各个区域。

如何使用视觉时间表

唉，太郁闷了：你为你的孩子或学生精心制作了视觉时间表，可它一点也不管用。如果是这样，那么你应该检查一下孩子对时间表的理解程度：她理解上面的每一项内容吗？你教过她怎么参照和使用吗？她听懂了吗？总之，只是给孩子看一下时间表是不够的，你必须教给她使用的方法。

- 在活动卡的最后标上红色"停止"符，表示活动到此结束。理解活动的起止时间往往是孤独症或阿斯伯格综合征儿童的难点之一。
- 在时间表每张图片或项目的旁边标上直观的钟面时间，可以提醒孩子将要进行的活动，也给部分孩子预告活动的转换，让他们做好必要的心理准备。此外，这样做也有助于孩子将图片上的时间与实际时间对应起来。
- 对于刚刚开始识词认字的孩子，可以采用图片与文字相结合的方式。要知道，孩子在状态不佳时，可能会认不得文字或想不起文字的意义。所以，如果有一天，在你采用纯文字的提示之后，他们的能力开始呈现倒退的趋势，那么你要重新加入图片，经过一段时间的训练，再尝试使用纯文字的版本。
- 就像在红绿灯之间总有黄灯警示，我们也可以在时间表的活动卡上插一个预警标识，并伴以口头的提醒。
- 给时间表加一个"完成"仪式。一旦活动时间结束，便将表示该活动的视觉标志移入时间表上的"已完成"盒子或类似的容器中。
- 放学了，接下来做什么呢？可以在时间表上表示一下接下来的活动，比如坐校车回家、参加课外活动、等爸爸或妈妈，等等。如果孩子每天都会为第二天的课程而焦虑，可以准备一个收尾仪式：和孩子坐下来，两个人一起将第二天的常规活动的图片按顺序放到时间表上。

小锦囊

自己动手制作时间表需要的图卡，方法很简单：从杂志、产品手册、超市每周的宣传广告中剪下图片，将它们粘贴到目录卡上，然后在图片下写出或打印出物品的名称；有必要的话，还可以塑封一下；为了方便携带，还可以在角上打孔，按照不同的主题分别穿成串。

接受性沟通和表达性沟通

视觉时间表有助于孩子理解他人传递过来的信息，对于孩子，它是一种接受性的沟通工具。而选择板，顾名思义，则需要孩子主动表达她的需求。

选择板上的选项可以用二维或三维的方式（图片、文字或实物）来呈现。选择板之所以好用，在于它延长了孩子用于反应的时间。一般情况下，当我们问"你想喝果汁还是牛奶"时，孩子做选择的时间其实只有几秒钟。但有了图表的辅助，孩子就可以掌握更多的信息，从而更好地处理接收到的语言信息，并顺利地给出回复。

请给孩子充分的时间，耐心等待她的回答。听清问题，理解问题，再给出答案，本来就是个复杂的沟通过程，虽然普通孩子一秒不到就能完成，但孤独症孩子却很难。别急着重复你的问题或发表你的意见，也不要帮她说出她想说的话。

当然，如果你比较确定她会说某个词语，只是一时想不起来，那么，可以用提问的方式提醒她，让她做出选择："你是说，你要吃火鸡肉三明治，还是花生酱三明治？"

辅助技术（AT）可不只是键盘而已

辅助技术的应用有助于学生们突破语言和沟通能力的限制、实现他们之前无法企及的目标和成就，美国《残疾人教育法》（IDEA）中就有使用辅助技术的相关规定。不过，给孩子使用 AT 设备，无论是交流板、电脑，还是 DynaVox 眼控设备，都只是一种工具或手段，而非教育目标。工具让我们得以完成更大的任务，即开发和运用实用且适用的支持性策略，惠及孩子生活的方方面面。

那么，对于某一个特定的学生，应该采用哪一种策略和技术比较合适呢？在 ClosingTheGap.com 这个以 AT 技术为主题的网站上，你可以看到与 AT 相关的各种实用性问题，他们的专业人员在评估某个儿童或某个活动是否适合使用 AT 时，通常会考虑以下问题：

- 在这个活动中,所有学生需要做什么?
- 孤独症学生需要做什么?
- 这个活动的学习目标是什么?
- 这个孤独症学生最善于用哪一种方式接收信息,即他的学习方式是怎样的?
- 我们如何检验学习的效果?
- 该学生有哪些长处?我们如何将这些长处运用到这个活动中?

如果你觉得 AT 可以帮助到你的孩子或学生,那么要求学校对其进行辅助技术的相关评估,确定最适合他的辅助方式和方法,帮助他成功适应现有的教学环境。

环境影响言语发展

我们的言语很多是通过模仿习得的,所以,一个不经常接触其他说话者的孩子,他的言语发展会比较缓慢。在一个自成一体的特教课堂中,学生也可能缺乏足够的机会去体验同龄典型发展儿童的语言示范。家长和言语语言病理学家应该积极创造条件,让孩子尽可能多地接触典型发展儿童的语言氛围。此外,还要将学习与同龄人恰当地对话写进孩子的 IEP 之中。随着儿童逐渐长大,热词俚语的使用也将成为言语发展的目标之一。"妮可将学习在午餐时和课间用同龄人的俚语与同学闲聊。"家里的兄弟姐妹也是儿童学习同伴语言的好资源,他们还可以帮孤独症孩子辨别哪些词或词组现在正流行,哪些则已经过时了。

维持丰富的语言环境

家长和老师要培养孩子日常的言语和对话能力,一个最好的办法,就是让孩子的周围源源不断地流动着有意义的、他能理解的语言。介绍几个简单的方法:

- 每周一，让孩子带一张纸条给他的老师或言语语言病理学家，纸条上写着他在周末做过的三件事；让他们跟他聊聊这些事。
- 每次孩子跟你讲话时都给予回复，让他知道你重视他说的每一句话。当你跟他讲话时，看着他。即使是没有言语的孩子，你也要看着他。这是一位助教的真实经历："有个学生不会说话，但嘴里总是发出声音。我对他'嘘'了好几次，都不管用。没办法，我学着他的样子，试着发出了相同的声音。他看了看我，居然安静了下来。我有些担心，这样做会不会让他觉得我在取笑他？我请教了几位孤独症康复师，他们都肯定了我的做法——他恰恰会觉得，我在听并且也听到了他的表达。希望事实果然如此。我试过很多次，真的很有效。"
- 至于那些没完没了追问的孩子，你也可以试着鹦鹉学舌，把问题抛还给他，说不定就此解开了连环追问的困局，尤其是当他心里已经有了答案的时候。孩子："我们要去上体育课了吗？"成人："亚伦，我们要去上体育课了吗？"孩子："嗯！"
- 另一个打破连环追问的方法是使用视觉辅助：在纸上画三个简单的方框，告诉孩子："那个问题你最多只能问我三次。"当她问你："我们今天会读《夏洛的网》吗？"回答她："读啊。现在，这个问题你已经问过一次了。"然后当着她的面划掉其中一个方框。问完三次后，对她说："好了，三次满了，现在我们不谈这件事了。"随即转变话题。
- 歌唱也是一种言语方式。如果孩子可以轻松学唱各种歌曲，那么不妨通过唱歌来提高其语言能力。如果歌词中有任何生词，给他讲解清楚。同时，注意歌词中有些词语是没有实际意义的，将这些词与一般的词语区分开来。
- 不要刻意纠正孩子的语法或发音，而是直接将正确的语法或发音示范给他。孩子："他没有去了商店。"成人："是的，他没有去商店。"

2 分钟交谈规则

与他人交谈，会给你的孩子带来莫大的压力。试试"2 分钟/2 分钟"规则：跟他说，你想和他聊聊他今天上学的情况或某一个主题（让他自己选）；让他用 2 分钟组织思想，再用 2 分钟说出来。在一个相对容易掌控的范围之内，孩子不必为自己的表现而焦虑，交谈就会顺畅许多。

不要每天都问孩子同一个问题，比如，你今天在学校做了什么？而可以试着问他，你今天过得怎么样？引导他去探索自己的感受，而不只是行动或作为。当然，你也会因此而掌握更多他的在校情况。

停顿 2 秒再回应

很多家庭在聊天时往往语速过快，让孤独症儿童完全跟不上。注意放慢整体的谈话节奏，让孩子更容易参与进来。请遵守这条规则：停顿 2 秒再回应。

点心时间：不只是吃

学前阶段的点心时间是教孩子沟通技能的大好时机。因为在这个时间里，孩子通常比较愿意让别人知道自己的需要。要教的技能主要有两项：引起同伴的注意、索要物品。你可以每天指定一个孩子来当饮料派发员，为了引起派发员的注意，孩子们需要完成这些步骤：

- 拍拍这位朋友的肩膀；
- 看着她的眼睛；
- 叫出她的名字；
- 说："凯蒂，我想要一杯果汁。"

你首先示范这些步骤，并暗中交代其他孩子，如果他做得不好，不要大惊小怪。然后提示孩子："凯蒂没有听到你说的话，你拍拍她的肩膀。"如果不稍微给他一点鼓励，很多孤独症孩子是不会主动这样做的。

在家吃饭时也可以采用类似的做法。你可以故意让大家都缺点什么：意大利面没有撒芝士粉，面包没有涂黄油，饮料没有拿出来。一位老师愉快地称这种做法为"蓄意破坏环境,在日常活动中制造教学的契机"。

注意:在把食物当教学工具时,注意选择孩子喜欢的食物,否则他是不会积极参与的。如果他讨厌葡萄干,当然就懒得开口跟你要了。

学会说再见

在我们的文化里,说完话转头就走,是无礼的、让人尴尬的;与对方说过了再见,对话才算完整。除了说"再见",还可以说"回头见""Bye-bye""跟你聊天很愉快"之类的话。如果是还没有言语的孩子,则可以挥挥手、点点头或微微一笑。和孩子一起进行"头脑风暴",想出各种说再见的方法,并多多实践。

无字书

无论内容是故事性的、写实性的,还是概念性的,无字书都是引导孩子享受阅读乐趣、培养口语和书面语、拓展词汇及批判性思维的绝佳工具。看无字书时允许孩子一边阅读一边编造自己的故事,因为没有文字的限制,所以无论怎样阐释都是合理的。他们可以控制故事——这非常有益于增强他们的自信心,正如掌握各种新技能让他们感觉良好一样。只要愿意,他们还可以随时改变故事的走向。一开始,无字书可以这样来读:

- 在把书分享给孩子之前,你自己先看一遍,确保书里的内容适合孩子的年龄水平、生活经验、注意力持续时间和兴趣爱好。
- 对于比较年幼的孩子,最好选择他熟悉的题材,比如车子、宠物等。等他渐渐长大,再试着引入他不太熟悉的主题,比如科学、异域文化等。
- 不要执着于书上推荐的适读年龄。这些推荐通常是用典型发展儿童的水平来衡量的,不一定适用于你家孩子的情况。

推荐阅读：

The Patchwork Farmer 作者：Craig McFarland Brown，适用：所有年龄

The Mystery of the Giant Footprints 作者：Fernando Krahn，适用：婴儿~学前

Beach Day 作者：Helen Oxenbury，适用：18个月~3岁

Tabby: A Story in Pictures 作者：Aliki，适用：2~5岁

Do You Want To Be My Friend? 作者：Eric Carle，适用：2~5岁

I Can't Sleep 作者：Philippe Dupasquier，适用：2~5岁

Moonlight 作者：Jan Ormerod，适用：2~5岁

Mouse Numbers 作者：Jim Arnosky，适用：3~6岁

Amanda's Butterfly 作者：Nick Butterworth，适用：3岁以上

Truck 作者：Donald Crews，适用：3~6岁

Pancakes for Breakfast 作者：Tomie DePaola，适用：3~6岁

A Boy, a Dog and a Frog 作者：Mercer Mayer，适用：3~6岁

Picnic 作者：Emily Arnold McCully，适用：3~6岁

Look! Look! Look! 作者：Tana Hoban，适用：3~7岁

10 Minutes till Bedtime 作者：Peggy Rathman，适用：3~6岁

Dinosaur! 作者：Peter Sis，适用：3~6岁

You Can't Take a Balloon Into the Metropolitan Museum 作者：Jacqueline Preiss Weitzman，适用：3~8岁

The Bear and the Fly 作者：Paula Winter，适用：3~6岁

The Bear 作者：Raymond Briggs，适用：4~8岁

Building 作者：Elisha Cooper，适用：4~8岁

Good dog, Carl 作者：Alexandra Day，适用：4~8岁

Shrewbettina's Birthday 作者：John Goodall，适用：4~8岁

Good Night, Garden Gnome 作者：Jamichael Henterly，适用：4~8岁

Changes, Changes 作者：Pat Hutchins，适用：4~8岁

Rain 作者：Peter Spier，适用：4~8岁

Look-Alikes 作者：Joan Steiner，适用：4～8岁

Time Flies 作者：Eric Rohmann，适用：4～9岁

Flotsam 作者：David Wiesner，适用：5～8岁

Anno's Journey 作者：Mitsumasa Anno，适用：5～9岁

Free Fall 作者：David Wiesner，适用：5～9岁

The Crocodile Blues 作者：Coleman Polhemus，适用：5～12岁

Magpie Magic: A Tale of Colorful Mischief 作者：April Wilson，适用：6～10岁

Why? 作者：Nikolai Popov，适用：7～9岁

The Arrival 作者：Shaun Tan，适用：8岁以上

Our House on the Hill 作者：Philippe Dupasquier，适用：8～10岁

The Red Book 作者：Barbara Lehman，适用：8～10岁

A Day, a Dog 作者：Gabrielle Vincent，适用：8～14岁

Ocean Whisper 作者：Dennis Rockhill，适用：所有年龄

The Yellow Balloon 作者：Charlotte Dematons，适用：所有年龄

Zoom 作者：Istvan Banyai，适用：所有年龄

以下作者有多本无字书或几乎无字的书出版：

Mitsumasa Anno（安野光雅）

Peter Collington

Alexandra Day

Tana Hoban

Mercer Mayer

Emily McCully

与孩子一起享受无字书的八种方法：

1. 看封面，猜测书里的内容。逐页阅读并问孩子问题，看他能在图片上找到哪些共鸣点。

2. 提问：谁？什么？什么时候？在哪里？为什么？提问以"我在想"

开头：我在想，他为什么这么害怕呢？我在想，她开门之后会发生什么呢？我在想，他会跟她说什么呢？

3. 让孩子看图编故事（以上面"我在想"的问题答案为基础），再帮他将故事写下来，以便日后阅读。大一点的孩子可以尝试自己写故事，并且更重视对细节的雕琢。

4. 让孩子给书中的人物起名字。

5. 如果读的是叙事性故事，那么引入次序概念：首先发生了什么，接着发生了什么，最后发生了什么。与孩子一起捋一捋手头这个故事的起因、经过和结尾。

6. 探索内心感受和情绪情感。观察书中人物的表情和肢体语言，让孩子说一说他们的内心感受大概是怎样的。积累表示情绪情感的词汇：开心、难过、着急、害怕、骄傲、厌烦、生气、害羞、失望、兴奋、疑惑，等等。注意词汇的选择要与孩子的年龄相符。

7. 同一作者往往有多部作品出版，如果孩子特别喜欢某位作者，那么找他/她所有的书来看。

8. 有些无字书里的故事被拍成了电视或电影，去你家附近的图书馆或书店搜罗一下它们的视频资料。比如：

The Red Balloon

The Remarkable Runaway Tricycle

A Boy, A Dog and a Frog / *Frog Goes to Dinner* / *Frog on His Own*

The Bear（作者：Raymond Briggs）

小锦囊

有的孩子可能对一般的童书缺乏兴趣，却爱读或爱听以自己为题材的故事。那就让他把自己的故事写下来，或者，由他口述，你来帮他记下来。回头你们可以一起读读这些故事。

开启具象思维者的有字阅读[1]

你可能已经发现,你家孩子对于《彼得兔》《小熊维尼》之类的经典儿童读物完全无感。在那些故事里,动物们不仅开口说话,还像人类一样穿衣吃饭、开车、料理家务,这对一些思维刻板的孤独症儿童来说简直不可思议,也难以接受。如果此类儿童文学在孩子那里行不通,那么你需要尝试推荐其他风格的作品。比如,孩子可能更喜欢:

- 书中的插图是照片而不是绘画。
- 书中主题真实存在、与孩子的生活息息相关,比如工程机械、小宝宝、冰激凌、动物园、农场、公园等。
- 书中内容是关于人(尤其是儿童)的。
- 书中内容与儿童本人相关。一般的洞洞书(window books)在每一页都有开孔,你可以将孩子的照片贴到书的最后一页上,这样,孩子在每一页都会看到自己的形象。你还可以自制这样的书:把家人的照片当作插图,以真实发生的事为叙事内容(《我的5岁生日》《奶奶家的感恩节》)。

图书馆里可以找到很多非虚构类的作品,它们的内容基于现实生活,图片也非常醒目,很容易引起孩子的兴趣。而专门给儿童阅读的图片书也五花八门,难以计数,下面这些不过是其中的几个代表:

- 学乐出版社(Scholastic)的"发现"(Let's Find Out)系列:教儿童认识自行车、牙膏、钱币等,特点是图片超大、色彩鲜艳。
- DK出版社出版了大量非虚构类图书:比如"人们的工作"(Jobs People Do)系列,里面的儿童都穿着成人的工作服,有医生、渔夫、摄影师、厨师等。还有一个类似的系列"×××的一天"(A Day in the Life of),讲的也是不同的职业,包括舞蹈演员、警察、救生员等。
- 动物宝宝应该会引起孩子的兴趣。推荐DK的"动物成长"(See How

---

[1] 原注:改编自"Real Animals Don't Talk: Nurturing a Book Lover When Fantasy Isn't Part of Their Reality" by Ellen Notbohm. *Autism Asperger's Digest*, 2004年3–4月。

They Grow）系列，带孩子认识狗、猫、马、羊、鸡、鸭和更多动物的成长过程。罗经点出版社（Compass Point Books）的"动物和它们的幼崽"（Animal and Their Young）系列则是对熊、猪、牛等动物的介绍。

- 塔纳·霍本（Tana Hoban）也出了很多以照片为插图的书，教孩子认识生活中的各种概念，比如《处处有颜色》（Colors Everywhere）、《粗糙还是光滑？》（Is It Rough? Is it Smooth?）、《影子和倒影》（Shadows and Reflections）等。

- 纽约儿童出版社（New York Children's Press）的"变化"（Changes）系列，收录了以《从小麦到面食》（From Wheat to Pasta）、《从植物到牛仔裤》（From Plant to Blue Jeans）、《从蜡到蜡笔》（From Wax to Crayon）等为代表的照片书。

- "我们的左邻右舍"（Our Neighborhood）是一个以人为主题的系列，包括《齐格勒一家和他们的苹果园》（The Zieglers and their Apple Orchard）、《和公园管理员多基特一起逛公园》（Exploring Parks with Ranger Dockett）、《和克雷布斯先生一起认识蜜蜂》（Learning about Bees with Mr. Krebs）。

- "罗杰斯先生"（Mr. Rogers）系列书里讲述了许多可能出现的生活困境，从各种"人生第一次"——《宝宝出生》（The New Baby）、《去看医生》（Going to the Doctor）、《交朋友》（Making Friends），到各种生活变故——《搬家》（Moving）、《宠物死了》（When a Pet Dies）、《离婚》（Divorce）等。

- 3~5年级的儿童估计很难抗拒"职场奶奶"（Grandmother at Work）系列。在以黛安娜·范斯坦（Dianne Feinstein）6岁孙女口吻写的《我的奶奶是美国参议员》（Meet My Grandmother: She's a United States Senator）中有这样的表述："奶奶提交的法案通过了……奶奶去见总统。"同样吸引人的还有《我的奶奶是最高法院大法官》（Meet My Grandmother: She's a Supreme Court Justice），讲述的是美国联邦最高法院首位女法官桑德拉·戴·奥康纳（Sandra Day O'Connor）的故事。

一旦孩子对阅读产生兴趣，帮助他保持良好的阅读状态：

- 如果你发现孩子对某一本书特别感兴趣，那么可以找同一系列、同一作者、同一风格的其他书给他看。
- 如果孩子在图书馆发现了爱读的书，那么你就要准备去买书了。因为萌芽中的阅读热情需要被呵护，没有比发现新"朋友"被还回去更打击孩子的事了。
- 不要浪费时间去埋怨孩子不爱读经典，比如你挚爱的《青蛙和蟾蜍》（Frog and Toad）。假以时日，等他慢慢适应，情况或许会好转。毕竟，喜欢阅读工程车书籍的孩子，离阅读《迈克·马力干和他的蒸汽挖土机》（Mike Mulligan and His Steam Shovel）① 可能只是一步之遥，跳一跳就过去了。

小锦囊

问问言语语言病理学家，你们可以在家进行哪些有助于实现孩子 IEP 目标的活动。

阅读有重复性语句的故事

孤独症儿童喜欢一切有预见性的东西。如果故事中反复出现同一句话，他们就比较容易记住，不管是真的会认读，还是死记硬背，都会让他们很有成就感。如果重复出现的文字可以运用到他的生活中，那更是锦上添花了。举例来说，《三只小猪》（Three Little Pigs）里从头到尾反复有一句"不行，不行，我用下巴上的毛发誓"，但这样的话几乎不会出现在孩子的日常会话中。与之形成对照的，是《门铃响了》（The Doorbell Rang）②，其中的用词和情境就非常生

---

① 译注：该书是弗吉尼亚·李·伯顿（《小房子》的作者）的经典绘本故事，主角是一台蒸汽挖土机。
② 译注：英文绘本《门铃响了》（The Doorbell Rang）是一本英文绘本，作者是佩特·哈群斯（Pat Hutchins），其处女作是《母鸡萝丝去散步》。

活化，即使很小的孩子都能在其中找到自己生活的影子。

这里有几条关于此类故事的阅读建议：

- 读过几次之后，对孩子说，我们轮流来读这个故事。你先开始，读到重复性语句的时候停下来，示意孩子读完整句或将该句补充完整。必要的话，给孩子一点视觉或触觉上的提示，比如用手指向他或拍一下他的手。
- 孩子也许会记住整本书的内容，然后"读"给你听。给他喝彩，就像他真的会读一样。因为这也是阅读能力发展的重要一步。
- 选择重复性语句相对简单的书来读，至少一开始是这样。像《有个老婆婆吞了一只苍蝇》(The Old Woman Who Swallowed a Fly)中渐进式的重复语句就有点太无厘头、太吓人，也太让人摸不着头脑了。

推荐阅读：

Who Sank the Boat? 作者：Pamela Allen

Do You Know What I'll Do? 作者：Charlotte Zolotow

King Bidgood's in the Bathtub 作者：Audrey and Don Wood

The Doorbell Rang 作者：Pat Hutchins（佩特·哈群斯的其他作品也很推荐）

Something from Nothing 作者：Pheobe Gilman（《爷爷一定有办法》）

A Dark, Dark Tale 作者：Ruth Brown

The Important Book 作者：Margaret Wise Brown

It Looked Like Spilt Milk 作者：Charles G. Shaw

让阅读充满趣味 ①

即使有了一定的阅读能力，很多孤独症儿童在阅读时还是会遭遇困难，比如很难理解人物的情绪和情感，无法把握故事的主题或思想——读是读了，却毫无乐趣可言。关于如何增加阅读趣味，实践"在家上学"（homeschooling）

---

① 原注：Copyright © Michelle McConnell. 最初发表于 *Autism Asperger's Digest*, 2009 年 7–8 月。

的四孩妈妈米歇尔·麦康奈尔（Michelle McConnell）从一个比较新鲜的角度给出了建议：

- 你负责读旁白，让孩子读全部的对话。选择对话比较多的书，"篷车少年"（The Boxcar Children）系列就很适合使用这个方法。
- 听有声书。最好听系列故事，因为熟悉的人物更有助于兴趣的保持。一段时间之后，孩子可能不再满足于听，而进展到自己找书来看了。"神奇树屋"（Magic Tree House）系列是个不错的开始。
- 参加读书会。选择那些参加人数少、与孩子的社会性发展水平和阅读水平（而不是年龄）相当的读书会。如果读书会正在阅读搞笑故事或孩子特别感兴趣的故事，那就再好不过了。你可以去当地图书馆之类的地方咨询读书会的详情。

培养小读者：父母在家可以做的事

真的有很多老师都跟我们说，家长在家给孩子读书，是发展孩子读写能力最重要的途径，没有之一。有位老师甚至表示，这件事比他们在学校所做的任何工作都还要重要。如果你还没有养成给孩子读书的习惯，那就从现在开始吧。

- 如果每天阅读压力太大，那就从每周读两天开始，后期再逐渐增加天数。
- 孤独症儿童在认字能力和理解能力之间通常会有高达四个级别的差距。认字是阅读的重要一环，但只认字而不求理解的做法只会将阅读简化为音节的诵读。所以，在家给孩子读书的时候，要更多地强调故事的内容以及对内容的理解，而不是诵读的准确性。对细枝末节的纠正，只会减损阅读的乐趣，使之成为一种苦劳。
- 所以，请忽略错误。老师说了，把这个任务交给他们。
- 如果一定要纠正，那么尽量若无其事，不要让孩子觉得你在批评他。你可以用肯定的语气带出正确的读音，仿佛你根本没有发觉它被读错了一样，然后顺水推舟，继续往下读。

- 用提问的方式试探孩子的理解程度。"你觉得小火车心里是怎么想的?你有过这样的感受吗?"但不要经常这样打岔,否则会影响孩子对故事情节的整体把握。
- 如果老师要求孩子每晚在家进行20~30分钟的课外阅读,你要知道,这不一定是一次性的20~30分钟。对你家孩子而言,分两个10分钟或几个5分钟完成,可能会比较容易一些。相比一次性读很久,分次阅读的效果也不差。
- 阅读不一定非得坐在椅子上或躺在床上完成。如果你喜欢边洗澡边阅读,你的孩子可能也喜欢。

认真说话,把话说明白

在与孤独症或阿斯伯格综合征孩子的交流中,你要始终牢记他们的思维方式和思维结构的特点:一,他们的思维直接而具体;二,他们的思维倾向于从具体到一般,而不是从一般到具体。也就是说,在听你说话的时候,他需要揣摩其中的每一个词语,再得出完整的意思。如果你说得很混乱,他就无法理解。所以,想让他更好地理解周围的世界,你就要帮他将我们会话中经常出现的各种含糊不清一一厘清。把话讲得直白一些,具体一些,完整一些,肯定一些。

请说:	不要说:
这是一张狗的图片。	这是狗。
把花插进花瓶里。	把这些放那里。
这是一件红色毛衣。	它是红的。
做完数学作业,你可以去休息一下。	如果不完成数学作业,你就不能休息。
请走着进教室。	不要在走廊里跑。
把手放进你的口袋。	不要乱摸。(他可能会想,那应该把手放哪儿呢?)
现在我们回家吧。	走吧。

电影好看，不妨读读原著

我们有很多很棒的经典文学作品，但以孩子目前的阅读能力，恐怕还不能读懂。但如果有电影版的话，你们可以先看电影，说不准可以勾起孩子读原著的欲望。除了《哈利·波特》系列，你们还可以试试《海底两万里》（*20,000 Leagues Under the Sea*）、《海蒂》（*Heidi*）、《汤姆·索亚历险记》（*Tom Sawyer*）、《秘密花园》（*The Secret Garden*）、《绿山墙的安妮》（*Anne of Green Gables*）、《绿野仙踪》（*The Wizard of Oz*）、《白鲸》（*Moby Dick*）、《丛林奇谭》（*The Jungle Book*）、《黑骏马》（*Black Beauty*）。

少用习语

习语是由多个词语组成的短语，但它的字面意思无法体现它的真正含义——"曲奇饼干是这么碎掉的"，意思是说"事情的经过是这样的"。我们平时讲话，会夹带很多习语，有时你甚至用了都没有意识到。孤独症儿童的思维方式具体而刻板，所以很难理解这些习语。当听到"我的心都碎了"或"你在玩火"这种说法的时候，他们的脑海里可能会浮现出相当恐怖的画面。

对于初学说话或说话还不够利索的人，习语往往会是他们最后才掌握的语言要素。但我们平时说话又的确离不开它们。好在，现在有很多学习辅助工具可以帮助孩子熟悉和适应它们。话虽如此，平时讲话还是尽量少用习语吧。

习语"钓鱼"纸牌[①]

习语的一个创意教法，是玩习语版的"钓鱼"（Go Fish）纸牌游戏（适合约9岁及以上的孩子）。

需要用到的材料：索引卡、记号笔、习语及其含义列表

1. 将习语及其含义分别写到索引卡上，一张习语卡对应一张语义卡。

[①] 原注：Instructions for the Go Fish Idioms Game 改编自 www.glc.k12.ga.us。

2. 准备一份参考答案备用。

3. 卡片塑封，使之更加耐用。

4. 将卡片装入牛皮纸信封，在信封外写上游戏规则。

游戏玩法：可以一对一玩，也可以几个人一起玩。

1. 发牌，每个玩家各得 5 张牌，其余的牌堆在中间。

2. 从发牌者右手边的人开始玩。

3. 每个玩家根据自己手中的习语牌或语义牌向其他任一玩家要牌，把习语和语义配起对来。

4. 如果对方手中有可以配对的牌，对方必须出牌给要牌的玩家。

5. 如果对方手中没有可配对的牌，那么要牌的玩家从牌堆中任意抽出一张，游戏继续，下一个人接着要牌。

6. 把配好对的牌放到一边。

7. 游戏结束，拿出参考答案检查配对的准确性。

动词短语

与习语一样，动词短语也会让孤独症儿童产生不安情绪或是莫名其妙的联想。如果你想表达"我现在不想谈那件事"，你就这样直说，而不要说"我真希望你没有提起它"。又比如，请说"我原来告诉他可以去，但后来又不得不跟他说不行"，而不要说"我原来说他可以去，但后来又不得不收回这话"。总的来说，对话应尽量简单而具体。

同音异义词

发音相同但意义不同的词，也会让孩子大伤脑筋。耐心重复或许是唯一的出路。有很多专门以此为主题的绘本，比如弗雷德·格温（Fred Gwynne）的《下雨的国王》(*The King Who Rained*)，书中的小女孩将词语全听岔了，她以为这个国王下了四十年的雨（实际上是"统治"，英文 rain 和 reign 同音，以下同理）、雪地里有个脚王子（"脚印"，foot prints 和 foot prince）、小宝宝长了熊脚（"光脚"，barefoot 和 bear foot）、仙女长了尾巴（"童话"，fairytale 和 fairy tail）——整个乱了套。如果孩子读到这些的时候显然还很蒙，那就放一阵再说。这样的词，普通孩子很多也要 9 岁左右才能懂。

词卡的利与弊

孤独症谱系儿童很多都是视觉型学习者，因此，使用词卡进行教学、提升词汇量似乎是一个可行也有效的策略。从视觉符号的层面来说，词卡对于语言的学习确实很有帮助，但是能清楚地读出词语并不等同于知道词语的意义并能正确使用。言语的产生是一个动作过程，理解词语则属于语义学的范畴，懂得正确使用词语又涉及社会语用学的范畴。这些功能显然是词卡所无法胜任的。下一次，当你准备使用词卡的时候，请想想你的教学目标到底是什么。想明白以后，或许你会换一种教学方式，或者，你会在使用词卡的基础上加强孩子对词语的理解，而不只是机械地重复诵读。

小锦囊

当语言治疗变得枯燥乏味时，请果断放弃你的"桌边"教学。带孩子去阁楼上探个险，去扒一扒塞满东西的壁橱，看看里面藏着什么，或者，去家附近转转。换换气氛，换换风景，可以重新激起孩子的交流动机。

蹦床——蹦跳之外的乐趣

言语语言病理学家、作业治疗师和很多家长一致认为，蹦床有助于调节孩子的感觉输入，缓解压力，甚至还能刺激发音和语言的发展。下面是关于蹦床的使用建议，欢迎试用，更欢迎你在此基础上开发出更多寓教于乐的新玩法。

- 用普通的无尘粉笔在蹦床上画出字母和/或形状；在字母间跳跃，拼出单词。
- 按预先规定的顺序，或听治疗师的口令，从一个形状跳到另一个形状；也可以让孩子自己边喊边跳。
- 用印刷体将词语写到蹦床上；从一个单词跳到另一个单词，组成词组或句子。
- 用简单的"跟着领队"游戏，练习动作模仿及编排动作的先后顺序。

脏话

孩子说脏话或骂骂咧咧，通常会引起周围人比较明显的反应。对于那些口语表达能力有限的孩子，这是一种有趣的经验。脏话、咒骂在如今的大众媒体文化中屡见不鲜，孩子在看电视、观影和上网过程中耳濡目染，难免在社交过程中蹦出一些这样的词来，而他们或许根本不了解其中的意思，也不知道当众说这些词有何不妥。如果你的孩子喜欢模仿或者有回声式语言，那么他很可能对自己在说什么毫无概念。遇到这样的情况，试试以下这些可行的应对方法：

- 在孩子第一次用这些词时，及时制止。心平气和地跟孩子说："我们家不说那个词。"然后看看是什么导致他说出了那样的话。
- 如果孩子是出于愤怒或沮丧情绪才说出那样的话，那么告诉孩子怎样表达更为恰当。尤其是对比较年幼的孩子，可以试试幽默搞笑的说法，比如有些家庭会使用自己特制的骂人话："哦，烂蛋糕！""哦，臭香菇！""哦，薅它个鸭毛！"这种说法会有神奇的治愈作用。埃伦的儿子4岁时，曾经因为沮丧，大吼了一声"可恶的东西！"把一众大人都惊到了。大一点的孩子则可以自己创造出个人化的词语。
- 视觉化的行为记录表可以显示孩子减少说脏话的进步过程，在一定程度上约束说脏话的行为。
- 大一点的孩子，大概听不进你那一套关于社交礼仪的说辞，但如果让他承受直接的后果，情况或许会有所改观。比如，在好友父母面前飙脏话，结果他们开始限制朋友跟他的交往；在接待客户时说脏话，最后被炒了鱿鱼；在运动中骂骂咧咧，教练对他"另眼相看"。

- 以身作则。避免用说脏话任意发泄郁闷或不满情绪，哪怕没有明着说出来，但语气明显，让人一听便知怎么回事。与孩子好好说话，让他看到应该如何正确地表达思想和情绪。很多家庭通过运用"脏话杯"或"脏话罐"成功解决了这个问题——谁说了脏话、骂人话，就往杯子或罐子里放入1元钱，等杯子/罐子装满之后，全家人再一起决定资金的去向（对外慈善捐赠）。罚款的目的是建立意识，希望这种意识能带动行为的改变。
- 如果你决定使用"脏话杯"，那么可以在每周的第一天给孩子10个1元硬币（也可以是20个5角硬币，或孩子喜欢的任意物品）；孩子每说一次脏话，就需要往杯子里投入一定的金额或物品；一周结束的时候，孩子手头剩下的金额或物品将归他所有。
- 对于脏字脏话，你要明确什么时候零容忍，什么时候允许有一定的例外，比如，在学校、教堂或朋友家绝对不能说，但在自己家里可以偶尔说一下。
- 跟孩子说清楚，哪些词是绝对禁用的。包括乔治·卡林（George Carlin）①那臭名昭著的"永远别在电视上说的七个词"在内的屎尿屁之流，全在禁止之列。当然，究竟哪些词可以说，哪些词不能说，你可以有自己的判断标准。

书写三步走

书写需要相当的精细运动能力，这些能力于你而言或许不算什么，但对很多孤独症儿童来说，无论是对铅笔施以足够的握力，还是保持适当的下压力，都不是一件自然而轻松的事。书写是他们很难跨越的一个障碍。好在，我们还有一个杀手锏可以仰仗——积极性。

---

① 译注：乔治·卡林（George Carlin），美国著名脱口秀演员，以犀利、尖锐的语言著称，曾创作"幽默"作品讽刺当时美国对污词秽语的歧视。

书写任务如果不能与孩子的生活联系起来，纸上抽象的数字、字词和形状对他毫无意义，那么无论他自己怎么刻苦，恐怕也难以攻克书写难题。想想我们自己，是不是也很烦那些复杂又机械而且看不到最终价值的工作？孤独症孩子是很讲究实用性的，具体到书写，他不仅需要你帮他将书写方法分解成易于理解的步骤，还需要你给他一个书写的理由。

帮助孩子学习书写的三步法：

- 你将他的名字或他感兴趣的字词或词组轻轻写在带横线的纸上，让他在上面描一遍。
- 你写出他的名字或其他字词，让他在旁边或下一行照着抄一遍。
- 让他自己独立书写字词。

至于调动书写积极性，则可以趁他想要什么的时候，让他给你写便条（描红、抄写或自己书写均可）："今天我们可以去_____吗？""生日时我想要_____。""晚餐我可以吃_____吗？"

写这样的便条用到的字词或许并不多，但你可能会发现，一旦他看到这件事与他自身的关联，他的练字积极性就会高很多。

将孩子的作品记录下来

用书写或绘画的方式将孩子的进步记录下来（不管是画画、写字、创作，还是完成体能目标），有助于促进孩子与他人的沟通，让他人知晓他的进步。这样的记录可以由你来做，也可以让孩子自己完成。8岁的杰米用积木搭了一个坡道，这个坡道看起来和其他孩子搭的很像，只不过块数稍微少一些。在他拆掉坡道、收起积木之前，助教在纸上画下了这个坡道的样子，并让杰米在旁边写几句话介绍它。杰米写道："这是个隧道，两辆卡车不能同时进去。"他试着把坡道再搭高些，但时间不够了，当天的活动结束了。但这幅画记下了当天的活动成果，改天，他们可以回来继续搭，并在此基础上做新的尝试。这幅画还可以复印一份，作为当天的学习进展记录，让孩子带回家去。

有趣的纵横字谜游戏

非常简单，访问 www.crosswordpuzzlegames.com/create.html，你就可以为孩子量身打造属于他自己的纵横字谜游戏了。你可以亲自挑选词语并编写相应的提示语，将字谜难度控制在孩子的能力范围之内。为了激发孩子的猜谜热情，最好挑选与他的兴趣爱好、家庭成员、过往经历相关的词汇。最后，你还可以制作一本小小的谜语集，作为特别赠礼送给你的孩子或学生。

够不到才好

请求帮助，甚至承认自己需要帮助，是你家孩子的一个大问题，是他需要学习的一项重要生活技能。将孩子想要的东西放到他够不到的地方，不失为诱导沟通的一个妙计。但要注意监护，避免孩子出现安全问题或产生挫败情绪。

- 将孩子的玩具或书本放到架子上，让他不得不向你要，不管是用文字、图片、手势，还是你们特有的其他沟通方式。
- 将他爱喝的果汁放到冷藏柜的最高层，他想喝的话，只能请你帮忙。
- 将他想要的东西放到玻璃罐里，将盖子拧死，让他只能请你帮忙才能打开。但这种方法不适用于奖品；若孩子必须先完成这个步骤才能拿到奖品，那么"行为—反应"的正常次序会被打破，奖品的强化作用将大打折扣。

发言接力棒

当众发言，哪怕是非正式的发言，也会给孤独症或阿斯伯格综合征儿童带来莫大的压力。知道什么时候讲、讲什么、怎么讲，并不只是简单的言语问题，还是一个复杂的心理加工过程，需要社会性思维的有力支撑。可以准备一根亮色的小棒或类似的物品，让它在孩子间相互传递，传到谁，就轮到谁发言。这是一种很好的视觉提醒，有助于减轻一部分的焦虑情绪。

"我发现"会话游戏

"我发现"（I Spy）是过去我们在坐车时常玩的一个小游戏，现在我们借用它来进行问答练习，同时也锻炼孩子的社会性思维能力。某位游戏者首先抛出线索："我发现一样东西，它是字母 p 开头的。"其他孩子接过话题，通过询问，猜测答案（对方只回答"是"或"不是"）。所有人都猜过一轮且没有人猜中的话，刚才的游戏者增加新的线索："我发现一样东西，它是字母 p 开头的，它是黄色的。"答案：铅笔（pencil）。

在运动中发展语言

正在学习语言与沟通的幼儿，大多喜欢室外的治疗活动。秋千、滑滑梯、攀爬架、跷跷板，这些游乐设施非常适合用来学习内/外、上/下等基本概念，还可以将口语和手势语充分结合起来，而身体运动带给孩子的感觉刺激也有助于他们更加流畅地表达自我。

- 在孩子荡秋千时，练习重复性短语，比如"1，2，3！""预备，开始！"
- 教孩子说或用动作手势表示"再玩会儿"，让活动继续进行。
- 教孩子在玩够了的时候说或用动作手势表示"停"或"好了"。
- 利用泡泡棒等室外活动道具，教孩子大/小之类的反义概念，以及先/后等时间概念。
- 通过玩创意投球游戏，锻炼孩子的语言能力、社会参照能力以及轮流意识。可以选用比较大个的塑料沙滩皮球；在地上划出 4～6 个区域，每个区域写上词、短语或句子，也可以画上图案，或者任何你想教的内容；与孩子来回接投球，孩子的手或手指落在哪个区域，就反复读出该区域的内容。这个游戏还能锻炼眼神接触——知道什么时候伸手接球，以及从谁那里接球。

看电影学语言

在家看电影，是观察和练习社交的一个有趣而愉快的方式。和孩子一起，反复观看他喜爱的电影，让他找出：

- 片中人物是如何互致问候的：随意的、正式的、带握手的、带粗话的
- 片中人物是如何开始对话的：打招呼、插话、提问题、打听消息、邀请参加活动
- 片中人物是如何使用动作手势的，比如点头、使眼色、挥手
- 片中人物是如何使用肢体语言表达感情的：害怕／畏缩，伤心／哭泣，开心／微笑，爱／拥抱
- 片中人物是如何在对话中表达有兴趣和没兴趣、同意和不同意的（"真的！""管它呢！""不会吧？""随便……"）
- 片中人物的语气和音量，什么时候刚刚好，什么时候不太恰当
- 片中人物是如何使用微笑、隐喻、讽刺和习语的（年龄大点的孩子）

将这种教学悄悄渗透到平时的生活之中，偶尔也可以以游戏的方式，比一比谁能找出更多的线索。总之，要淡化其中的教学意味，让看电影保持娱乐本色，而不成为孩子的负担。

小锦囊

在孩子看 DVD 时，帮他打开隐藏的字幕，这样做有助于强化单词的拼写、字形的识读以及对词义的理解。

认识时间名词

理解时间概念（提及时间）是孤独症谱系障碍儿童的一个难点。为此，你需要将时间词语与他熟悉的活动联系到一起，并时常念叨：早晨是吃早饭的时间；夜晚是天黑了、我们准备睡觉的时间；夏天，天气很热，我们放暑假了；

冬天，天气很冷，我们穿上大衣、戴上手套。

IEP 中的沟通能力目标

给孩子的 IEP 确定具体的目标，是一件复杂的事，尤其是当学校不太配合或不完全清楚 IEP 操作的时候。几乎所有孤独症谱系障碍儿童都需要用到某种程度的适应性沟通手段。所以，当校方坚称孩子发音清晰、不存在语言问题的时候，不要被蒙蔽，因为语言和沟通是一门复杂的学问，吐字发音不过是其中的一个因素而已。下面我们来看看，一个已经能够进行语言表达的孩子，他的言语沟通短期目标应该包括哪些内容。我们为大家准备了 30 条建议。所谓"短期目标"，是指在一个学年内可以达成的目标。记住，每一个 IEP 目标都必须包含一个可以量化、方便测量的标准，也要明确评估方法和评估频率。以第 1 条建议为例：

短期目标：孩子可以回答"什么时候"、"怎样"、"为什么"（因为……）以及"谁的"（你的，我的）。

标准：4～5 次机会，准确率达 90%。

评估方法：言语语言病理学家和教师通过观察和试探，判断对目标的掌握程度。

评估时间：季末或每个评分期末，也可以持续进行。

1. 孩子可以回答"什么时候""怎样""为什么"（因为……）以及"谁的"（你的，我的）。

2. 孩子可以回答比较性问题（哪个更重/轻，哪个更慢/快）。

3. 孩子可以完整描述 2～3 个步骤（我先……然后……）。

4. 孩子可以按顺序排列与某人、某事或某物相关的 3 张图片，并据此述说来龙去脉。

5. 孩子可以准确使用方位词：在……上/下/前/后。

6. 孩子可以准确使用表示时间的词语：首先、最后、昨天、明天。

7. 孩子可以在对话中准确使用代词：我、他们、他、她、他的、她的。

8. 孩子可以描述物体的特征：大小（更大、更小、长、短、微小、巨大）、质地（粗糙、光滑）、颜色。

9. 孩子可以描述物体的功能（我用它来……）。

10. 孩子可以描述物品的局部（它有一个红色的把手和一个圆圆的轮子）。

11. 每次完成新主题的学习后，孩子可以理解4个新词汇（潮水/甲壳动物/海洋/鱼鳃，血管/骨骼/器官/肌肉）。

12. 孩子可以学会恰当地提出异议（"现在不行。"）。

13. 孩子可以听从与数量相关的指令：再多一点、再少一点、比……少点。

随着孩子能力的发展，IEP中的沟通目标应该往更深层次（表达和接受）拓展，并开始突显语言与沟通的社会性本质（语用能力）。下面这些目标，视儿童初始时的换位思考能力和社会性思维能力的水平而定，不一定在一年内全部达成：

14. 孩子可以就一个主题与对话伙伴进行来回3~5次的交流。

15. 孩子学会在不同情境中（正式、非正式）、与不同人群（家人、密友、熟人、陌生人）闲聊。

16. 孩子可以辨别自身与他人的各种基本情绪（愤怒、沮丧、悲伤、兴奋）。

17. 孩子可以在识别他人的情绪后，用言语做出恰当的反应。

18. 孩子可以复述读过的故事，或回答相关的问题，包括故事人物、背景、主要情节发展等。

19. 孩子学会自然地赞美别人（另见本章后文"学会赞美"部分）。

20. 孩子可以在谈话中给出恰当的言语反馈，包括评论和反驳。

21. 孩子可以在不理解或忘记别人说的话时，请求他人的帮助、要求对方解释说明或再说一遍。

22. 孩子可以描述两件事情、两个物体或两个人的相同和不同之处。

> **小贴士**
>
> 在教孩子各种概念时,采用与孩子有关联的主题素材。如果山姆是个小影迷,那就让他比较一下《怪物史瑞克》和《怪物史瑞克2》有哪些相同和不同之处。

23. 孩子可以叙述自己为什么喜欢或不喜欢某个故事。

24. 孩子懂得什么时候需要修正他的谈话内容,并实施修正。

25. 孩子学会识别沟通中常用的非言语线索,并将其运用到自己与他人的沟通中。

26. 孩子学会运用与沟通氛围相匹配的语气和语调。

27. 孩子学会在必要时假装对话题有兴趣,以保持与他人的沟通。

28. 孩子可以理解并准确使用阅读中遇到的10个同形异义词(或反义词、同义词)。

29. 孩子可以理解10个常用习语。

30. 孩子可以准确使用不规则动词过去式。

减轻学生的焦虑表现

语言表达有困难的学生在进行语言表达时,会因为担心自己的表现而产生焦虑情绪。老师们,你们可以做很多事来减轻这样的焦虑。避免按照姓名的字母顺序或学号、座位的数字顺序点名发言,因为等待被叫的过程会让孩子产生一种类似于倒计时的紧张感。相反地,在叫他当着全班同学的面朗读或做展示之前,要给他留出充分的准备时间,千万不要"突然"点到他。在给他布置口头作业的时候,记得请学校的言语语言病理学家给他适当的辅导和帮助。

帮助同伴理解孩子的语言困难

无论怎样,成人或同伴都不应该戏弄有沟通困难的孩子,也不应该容忍他人有这样的行为。具体到同班同学,学校可以安排他们的言语语言病理学家进课堂，给孩子们普及语言和言语的相关知识，帮助他们更好地理解有语言和言语困难的同学。治疗师可以讲讲与言语相关的身体各部位、有些孩子会遇到哪些障碍、同学们可以怎么帮助他，等等。这样的讨论，有语言障碍的儿童可以参与，也可以不参与。

我们为什么说话

表达需求是我们说话的一个实用功能，但说话的目的远不止于此。对很多孤独症或阿斯伯格综合征个体来说，说话的主要目的，是索取想要的东西、获得更多感兴趣的信息或更好地掌控周围的环境。我们也要时刻警醒自己，与人说话，不光是为了"教或学"，我们还可以：

- 建立或维持与他人的情感联系
- 与人分享个人资讯（别人可能正好感兴趣）
- 表达关心、爱、支持和共情
- 分享对周遭事物的看法
- 提醒别人避开可能的危险或伤害
- 取悦别人
- 寻求安慰
- 劝说或号召行动
- 恐吓威胁

提问和评论

提问和评论是交谈中的两大支柱性内容，没有它们，人际交流就会变成乏味的单方活动。下面的对话，你听着耳熟吗？

"今天上学怎么样？"

"还行。"

"有什么新鲜事吗?"

"没。"

"数学试卷发下来了吗?"

"嗯。"

"你考得怎样?"

"还可以。"

听着挺让人泄气的吧?所有的对话中都暗含着一种心照不宣的期待:对话双方可以尽自己所能让对话流动下去,从而实现沟通的目的。如果做到了,别人会觉得我们善于沟通;如果做不到,别人难免对我们产生各种奇怪或消极的想法。

社会性思维能力比较弱的孩子需要学习各种社会性的语言、概念和策略,就像学习数学和科学一样。首先要学的,就是沟通的两个基本要素——提问和评论。

为什么要提问?

- 显示我们对他人的兴趣。生而为人,每个人都要对他人有一定的社会性的好奇心——表明我们在意他人在想什么、说什么、做什么。这样会让周围人觉得与我们交流是一件开心的事。
- 证实我们的设想和看法。只有通过提问,我们才能确认自己对他人的想法是否准确或真实。
- 澄清问题,获取新知。通过提问,我们可以学习新知,增长见识。

为什么要评论?

- 让人们知道,你听到了他们的想法和观点。这会让他们感觉自己是被尊重的。
- 表示同意或异议。
- 提供更多的信息,拓展话题。

请给孩子机会，在正式和非正式的环境中（即结构化的课堂和日常生活中）反复操练这两项技能。下面是一些实用建议。

教孩子提问

很多孤独症谱系儿童不知道应该怎样提问。即使能将心里的疑问组织成清晰的语言，他们可能也要鼓起十二分的勇气，才能当着众人的面说出问题。所以，要让孩子从小开始学习提问的艺术。

- 从玩游戏开始，比如玩配对游戏（"谁有狗熊？"）、"钓鱼"纸牌游戏（"你有3吗？"）、猜猜我是谁（"你是动物吗？你是食物吗？"）
- 将猜物品游戏融入日常生活之中。如果你买了一袋子食品回家，那么让孩子猜一猜袋子里有些什么。是在早饭时吃的吗？是甜点吗？是麦片吗？是鸡蛋吗？是玉米片吗？
- 无论在家还是在课堂都可以玩的"神秘盒"游戏：准备一个盒子，让孩子猜一猜里边有什么。逐渐缩小猜测的范围：先询问物品的大类，是动物、衣服、食品，还是玩具？然后再具体些，是棕色的吗？白色的？红色的？是上身穿的，还是下身穿的？是白天穿的，还是晚上穿的？是夏天穿的，还是冬天穿的？诸如此类。
- 如果是低龄的小宝宝，那么可以用绘本和他一起轮流玩"这是什么？"的游戏。你指着某页上的物体问他："这是什么？"然后翻过一页，轮到孩子问你："这是什么？"这样做不仅可以帮助孩子积累词汇，也有助于养成不懂就问的好习惯。

在社交场合，提问是我们与谈话对象产生连接或共鸣的一个途径。

- 关于环境（"你最喜欢在这个公园做什么？""你最喜欢玩哪一个项目？"）
- 共同意向（"你打算要哪个口味的冰激凌？""这是你第一次来象棋社团吗？）
- 过去经历（"你什么时候度假回来的？""周末你和家人看了哪部电影？"）
- 共同活动（"你喜欢刚才的焰火表演吗？""你完成数学回家作业了吗？"）

教孩子用疑问词提出最基本的问题：

- 跟你在一起的是谁？
- 你们做了什么？
- 什么时候做的？
- 在哪里做的？
- 为什么要做？
- 是怎么做的？

教孩子评论

支持性的评论是社交会话的黏合剂，我们用它们来：

- 肯定说话人的感受："真差劲！""太棒了！"
- 补充我们自己的感受："我也喜欢！""讨厌！"
- 让对方知道我们可以感同身受："哥们，你太惨了！"

要经常教导孤独症或阿斯伯格综合征儿童：只是把话说出来还不够，还要匹配恰当的语气和面部表情。比如，当你口说"烦人"却一脸笑意时，别人会认为你在开玩笑或不够诚恳。

学会赞美

赞美，无论是赞美别人，还是接受别人的赞美，都是重要的社交技能，都可以给生活增添无上的乐趣。从孩子很小的时候，你就要开始教他不失时机地赞美别人，并有礼貌地接受别人的赞美。

- 教导孩子，赞美有各种各样的方式，一一举例说明，并在生活中践行示范。
  - 赞美个性品质："谢谢你帮我把门，你真有礼貌。"
  - 赞美才能："哇，你跑得真快！""我喜欢你最后那首曲子，弹得真好。""你的字好漂亮。"

- 赞美成就："你摆好了餐桌／完成了数学作业／在课上唱歌，真棒。"
- 赞美外表："你穿上那件红色毛衣可真漂亮。"
- 通过赞美与他人有关的事物，间接地赞美他人："你的房间装饰得像个丛林，真是棒呆了。""你家猫咪太可爱了。"

- 定一个大概的指标，鼓励孩子每天赞美别人：今天有没有给同学、老师、爸爸妈妈或者兄弟姐妹一个赞美（也可以 2 个或者 3 个）？你对自己也要有所要求，要积极发掘孩子的闪光点，多加称赞。
- 角色扮演：在各种场合（教室、体育馆、餐桌上、亲朋好友家）不失时机地赞美别人。
- 和孩子一起观赏他喜爱的电影或 DVD。遇到剧中人相互赞美的场景，停下来研究讨论一番。
- 教孩子如何回应别人给他的赞美（恰当和不恰当的方式），并通过角色扮演进行演练。
  - 赞美："你穿那件红色毛衣真漂亮。"
  - 恰当的回应："谢谢。"
  - 不恰当的回应："我讨厌这件毛衣。因为是我奶奶给的，我妈才让我穿的。"或者，"其他衣服都脏了，没办法，只能穿这件。"

沟通的四个步骤[①]

米歇尔·加西亚·温纳（Michelle Garcia Winner）是一位颇具前瞻思维的言语语言病理学家。她善于抽丝剥茧，将原本复杂的社会性思维和社会交往细分成可以讨论和教授的部分。她将研究焦点对准了我们成人对于沟通及"社会化"的各种执念和想当然，作品内容发人深省，妙趣横生。本章以及后文社交技能部分的很多素材，都来自她的创见。读者如果对她的作品还不太了解，可以去她的网站（SocialThinking.com）看看，上面有大量的免费资讯可供阅读，也建议你读一读她的书，相信你一定会惊叹于她在语言与沟通教学方面的

---

① 原注：改编自 "The Social Communication Dance: The Four Steps of Communication" by Michelle Garcia Winner. *Autism Asperger's Digest*, 2008 年 5-6 月。

洞见。

在温纳看来，面对面的沟通行为虽然复杂，但也是可以被分析的。她将其划分成了4个可以被定义的部分，这4个部分前后相续，并有条不紊地展开和推进。让人意想不到的是，语言居然要到最后一步才开始发生作用。沟通的第一步是考虑对方的情况并让对方看到你的存在。来看看"沟通的4个步骤"到底是怎样的：

步骤1：考虑沟通对象或同一空间里其他人的情况。为了与他们建立更加有效的沟通，你要考虑他们的想法、情绪、动机、目的、信仰、知识背景、经历、个性，等等。

步骤2：让对方看到你的存在。在身体上靠近那些我们想要或需要与之交流的人，让自己朝向他们，用肢体语言和姿势向对方无声地传达我们的交流愿望。

步骤3：用眼睛：观察对方在看什么，从而猜测对方可能在想什么；观察对方的肢体语言和面部表情，看它们与他们说的话是否一致，判断对方的动机或目的；从环境中收集更多的线索以充分理解对方说的话。反过来，我们也用眼睛让对方看到我们的所思所想，让对方知道我们在认真听他讲话。

步骤4：用语言与他人产生联系，让他们知道，我们对他们和他们说的话感兴趣。我们提出问题，谈论对方感兴趣的话题，做出相应的评论，并根据对方可能会产生的反应，及时调整我们的说话内容。

推荐阅读（作者均为米歇尔·加西亚·温纳）：

Think Social! A Social Thinking Curriculum for School-Age Students

Thinking About YOU Thinking About ME

小锦囊

"西蒙说"是个玩法多变的万能型游戏，我们可以用它来让孩子熟悉不同的情绪表达方式：西蒙说，假装你很生气；西蒙说，假装你很开心。有点傻气，但很管用。

第三章
行为

有力的理由促成有力的行动。

——威廉·莎士比亚

（William Shakespeare）

行为即沟通。再说一遍：行为即沟通。儿童的所有行为，不论恰当与否，都反映了他对当下环境与其自身关系的理解。开心、难过、挑剔、满足，行为就是这些内在状态的外在表现。在社会之中，并且作为社会中的个体，我们早已习惯给行为贴上各种标签——在什么样的情况下，怎么样是恰当的，怎么样又是不恰当的。这些主观的标签，有的是整个社会的一致看法，有的纯属个人意见。通常，安静的孩子被认为是"好"孩子，而闹腾的孩子则被贴上"不听话"或"问题儿童"的标签。在家或在朋友间嘻嘻哈哈是大家都能接受的，但在教堂或葬礼上这样做则会让大家侧目。关于什么是好的行为，什么是不好的行为，我们每个人都有自己的理解。但如果遇上孤独症谱系儿童的种种行为，这些主观臆断是否依然站得住脚，就很难说了。

不恰当的行为或消极行为会妨碍孩子在学校、家庭和社交场合的学习过程。但消除这些行为是不够的，应该说，远远不够。只有将不恰当的消极行为替换成恰当的积极行为（但具有同等功能），才能保证学习的顺畅进行，无论这学习是社会性的、认知性的还是情绪性的。如果这一观点你之前闻所未闻，那么你需要多加关注了。因为这是一条最基本的行为原则，而且，你可能也找不到比它更好用的行为改变策略了。

你的孩子或学生其实很想与周围的人和世界保持良好的互动。之所以出现不恰当的行为，往往是因为有东西刺激到了他的内在或外在感受（或两者兼而有之），让他不得不做出反应——当感官系统出现紊乱，当他不能表达自己的需求，或搞不清周围的状况或人们对他的期待时，孩子便会出现让人无法接受的行为。下面是我们将在整个这一章详加阐释的5条原则：

找出感觉问题

- 各种问题行为——抗拒的、讨人厌的、不诚实的、制造麻烦的、让人不解的、攻击性的、过激的行为，统统可以追溯到感觉问题。
- 找到行为问题的源头，才能从根本上解决问题。

永远不要想当然

- 他可能不知道有这样的规则，或者不理解规则的意思。
- 他可能听到了指令但并不理解，不理解就无法遵从。
- 也许他昨天记住了，但今天又想不起来了。

建立一套实用有效的沟通方法，不论何种形式

- 图卡、选择板、手语、手势、键盘都可以。缺乏好用的沟通手段，孩子就只能通过行为来表达需求了。
- 对于无言语或言语发展比较有限的孩子，尤其如此。

行为的发生总有原因

- 行为的诱发因素一般包括：感觉超负荷、情绪超负荷（受挫、受侵扰、愤怒、恐惧）、睡眠剥夺、食物过敏、饥饿、脱水、生理疼痛、回避或抗拒不喜欢的任务、需要没有得到满足。
- 区分"不会做"和"不愿做"。两者的区别在于，一个是"我没有能力做"，一个是"我选择不做"。没有教过的东西，我们的孩子是不懂也不会做的。
- 孩子的行为是他们试图与人沟通的一种方式，也是目前为止他们所知的唯一方式。请尊重这一点，并且相信，发自内心地相信：如果他们有能力使用语言、能够按照你的指示行动、表现出你期待的自控水平，他们一定会那样去做的。

注意你自己的行为

- 你 + 我 + 环境 = 行为。你的行为会从社会、情绪、生理、时间等不同层面影响孩子的环境。
- 你是真的在帮助他，还是随口说说而已，孩子是可以感觉到的。即便家长和专业人士的出发点很好，他们也可能在无意中强化那个他们正在尝

试改变的行为。定期检查自己的行为，尤其是当行为改变不见成效的时候。或许，首先需要改变的是你自己的行为。下面这则小故事可以充分说明这个道理：

2005年左右，美国一个美丽的小镇上，有一家漂亮的幼儿园。在幼儿园的一个班上，有两位助教，一位受过孤独症相关培训，另一位则没有。班上还有一个叫艾迪的女生，她有孤独症。有一天，该上课了，学生们纷纷回到教室，但艾迪还没有玩够，她在教室里跑来跑去，根本静不下来。一位助教开始跟在她后面猛追，边追边喊："够了！够了，姑娘！听到没？我说你够了！"

这时，另一位助教从外面回来。她看了一眼眼前的状况，走到小女孩面前，平静地说："艾迪，回座位上坐好。现在是阅读时间，安静一点。"艾迪马上回到座位，拿出了她的书。

优点和缺点

将孩子的优点和特长整理成表格，时常放在身边。那些平常困扰你们的"缺点"，也请用积极的方式表达：他精力充沛（多动）、坚定（固执）、率性（冲动）、善于观察（旁观但从不参与）；她唱歌好听，用心照顾宠物，桌面总是收拾得很整洁，不爱喝汽水，可以说出800种花儿的名字。当你对孩子的行为厌烦透顶的时候，想想他的长处和优点，有助于你将注意力重新聚焦于他的积极面，从而保持冷静而不至于情绪失控。

别问为什么

大部分情况下，孤独症或阿斯伯格综合征儿童自己也不明白为什么会出现某一种行为。或许是感觉问题作祟，或许那样做让她感觉良好，或许情境中的某个因素在不断给她强化。然而，大部分时候，我们的第一反应往往是追问："为什么你要……"或"为什么你没有……"为了给你一个答案，孩子不得不找借口、编理由或把责任推到别人身上。

在和孩子或学生谈论她的行为之前,请把这两个问句从你的语言库中删除。你应该问下面的 4 个问题,引导孩子用更有建设性的方式来探索她的行为:

1. 你刚才做了什么?
2. 你接下来打算怎么办?
3. 我们希望这样的事再也不要发生了,为此,我们现在该做些什么?
4. 如果再次发生,你应该承担怎样的后果?

关于不良行为,我们忽略了什么

乔治娅又出现了"不良行为",你的神经绷紧了。行为管理的招,凡是能想到的,你全都试过了,一点用处都没有。你黔驴技穷,身心俱疲。为什么乔治娅总是这样,莫非还有什么你不知道的新招、奇招?

我们冠以"问题"的很多行为其实是生理机能、神经功能失调的表现。行为不当、不服管教、出言不逊、举止无礼,不一定是孩子故意违抗,更可能的原因是他们沟通能力不够、动作计划困难、感觉过敏或社会性思维存在障碍。要实现有效的行为矫正(不仅仅是管理),你需要理解并接受这样一个现实:很多(或者大部分)情况下,儿童的行为是否恰当,关键在于你和你的看法。孤独症孩子的不良行为可能是出于我们的误解。

在认定某个行为欠妥之前,请停下来问问自己:

- 这是他的问题还是我的问题?他的行为妨碍到谁了,他自己?别人?还是只有我?到底是谁的行为需要改变?会不会是我这个大人的?
- 你对他在这方面的期望是否合理?是否超出了他的能力水平?很多孩子需要循序渐进地学习恰当的行为,需要你将一项大技能拆分成很多小步骤。你这样做了吗?
- 他真的掌握这一行为了吗?能够稳定地运用到不同的情境中去了吗?如果宝拉在家时已经学会请人帮她穿外套,她能将这一技能推广到其他场合吗？我们是否想当然地认为能力可以自然地迁移？但技能泛化也是需要教的。

- 在所有或者说大部分情况下，孩子都能修正自己的行为吗？孤独症或阿斯伯格综合征儿童其实都在努力做正确的事，但有时环境的刺激实在太大，让他力不从心。你的确教过他什么是恰当的行为了，甚至他可能也学会了在某个特定的场合保持恰当的行为，但这并不等于他在遭遇更多压力或感觉侵扰、面对常规变化或意外（哪怕意外的惊喜）时，依然能控制好自己的行为。

- 你能确定这种行为问题不是源于语言或沟通问题，或社会性思维的障碍？你教过孩子这种场合必备的沟通或社交技能吗？如果没有教过，他可能并不知道应该怎么办。

- 必要的支持和适应性措施都到位了吗？她是不是忘带了日程计划表？原本贴在墙上的课堂纪律，你取下后是不是忘了贴回去？

- 这种行为会不会是身体不适引起的？嗓子疼、肚子疼、头疼，如果是沟通能力有限的孩子，未必可以告诉我们。要警惕这种可能引起消极行为的身体病痛。

小锦囊

根据美国视光协会（American Optometric Association）的数据，80%的学习是通过视觉发生的。有执行功能障碍、条理性差的儿童，应该去检查一下视觉功能，排除视觉加工障碍的可能性。

兼顾行为与个性

我们经常要求孩子在一定的时间做这做那，按照我们的想法、配合我们的时间。"该去购物了"，因为你正好有空，"我们得去接你哥哥了"，因为棒球班快下课了，"该去参加游戏治疗了"，因为你预约了。

在对孩子提出这些行为要求之前，尤其在让他参加预约好的居家或门诊治疗之前，要考虑到他的个性，考虑该要求与其基本性格的匹配程度。当然也要考虑你的。

- 你的行事风格本质上更像乌龟（缓慢而稳定）还是兔子（快速、永远停不下来）？
- 你家孩子属于上午型的人（中午前精神最佳、注意力最集中）还是下午型的人（需要预热一段时间才能进入最佳学习状态）？
- 在完成一件任务之后，你和孩子分别需要多长时间，才能缓过劲来做第二件事？孩子可以一个接一个连着完成任务，还是每天只能完成一项比较正式的学习任务，中间还得随机穿插各种游戏活动才能保证学习效果？
- 想一想，每天定点参加各种紧锣密鼓的治疗、辅导和活动，给孩子传达了怎样的信息？——你有问题，你需要被修理。
- 所有孩子都需要休息放松的时间。学龄儿童尤其如此，只应付学校生活就可能已经让他们筋疲力尽了。想一想，孩子需要多少休息时间，才能保证足够的精力，实现基本的自控和配合你的要求？

在日常作息中插入更多的休息时间，不要总是赶着去参加一项又一项的活动。每天疲于应付各种治疗、预约、家务、杂事，很容易耗尽孩子的心力，让他萎靡不振，甚至让你正在处理的问题变得更加严重。保持一种松紧适度的节奏，要相信，让孩子以合乎其个性的速度进步，才是最佳的进步路径。

（嘘——从来没有"无所事事"这种事。你以为的"无所事事"，或许正是孩子在培养他的创造性思维，要知道，当下紧凑的生活节奏已经让很多孩子失去了这样的机会。孩子就像被抽干的枯井，他需要重新蓄水。这样想着，你会渐渐喜欢上他的"无所事事"。）

协同管束

无论是家长在家里面对 1 个孩子，还是老师在课堂面对 25 个孩子，如果能建立一套协同管束机制，那么不仅大家受益，孩子的问题行为也可以大大减少。有了协同管束，家人之间或同学之间就可以坐下来讨论各自的需求，并制定出一整套比较合理的、需要大家共同遵守的行为准则，当然还有违反规则需要承担的后果。无论规则还是后果，孩子均参与讨论，但成人保留最终的否决权。需要指出的是，孩子可能终究还是会违反规则，哪怕是自己定下的。但通过协同管束，他们得到了在众人面前发表意见的机会，就连违规的后果也是自己参与选择的。

小锦囊

如果孩子说："我不行。"请告诉他："你行的。我在这里帮你，我有很多好主意。我们一起来试试，总有一个方法能行。"

后果学习法

"后果"和"惩罚"这两个词有时是可以互换的，但其实它们完全不是一回事。后果既可能是言行的自然结果，也可能是成人人为施加给孩子的。而惩罚则完全是人力所为，意在伤害和羞辱。后果是有益的人生经验，让孩子学会为自己的行为负责，知道要管好自己、做正确的选择。惩罚的目的则是压制行为，它不从源头上解决问题，采用的方式方法也往往导致愤怒、仇恨和羞辱的感受，既无助于提高孩子的社会性意识，也不能促进他与别人的情感连接。

"自然后果法"还可以让你免除"施害人"的角色。他拒绝吃晚饭，没过多久就肚子饿了；她不愿意穿雨靴，结果到校时她的双脚全湿了；他没有把球放回收纳筐，结果球被小狗咬成了碎片。这些都是自然后果，而且可能足以刺激孩子改变原有的行为。但请记住：

- 如果由于你的干涉，自然后果遭到破坏，那么行为改变也将无法实现。如果你之后又给孩子吃的、送干袜子到学校、买新球给他，那么，你不仅不能让孩子从自然后果中吸取教训，还会让那些行为因为你的"补救"而得到强化。

- 杜绝一切有危险性的自然后果。把刀收好，别让他伤到手指；火柴也一样，避免烧到手指，甚至酿成更大的灾祸。

"人为后果法"则是在自然后果缺席的情况下，由你来施予的行为后果。人为后果法包括我们大家比较熟悉的"积极后果法"和"消极后果法"。积极后果法是指对良好行为或良好表现给予奖励或强化，消极后果法则是指因为不良行为或不良表现而剥夺某项特权、某种想要的境遇。还有一种"逻辑后果法"，对于有具象思维的孩子来说，恐怕是最有效的一种人为后果法了。它将后果和不良行为捆绑在一起：如果他乱扔玩具，那么他必须将另一个玩具和这个扔掉的玩具一起锁进"玩具监狱"，两天后解禁；如果她为了争夺电视遥控，又是喊叫，又是打弟弟，那么她当晚将失去选台的机会；如果他不做某件家务活，那么下次就多做一件，或者扣除部分零花钱。（埃伦说，如果你家孩子是个"守财奴"，那么这个方法简直太好使了！）

有效施行后果法的相关建议：

- 制定有效的行为后果需要花费心思并提前计划。想想孩子的行为，提前计划好你的应对之策。
- "量刑"要适度，过于严苛或过于仁慈的后果，都不能起到好的作用。
- 如果不能将行为后果执行到底，那就索性不要执行。你知道你的孩子是多么刻板、多么依赖常规的，只要有一次不加追究，你就可能前功尽弃。为此，所有相关大人都应该知道后果的存在，并愿意执行它。
- 给它一点时间。改变行为是一个过程，而不是结果。指望通过后果立竿见影地改变行为是一种不切实际的空想。
- 执行后果时，请带上同理心而不是愤怒。用平静的语气直截了当地请孩子承担后果。如果后果中掺杂你的愤怒、失望、沮丧、厌恶等情绪，那么你们关注的焦点将不再是他的行为，而是你的情绪以及你的情绪给他带来的感受。
- 确认孩子理解后果的意义——为什么要承受这样的后果，下次怎样做才能避免这样的后果。

- 宣布后果时要简明扼要。孩子的注意时间很短，容易走神。要避免说教、翻旧账、与别的孩子做比较、由此及彼甚至进行人身攻击。
- 后果要与孩子息息相关、对孩子产生意义。你可以威胁孩子说，再往新鞋上擦鼻涕，就把新鞋收走。但如果她压根儿就不在意这双鞋，那么这样的后果就毫无意义。
- 如果行为出现倒退的趋势，那么可以提议进行补习或加强训练："你知道，脏衣服应该放进脏衣篮，而不是塞在壁橱底下。如果我发现你下次还是忘记，我们就来练习练习。"将家规写出并张贴起来，帮助孩子自觉遵守规则，避免消极后果。
- 在宣告规则之前，确保孩子在听你说话。隔着房间大喊"该布置餐桌啦"，不是有效的行为管理方式。
- 如果要给孩子警告，一次就够了，除非你有理由相信孩子没有听清或听一遍还不能理解。反复唠叨会让孩子觉得你说话不算话。

"我生气了！"

孩子难免会有特别生气或懊恼的时候，强烈的情绪会导致很多消极或有问题的行为。但即便沟通能力薄弱的孩子，也可以找到恰当的方式表达这样的情绪，大大减少问题行为的发生。识别需要是第一步。撞头、拳打脚踢、顽抗不从、言语攻击，这些都是孩子心理受挫、心情沮丧的表现。

首先，选择一种你能接受的"暴力"发泄方式，比如打枕头、在小隔间里尖叫半分钟、蹦跳、跺脚，等等。

然后，编一个与愤怒和懊恼情绪有关的社交剧本，剧本可以很简单，篇幅短一点也没关系：

1. 每个人都有生气的时候。
2. 生气也没关系。
3. 当我生气的时候，我可以在房间打枕头。
4. 很快，我就好受多了。

5. 生完气，我又开心了！

剧本可以采用文字、图片或照片的形式，也可以综合运用多种视觉材料。这些材料最好与孩子相关，比如孩子生气和开心时的照片就可以用到其中。有些孩子对带文字和图画的薄薄的故事册比较感兴趣。你可以在她情绪平静的时候，带她阅读你们的社交故事或故事册。反复多读几遍，根据孩子的理解水平，对内容进行必要的讲解。

最后，在孩子陷入愤怒或沮丧的时候，将社交故事交给她，提醒她采取恰当的行为缓解愤怒。之后，你应该逐渐减少提示，从故事册变成提示卡，再变成手势或词语（"枕头！"）。当她做出正确的反应时，记得给她强化。

手势语：棒球教练的启示

注意过棒球教练是怎么用手势与击球员和跑垒员交流的吗？开发一些类似的比较低调的小手势，在孩子行为不够恰当的时候提醒他。比如，将一个手指贴住下巴，可以表示"你插嘴了"；十指交叉，表示"你一个人说太多了，该让别人说了"。

强调积极行为

仔细想想你对不恰当行为的反应。你究竟是在示范恰当行为，还是在无意中助长消极行为？当你施以惩罚性后果时，孩子可能会撒谎、欺瞒或将责任推到别人头上，固执的孩子还可能硬着头皮强忍，死不悔改。如果是这样，你怎么办？加大惩罚力度？那么极限又在哪里？

总的来说，这不是办法。更好的做法是经常强化恰当的行为和互动，哪怕是不起眼的小进步。如果要讨论对错，那么等你和她都冷静之后，而不是选在双方针锋相对的时候。

构筑视觉屏障

在半地下的教室里,孩子总喜欢爬上宽窗台(与正常地面平齐)往下跳。如果是这样,可以让擅长画画的老师稍微改造一下墙面:将窗台以下的墙壁画成草地蓝天,再用纸做的白云掩住窗台。问题解决了。

两步收心法

很多孩子容易分心(经常是抵抗不住感觉刺激的诱惑)。一旦分心,没有强有力的干预措施,几乎很难把他拉回正题上来。有一个办法,就是明确告诉他:停止这件事,去做那件事。先引起孩子的注意,再让他停止正在发生的行为,然后告诉他你希望他做什么。比如,你可以说:"亚历克斯,不要往镜子上喷水了,拿出牙刷来刷牙。"

怕上厕所 = 怕黑

问题:有个学生不愿意在学校上厕所。后来,老师问明了原因:那个厕所不带窗户,几个同学戏弄他,在他上厕所的时候关了灯,将他一个人丢在黑暗里。解决方法:给他一个大手电筒,让他带着上厕所,如厕时放在隔间的地上。当同学问为什么要带手电筒时,孩子可以随便编个理由:"怕停电!"

抗拒 / 逃避行为

再有耐心的家长和老师也会被这些行为弄得心烦意乱。但别忘了之前说过的几条原则——行为即沟通,不要想当然。你还可以积极采取以下措施加以应对:

- 找到行为的根源。用日志详细记录事情的始末,或孩子情绪崩溃前具体发生了什么:涉及哪些人、具体发生在什么时间、当时正在做什么、环境背景、孩子的感觉状况、吃了什么食物，等等。如果能找到诱发行为的原因，就能想办法避免、消除或克服它。

- 用积极的方式提出要求。"你把泥巴踩得满屋子都是！"应该不足以让孩子把脏鞋脱掉。因为你只陈述了一个事实，以他的刻板思维，是无法推断出你的真实意思的。"请把鞋脱下，放到后门口。"如果这样说，更有可能得到他的配合。将你希望孩子出现的行为用积极的方式表达出来，不仅可以清晰地表达你的诉求，也是对良好行为的一种强化，孩子也不必战战兢兢地猜测他到底应该怎么做。

- 孩子会做你让他做的事了吗？如果每次你让他布置餐桌或做数学作业的时候，他总是突然要去厕所，那么他很可能不知道该怎么做，或担心做得不够好，会被你批评。带孩子反复练习该项任务，直到他感觉没有问题，能够轻松胜任。比起同龄普通孩子，孤独症或阿斯伯格综合征儿童大多需要更多练习才能掌握各项任务。耐心就是一切，坚持总有回报。

- 孩子明白规则了吗？只有亲口问他，大概才能确定这一点。他知道为什么要遵守这样的规则吗？（为了安全、省钱、健康，等等。）当他明知故犯时，会不会另有隐情？或许，他之所以偷吃冰箱里禁食的点心，是因为美术作业的压力太大了，或者他没吃午饭，现在太饿了。（老师可能会告诉你他没吃午饭。养成每天与老师沟通的习惯，有助于避免这种情况的发生。）

- 让孩子暂时休息一下以进行自我调节，避免行为完全失控。将这种休息视为积极的休整，而不是拘禁；其目的是为了帮助孩子学着担负起自我调节的责任。具体的做法是这样的：在孩子情绪平稳的时候，预先确定一个地方，告诉她，情绪压抑的时候可以去那里待几分钟；问她想在那个地方放哪些东西，喜欢的书、毛绒玩具、枕头、椅子、耳机和喜欢的音乐，全都可以。此外，要保证在休息时可以得到的物品，在其他时间和其他场合也可以轻易获得，否则，孩子会将它们看作一种奖励——因为之前的行为，所以才得到了这些喜欢的东西。

千万不要将这样的暂歇当作对不恰当行为的惩罚。因为孩子要去的地方显然是让她感觉愉悦的,这样做反而会在无意中强化消极行为,使之变本加厉(这样她才有更多的"休息"机会)。

休息的地方要方便孩子重新回到原来的活动。把孩子送去她的房间或教室外的走廊,未免有些太远了。

- 对行为的期待要合理,要与孩子的年龄相称。去教堂做礼拜、去餐厅吃饭、听音乐会或其他需要长时间静坐的活动最容易诱发冲突。如果孩子年龄还小,尽量避免参加这样的活动;如果一定要参加,注意缩短时长,或尽可能让孩子出来活动活动,透透气。等她再大一点,有能力应对这种环境的时候,再多多参与也不迟。
- 把握好时间。比起跟你去接上舞蹈课的姐姐,他当然更愿意待在家里玩小汽车。但给他一点尊重,他还是愿意一起出门的。可以在出门前5分钟、2分钟,各提醒他一次。当然,你还可以给自己额外多留几分钟,因为说不定孩子会有抗拒或拖延行为。在让孩子停止愉快的活动(游戏、看电视、阅读),进行不那么愉快的活动(做家务、杂事或接受不太喜欢的预约服务)时,也可以采用这个方法。
- 如果你在家习惯唠叨,那么大概已经发现,这样做完全不管用,还让大家很反感。要说有什么事称得上"愚蠢",大概就是一遍又一遍重复做同一件事,却指望会有不一样的结果。和家人一起想想,有什么更好的办法,能让孩子去做他该做的事。也许孩子年龄尚小、能力不足,还无法说出他的意见,但你同样需要尊重他,给他表达意见的机会。如果会说话,他或许会告诉你,放学回家后,他喜欢去后院跑一会儿,再开始写作业;或者,他实在受不了你买的牙膏的味道,所以才不愿意刷牙。
- 制作视觉化的时间表或图表,在需要时指给他看,温和地提醒他该做的事。如果孩子是视觉型学习者,那么在有压力的情况下,他的听觉通道可能会关闭,这时,这些视觉材料也可以非常具体地提示他该做什么(在气恼的时候尤其如此)。
- 反思现实:你对孩子的爱是全心全意、毫无保留的吗?还是有条件的?如果直觉告诉她,只有房间整洁、成绩优异、行为表现完美,你才爱她,那么她可能会觉得无能为力，彻底放弃，连试都懒得试。

小锦囊

为了结束孩子的执拗行为，你可以转移他的视线，让他去做点别的：做点小活、去趟办公室、去个洗手间、去看看信箱或去趟后院。

敌对或攻击行为

打人、咬人、抓人、撞人，这些莫名其妙的粗暴行为说来就来，还没完没了，真的让人抓狂。要你放下情绪，理智地对待它们，的确很难，但你又必须如此。如果能做到下面这些，那么你一定可以取得长足的进步：

- 关心他发生了什么，而不是你如何反应。记住：他的行为往往来源于感觉/社会性障碍，甚至更深层的生理问题，比如胃酸倒流、便秘或其他病痛。他这样做不是为了激怒你、使你难堪或痛苦，他也并非天生无情、残忍、恶毒或邪恶，他只是感到沮丧、恐惧、受到威胁、疲劳、无法表达自己的需要或不知如何应对。请基于这样的认识，做出你的反应。
- 在第一次出现这样的行为时就要做出反应。不要等孩子第三、第四次对同伴挥拳（验证自己是不是"掌握"了对方的反应模式），你才出面干预。他需要你明明白白地告诉他：这样的行为让人无法接受。仅此而已。
- 反应方式要前后一致。你怎么说、怎么做以及让他承担什么样的后果，都要保持一致。多次重复有助于加深记忆，而前后一致更能够加深理解。
- 不要"以暴制暴"。你是在改变孩子的不恰当行为，请务必以身作则。以攻击行为对抗攻击行为（不论言语上还是肢体上），只会让孩子困惑：我不可以打其他小朋友，但是你却可以打我，就因为你比我大吗？这是他所理解不了的。从长远来看，这样的相处模式还会产生一个可怕的后果：将来，如果有其他大人对他施以暴力或虐待，他可能不会告诉你。
  - 诉诸自然后果，而不是惩罚。用惩罚性后果应对不服从或不恰当行为，是你能对谱系儿童采用的最低效的行为策略。如果孩子还不理解其中的因果关系，就不会明白你的意图，那么惩罚只会降低他的自尊水平。而且惩罚强调的是消极行为，即便受到惩罚，他也依然不明白下次应该怎么做才能避免这样的后果。你应该着力于帮助孩子理解行为的自然后果。（另见本章前文"后果学习法"）

- 探究孩子生活中的攻击性信息从何而来。孤独症儿童的思维是出了名的刻板，你的孩子可能很难区分幻想与现实，所以你有必要去了解孩子正在看什么样的电视节目、玩什么样的游戏，然后跟他一起看、一起玩。有些节目和游戏会用娱乐或非现实的方式表现暴力或反社会行为，你的介入可以帮助他逐渐戒除对它们的依赖。

- 如果你决定禁止孩子看某个节目或玩某个游戏，给孩子一个过渡，逐渐减少看节目或玩游戏的时间，而不是一下子完全禁止。比如，第一周，每天玩30分钟；第二周，减少到每天20~25分钟；第三周及以后，继续减少时间，直到不玩。也可以逐渐减少每周玩游戏的次数，比如，从隔天玩一次，到隔三天玩一次，以此类推，直到完全不玩。

- 要不要将你的决定告诉孩子？如果你一点点悄悄地减少时间，他会发现吗？他会不会更希望你直言不讳："这个节目/游戏里的人总是在相互伤害，这是不对的，我们不看/不玩了。"

- 用于替换的新节目或新游戏必须是孩子真正感兴趣的，而不是随便看看、随便玩玩地打发无聊的消遣。你可能需要为此好好做一番功课。

- 经常表扬恰当的社会性行为。就像他打人并非出于恶意，他可能也不知道轮流玩是一种美德（其他自控行为也一样）。帮助他建立这样的意识。

应对情绪崩溃

孩子一崩溃，所有人都乱套。提前制定工作计划，有助于缓解部分压力，从容应对混乱局面。

在孩子情绪崩溃时，遵循以下 6 条有效的行为管理原则，你会发现，事情很快就过去了：

1. 决不要在孩子崩溃时进行教育。这样做毫无意义。扪心自问，在你生气、害怕、烦恼、过度焦虑或被其他消极情绪包裹的时候，还能保持开放的心态继续学习吗？

2. 局面越紧张，你的语言越要少而精、越要具体。

3. 预先定好规则，一旦局面失控，某个人将专门负责与孩子进行一对一的沟通。大家你一言我一语，只会让情况更加糟糕。

4. 提前演练你的行为计划。很多计划只是纸上谈兵，华而不实。

5. 暂停或冷静（time-out）是个不错的选择，对你和孩子都有好处。或许半天不到，孩子已经惹毛你不下十次，但你不要发作，而是告诉她："我现在很生气，没法和你待在一起。我先去房间冷静一下，几分钟后回来。然后我们谈一谈。"这样做，是在给孩子示范如何自控。她会逐渐明白如何管理她的行为。

6. 只对有重大后果的行为较真。是的，坐车必须系安全带，骑车必须戴头盔，但把书颠倒放真的算问题吗？请区别对待这两种情况：有些行为不容商议、必须如此，比如吃药、上学、去沙滩时涂防晒霜、坐车系安全带、骑车戴头盔；除此以外的行为则可以发挥创意，视情况灵活处理。

如何避免冲突升级[1]

是人就难免冲动，就算足够老道的成年人，也会在一时冲动之下做出错误的决定。孩子在上课时情绪完全失控，是哪个老师都不希望遇到的情况。但此时，我们还是必须注意自己的言行，不要刺激到孩子，让原本糟糕的事态愈发不可收拾。注意避免以下这些行为，它们不仅无益于解决危机，还会雪上加霜：

---

[1] 原注：改编自 L. Albert's *A teacher's guide to cooperative discipline: How to manage your classroom and promote self-esteem*. Ags Pub., 1989。

- 提高音量或音高（朝孩子大吼或厉喝）。
- 表现出威胁性的肢体语言，比如握紧拳头、挤起眼睛、向前逼近、用身高压人，等等。
- 用嘲讽或侮辱性的言辞嘲弄、笑话孩子，企图让孩子受窘妥协。
- 攻击孩子的个性或人格。
- 不分青红皂白地指责孩子。
- 奖励不恰当行为，贿赂孩子。
- 唠叨或说教。
- 双标。
- 拿别的孩子做比较。
- 翻旧账。
- 将孩子随便归类（说他这样的小孩"全都一个德行"）。
- 没有事实依据的想当然——各种"理所应当"，比如你教过了，他就应该懂、应该会。

同伴的力量以及 2 分钟预警法

在活动即将发生变化时，提前 2 分钟给孩子一个预警。这是一个很好的行为习惯。如果他还是抗拒或很不情愿，那就安排一个伙伴帮助他。同龄人常常比我们成人更有说服力。

必要的灵活性

恭喜你，孩子已经通过使用视觉时间表，实现了一定程度的自理自立。现在，你可以准备进入下一步骤了：教他接受变化，克服思想和行为的刻板性。这一点要趁早开始教，因为孩子的行为模式会逐渐定型，越早，改变的难度越小。

- 如果往日的常规突然有所变化，比如学校召开师生大会、放学后要去看医生，那么，在视觉时间表中用红框标注这件事，引起孩子的注意。当孩子对变化有所准备的时候，他更有可能顺利地接纳它。
- 常规发生变化时，要从两个角度告知孩子：1.当天有什么不同、会发生什么新事；2.原来的哪件事被取消了。
- 不时在视觉时间表中插入问号（"？"）表示变化。一开始，这样的问号出现在孩子喜欢的某件事上，比如用新方法玩游戏、惊喜小零食、特别的外出或活动。当孩子对变化的容忍度逐渐提高以后，再开始将其使用到他不太喜欢的事情或状况上。当孩子习惯常规中的这些小改变之后，他就能更好地顺应生活中各种真实的意外和变化了。

鼓励灵活思维的有趣玩法

思维刻板、死守规则是孤独症人群的普遍特征，也是爆发行为问题的常见原因。虽然这种思维方式有它积极的一面，但从长远来看，思维和行为不够灵活对孩子而言还是弊大于利的。我们可以趁孩子还年幼，用有趣的方式，及早将各种突变因素融入他们的日常常规之中。当孩子越来越能适应常规的变化以后，行为问题也会随之减少。训练灵活思维的最佳场合，莫过于家人间的游戏了。

自制一副纸牌，在玩桌面游戏或纸牌游戏时使用。这一创意来自朱莉·威尔森（Julie Wilson）（*SocialPerspectives.com*），我们在她的创意基础上做了一定的修改。她建议给整副牌剪贴上大脑的图片，称之为"大脑纸牌"，而我们认为可以叫它"咱们灵活些"或"滑稽游戏"。

在每张纸牌的背面写一个指令，指令上的要求要突破常规，标新立异。比如：

- 轮到你的时候站起来。
- 在掷骰子前，高兴地大叫一声，或发出你喜欢的其他滑稽声响。
- 与你左边的人交换位置。
- 再次轮到你之前，不许睁开眼睛。
- 轮到你玩的时候，先做 5 次深呼吸。

每次轮到的时候，玩家在抽牌后，都要先读出上面的指令并遵照执行，以证明他们可以灵活地思考问题。意外的指令就这样被植入了好玩的游戏之中。

类似的玩法也可以运用到学校的教学中。在进行某项教学活动之前，给每个学生分发这样的纸牌；每个学生在被叫到名字回答问题、拼写单词或背诵课文之前，都要读出卡片上的指令并遵照执行。

> **小贴士**
> 社会性思维障碍比较严重的儿童，不一定能理解这种玩法。所以，在玩这样的游戏之前，不妨先给他们介绍一下灵活性思维的概念，说一说灵活性思维为什么重要以及它能带来哪些好处，等等。

纪念册或旅行图记

如果你的孩子喜欢揽镜自照，沉迷于自我欣赏，那么你可以利用这一点实现你的目标。平时无论去哪儿，随身带个相机，或用手机随手拍下孩子的一点一滴。将照片制作成有趣的剪贴簿或电子相册（比如谷歌或脸书相册），这样，孩子就能看到自己在这些地方活动的样子了。引导孩子回忆这些愉快的时光，有助于减轻重返旧地或去其他新地方的焦虑感。

孩子经常咬自己怎么办

遇到上课时咬自己的孩子，场面的混乱状况可想而知。对孩子进行"功能性行为分析"，找出行为的诱因，有助于你对症下药，提前预防。在学校，可以安排专人进行一整天的观察，记录孩子咬自己的次数。他会在哪些时候咬自己？圆圈时间？助教一对一辅导时？活动转换时？与某个人在一起时？噪声升高时？午餐后？美术课上？会不会是他的感觉敏感度过低，需要通过咬自己这样的深度刺激，才能从皮肤获得足够的触觉反馈？

我们要重申一点：很多负面行为都源于感觉功能失调。孩子咬自己，除了表达懊恼或愤怒之情，还可能是需要通过啃咬获得必要的感觉刺激。如果你只是简单地制止他咬，而不从源头上解决问题，那么等于白费劲。如果孩子真的是为了追求啃咬带来的感觉反馈，那么就算你禁止他啃咬，他也会通过其他的自残方式实现目标（扯头发、咬指甲甚至割伤自己）。所以，暂且让他咬，但给被咬部位做一些防护：戴上手套、穿长袖衣服、戴上护腕，等等。然后，向作业治疗师请教，可以采用哪些安全又能为大家所接受的感觉刺激方法。

注意：咬衣领和袖口也属于这一类行为，可采取相同的对策。

请坐好

坐不住（不论地上还是椅子上）的孩子，有可能正在应对身体上的各种问题，比如姿势控制困难、前庭问题或动作计划问题。清晰地标明落座区域或许能给他们一些帮助。

- 用包管道用的长条泡沫绝缘材料在椅子四边围一圈，让椅子边缘明显突起。
- 垫上坐垫或露营枕。
- 垫一块小的方形地毯。
- 在给他坐的地上粘一圈胶带标示位置。

温和的批评法

说实话，谁愿意挨批呢，哪怕那批评再"有建设性"。接受批评是一项生活技能，需要相当的成熟度和自信心，以你孩子目前的能力来说，是万万做不到的。那么，面对一个过度敏感的孩子，难道你就完全束手无策了吗？当然不是的，但要讲究方式方法。

- 永远不要在孩子崩溃、自我封闭、焦虑发作的时候，试图管教、纠错或提出反对意见，因为她已经无法与你互动了。
- 开口前要记得，有感觉问题和语言障碍的孩子在听你说话时，可能会对你说话的声音更加敏感，而不是你说话的内容（至少不相上下）。她会听到你在吼她、嘲弄她、夸张地讽刺她、歇斯底里地飙高音，却不明白那些话语到底是什么意思，对自己做错了什么也还是茫然。请用平静的、和缓的语气跟孩子讲话，可能的话，也放低身段，跟她进行平等、面对面地交流，而不是高高在上、盛气凌人。

- 运用"社会性剖析"（social autopsy）法：
  - 识别行为，并用支持的、解决问题的态度处理它，而不是诉诸惩罚或其他消极措施。
    注：孩子可能需要你帮助她识别诱发行为的情绪感受。比如，她可能会说她很生气，实际上却是在害怕、懊恼、伤心、过于激动或嫉妒别人。请找到真正的行为诱因。
  - 练习或角色扮演更好的应对方法，以备将来不时之需。积极引导孩子一起解决问题。
  - 事件发生后，尽可能第一时间展开"剖析"。
  - 训练或角色扮演需要长期坚持，别指望一次就能解决问题。
  - 当孩子纠正了她的行为的时候，立即告诉她。
- 通过故事板、连环画、配图散文、社交故事等视觉化的方式呈现你要表达的信息。
- 以身作则，给孩子示范如何以恰当的行为方式应对别人的批评。

争论到此为止

碰上争论不休的孩子，对你自然是个极大的考验。如果孩子跟你好好说话，诉求也合理，我们绝不建议你不予理睬或马上结束对话。但的确有些时候，你需要想办法终结他们的死缠烂打和无理取闹。为此，你需要准备一些俏皮的短句来圆场。短句在表达上要不失尊重，不带讽刺、谩骂或愤怒情绪（你先做到，孩子才能做到）。以下是来自其他家长的建议：

- 谢谢你告诉我你的感受。
- 很抱歉你有那样的感受。

- 我不会改变主意。
- 讨论到此为止。
- 现在我要换话题了。（然后很开心地开始谈别的。）

幽默通常会有止烦消火、化解矛盾的功效。但幽默感是一件很个人的事，让一个孩子捧腹的事，可能会让另一个孩子受辱。所以，你也许需要不断摸索试验，才能找到适合你家孩子的幽默短句。但只要找对，效果一定不错。你也可以不说话，用一个小道具来终止争论，比如敲开饭用的小锣、吹哨子或卡祖笛，或按一下桌铃。

你还可以反其道而行：如果孩子擅长摆事实、讲逻辑，那么你就从情感角度切入，将他的行为与你的感受和反应联系起来，促使他结束争论。你可以说："让你收拾房间，你却只顾跟我争来争去。现在好了，时间都争没了，你该去睡觉了。"或直接说："跟你争来争去，我好累。无论我说什么，你都永远只会说'不'。"

小锦囊

你 + 我 + 环境 = 行为。行为永远不会在真空中发生。用《紫色》（The Color Purple）作者艾丽斯·沃克（Alice Walker）的话说："世上最重要的问题是：'孩子为什么在哭？'"

我听明白了，不要再争了

埃伦的儿子康纳是一位裁判，身处赛场，听过了太多教练们的争执——他们简直个个都是争论家。为避免他们争论不休，康纳每次都会在赛前会议上明确一条"20秒"规则。他会这样说："如果你有合理的要求，我会认真听，直到解决你的问题。但如果你只是对我的裁决有意见，想要发泄一下，那我只能给你20秒钟。20秒后，我会说'好的，教练，我听明白了'，然后，我希望你能回到球员席去。"

这一策略可以从棒球场完美地移植到你的家中。连埃伦都不禁感叹，如果在康纳当教练之前那么多年，她就知道这个技巧该多好！

代币制

很多家长和老师发现，代币制是一个很受孩子欢迎也很有效的行为管理策略：每次孩子表现出某个目标行为的时候，可以获得一个代币；当代币累积到之前约定的数目时，孩子可以将它们兑换成喜爱的活动或物品。

代币制可以非常灵活，使用方法也很简单。它既可以速战速决，也可以维持很长一段时间（孩子需要用几天或几周才能得到奖品）。它能给孩子、家庭、老师带来很多益处：

- 培养孩子等待奖励的能力（延迟满足）。
- 提高孩子的时间感（多久才能获得奖品）。
- 提升教学的流畅性：在好行为出现的时候，家长或老师只需快速地给出代币，而不用停下来进行强化（强化过程需要一些时间）。
- 用到更多的自然强化物：孩子可以赚到各种物质性、社会性或情境性的奖励。

如何运用代币制

- 选定一个具体的目标行为，用文字、图片描述该行为，或直接做出示范。检查孩子的理解程度；如果孩子对该做的事不是100%清楚，那么代币制对他不会产生激励作用。
- 选择某个具体有形的物品充当代币。代币尽量便携耐用，常用的代币有贴纸、硬币、分数、票据等。
- 决定你们将如何视觉化地记录代币的进展情况。一块恰到好处、结实耐用的代币板，让孩子将所得代币粘贴其上，看一眼就动力满满。当然还有其他方法，比如，将硬币投入杯子或收入荷包，将票据放入塑料卡套，在卡片上打孔（代替代币板，卡片易于携带，准备和使用起来都较为方便，也更经济省钱）。在整个行为管理期间，进展记录必须随时能让孩子看到，清楚地展示出他已经获得的成就以及与奖励目标之间的距离。将奖励物的图片加入进展记录，也有助于提高激励作用。
- 明确顺利完成任务的标准和规则，并确认孩子完全明白。必要的话，向孩子解释规则，并示范标准的恰当行为。
- 安排好环境，使之更利于任务的完成。
- 奖品要有足够的吸引力和激励作用。选择奖品时，充分考虑孩子的喜好和需求。可能的话，提供多种选择（锻炼选择能力）。简单一点的，孩子每天从一组选项中选择喜欢的奖品；复杂一点的，比如班级商店，根据不同的选项，孩子需要积攒不同数量的代币：玩15分钟电脑需要20代币，出门买冰激凌需要50代币，非常想看的DVD则需要100代币。
- 照片强化物。将孩子喜欢的强化物拍成照片，再剪下来当代币，比如用电脑的照片表示玩电脑的时间，用最爱的碟片封面表示看碟时间。
- 发放代币时，附上口头表扬："你能和大家轮流玩，真棒。"再次提醒孩子被强化的是何种行为。最终，单纯的社会性表扬将取代代币制，成为最主要的强化物。

协议和契约[①]

协议和契约是有效的行为管理工具，广泛适用于学校和家庭环境。你们平时应该都用过它们，只不过并不正式："收拾好房间，你就可以去看电影了。""做完数学，你可以去玩电脑。"比较正式的，要算积分法和代币制了。

如果使用得当，协议和契约可以有效地减少行为问题，让孩子保持专注，并学会一个重要的人生道理：付出＝回报。不过，在制定协议和契约的过程中，总免不了各种陷阱各种坑，尤其当对方是孤独症或阿斯伯格综合征儿童时，因为缺乏必要的社会性技能，他们往往无法就协议中的参数与你达成共识。因此，在制定协议和契约的过程中，请遵循以下原则：

---

① 原注：改编自"Deals and Contracts" by David Freschi. *Autism Asperger's Digest*, 2003年9–10月。

- 让协议可视化。协议可以是很正式的书面文件，也可以是简单的图片或符号。有一种方法是使用"为_____而努力"的主题卡片。横线上是孩子想要的奖品，比如喜爱的玩具或活动。具体做法很简单：在卡片上贴上奖品的图片，然后在边上写出得到它的各个步骤。

- 用孩子能理解的语言，简洁而清晰地说明协议的规则。孤独症个体的思维方式比较刻板，所以协议的条款要简单明了，方便日后双方评估协议的履行情况。千万不要含糊其词："如果你表现好，就能得到_____。""表现好"是一种很主观的标准，每天都可能发生变化，不同的人也会有不同的理解。请说清楚孩子需要做到的行为。

- 从易到难，逐渐进展。开始时，完成一个任务＝一次收益或一个奖品。不要急于增加难度。要知道，孩子每次顺利完成任务，都意味着该任务又被强化了一次，孩子也趁机练习了一次有效的社会交往。这已经是进步了呢！

- 协议内容要完整。想想你生活中接触过的协议和契约，它们的内容大多包括：对任务的描述、所有协议方该有的行为或行动、任务的起止时间、劳务方将获得的报酬以及获得报酬的时间。我们与孩子的协议也应该包括所有这些要素。

- 检查理解度。在你百分百确认孩子理解了协议的内容（你期望他做什么、时间期限、奖品等）之后，再开始执行。必要的话，对协议进行简化或对个别条款做出调整。

- 尊重契约。虽然并非存心，但不尊重约定是很多家长和专业人士通常会犯的最大的错误。协议至少牵涉两个人，每个人都承担各自明确的职责：我做这个，你做那个。如果一方无视其中任一要素，信任就会被打破，行为问题也会随之而来。举个例子：老师和学生达成了一个协议，但老师中途改变了规则，学生就无法接受。"期限还没到，他就完成了任务，所以我就给他加了一点任务。结果，他就生气了。"注意这里的关键词"完成了"，学生履行了协议中他应该承担的职责，但老师却毁约了。事实上，学生提前完成任务，本来就是老师的计划有偏差，而不是学生的行为有问题。老师完全可以在下次制定新协议时缩短任务时间或加大任务量。比起重建信任，在下一次进行改进显然容易得多。所以，契约一旦确立，请严格遵守！

* 避免好高骛远，让你自己和孩子陷入失败的境地。协议中规定的结果或行为必须是孩子可以达到的，时间期限也必须符合孩子的能力水平。如果目标遥不可及，孩子会失去前进的动力，更糟的是，行为问题也可能因此而恶化。

* 如果协议最终没有成功履行，你依然要给孩子准备一些其他的强化物。想想你自己在工作中也难免失误，但你照样拿了工资，对吧？还有一点必须指出，有些东西对孩子来说特别重要，求而不得或得而复失，都会让他难以承受——请不要用这样的东西当奖品。

* 谨防勒索。你有没有说过这样的话："如果你停止喊叫，就可以＿＿＿＿＿＿。"这样做教给孩子的是，停止某种行为可以得到报酬。你知道接下来会发生什么吗？孩子在停止不良行为之前，会迫使你不断提高筹码以及给他报酬的频率。

小锦囊

消极关注也是关注，对孩子具有奖励作用。如果孩子非常渴望得到你的关注，那么请将关注的焦点落在他的积极行为上。

注意你到底在强化什么[1]

无论在家还是在学校，强化都是一个强有力的教学工具，如果运用得当，可以产生惊人的效果。但你也很容易在无意中强化不该强化的行为，甚至强化你正在努力消除的行为。举个例子：正在上学前班的雅各布不喜欢圆圈活动，经常在圆圈时间离开，跑去画架那儿画画。知道他喜欢小鱼饼干，老师就选了

---

[1] 原注：改编自"10 Everyday Teaching Bloopers & How to Avoid Them" by David Freschi. *Autism Asperger's Digest*, 2004 年 3-4 月。

它们当结束点心。当她开始发饼干的时候,雅各布就会回来,在饼干刚好送到他的位置时麻利地坐下。这时,老师会对他说:"雅各布,很好,你和大家坐在一起了。"然后给他饼干。老师觉得,她正在强化的是他此刻表现出的恰当行为。但事实上,雅各布并没有很好地和大家坐在一起,他离开了圆圈活动,有他感兴趣的东西时才回来,可是他依然得到了奖励。老师的本意是教他和同学们待在一起参加圆圈活动,可她真正强化的却是他可以起身跑开但仍有饼干可吃。

避免这种常见失误的方法,是确保强化物紧随孩子的表现给出,并且只用于你希望出现的目标行为。老师可以让回到圆圈活动中的雅各布完成某件事,再给他饼干,或干脆让他坐等下一轮饼干的发放,这样,他才可能学会好好坐着。

表扬孩子身边的人

我们称之为"临近表扬"——通过表扬、赞美、感谢孩子身边的同学或兄弟姐妹,给孩子示范良好的行为,也就是发挥同伴的榜样带头作用。"艾丽卡,你把嘴里的食物咽下之后才开口要黄油,很好,就是要这样。"这样的表扬形式需要孩子具备一些高级的社会性思维能力,因为孩子要理解:同伴做的,他也能做。如果没有经过正式的教学,孤独症孩子很可能缺乏这一层次的社会性思维。当孩子因为临近表扬表现出你想要的行为时,及时关注并予以奖励。

四季可用的季节性强化物

如果孩子对某些季节性的事物有着强烈的兴趣,使用这些东西将有助于激发孩子的良好行为或使之养成好的常规习惯,那么不要迟疑,提前打算,找机会备好、备足这些东西。孩子喜欢万圣节?备好各种万圣节主题的贴纸,到时贴到他的视觉记录表上,准备带有万圣节图案的餐巾纸,放到他的午餐盒里,还可以给他的房间装饰假的蜘蛛网,等等。孩子喜欢玩水?那么家里的浴缸、热水浴池、室内泳池里可以四季常备各种玩水用具,比如水下呼吸管、护目镜、漂浮玩具，等等（最好在夏季准备，因为那时的选择比较多）。孩子酷爱恐龙，还希望 9 月的生日聚会能安排寻龙蛋的节目？那么春天复活节的时候，你就可以多买些塑料彩蛋备着。

暗号敲门法

不敲门直接闯入兄弟姐妹的房间或者卫生间，会让对方恼火至极。在别人家或在工作场合，这样做也是不恰当的。培养敲门习惯的一个方法，是让孩子在家与兄弟姐妹约定一个敲门的暗号，在进入彼此房间前都必须使用暗号来敲门。（要强调："先用暗号敲门，然后等姐姐说'进来'。"）作为练习，孩子们可以不拘时间，不时去敲敲对方的门，哪怕只是露个脸、问声好。在孤独症孩子使用暗号敲门的时候，记得给他积极的强化。

"我不会"时间胶囊

孩子平时应该遇到不少挫折，如果他经常把"这个我不会"挂在嘴边，那么，可以安排一次"我不会"时间胶囊的掩埋活动（过一段时间再挖出来）。这个活动可以孩子一个人进行，也可以整个家庭甚至整个班级一起进行。参与者想一想自己有哪些不会做而为此很困扰的事，将这些事说出来或写到小纸条上；将纸条放入玻璃罐子，再埋到土里或藏起来，并约定一段时间后打开。等到打开的时候，原本"不会"的事，很多已经"会"了，孩子的进步将一览无遗。

注意：在把纸条放进罐子之前，记得另抄一份收好，方便日后对照，看哪些问题已经解决，哪些问题依然存在，以此判断是否需要延后开罐的时间。如果开罐后发现太多目标没有实现，那么时间胶囊也就失去了意义。

主动预防，还是被动反应

面对棘手的问题行为，你是主动预防，还是被动反应？两者的区别在于，一个是你控制着局面，一个是你被牵着鼻子走。主动预防是你预见到行为可能发生，于是明确行为的边界（怎样的行为才是可接受的），然后提前告知孩子你将如何处理："我们知道你喜欢去阿姨家玩，但你不可以砸弟弟的玩具，也不可以扔，之前你扔过好几次了。如果你还是那样做，就不能和弟弟在房间玩了，你只能在外面玩，我们会看着你。"

学会识别自己的被动反应行为，并意识到它们对你和孩子有哪些不良的影响。

- 因担心事态恶化而让步。这等于是在奖励孩子的行为。
- 因自责而让步。你可能觉得，孩子的不良行为是因为你自己本身做得不够好。事实或许的确如此。但现在是让孩子承担后果的时候，你的自省自新应该在这之前就已经完成。
- 反复警告。如果不采取任何后续行动，那么孩子很快就会明白，那些重复的警告不过是唬人的把戏。所以，给孩子一个明确无误的警告，如果他不为所动，则果断采取行动。
- 请求孩子听话。当时间、能量和灵感都耗尽枯竭的时候，我们大概都这样做过，比如贿赂，就是其中的一种操作。但这样做的时候，你已经将局面的控制权交到了孩子的手中。

关于自我检讨的更多思考

错误难免。即使我们出发点再好、再小心翼翼，也免不了各种失误，让孩子与成功失之交臂。但，是人就总会犯错，对人对己都宽容些，把错误当成一次学习，下次注意就是了。

- 不要总是怪自己、怪老师、怪治疗师、怪祖父母。告诉自己人无完人，然后，该干吗干吗去。
- 努力寻求解决之道。去参加培训，向人请教，通过大量阅读学习新策略，给孩子身边的工作人员提供更多有用的信息（不要想当然地认为他们一定比你懂更多）。

- 努力保持前后一致。在某些时刻，为了图省事，你会对孩子的不恰当行为放任不管。这种做法会让孩子觉得，那些行为只在某些时刻、某些场合或情境下不被接受而已。什么样的行为是不恰当的，在哪些场合不恰当，这些都是孩子自己无法解读的。想当然地以为他可以，只会陷他于失败的境地。只有你帮他设定明确的行为边界并一以贯之地坚持，才是对他最大的帮助。

  注意：一次只针对性地解决一到两个行为问题，你将更容易保持一致的态度。试图同时解决所有问题，对你的情绪情感控制是个极大的考验，孩子也会陷入经常挨批的状态之中。先集中解决最棘手的 1~2 个问题，等它们逐渐好转（一定会的），再开始解决新的问题。

- 提前计划好行为策略。在不良行为爆发时"随机应变"，只会纵容孩子的不恰当行为。

关于纵容行为的更多思考[1]

纵容行为的原因千差万别、因人而异。它们往往反映了我们自己的教养以及对育儿和行为管理的基本态度。如果说成年人（包括家长、老师和治疗师）的纵容行为有什么共同点的话，那就是他们这样做的时候大多是不自觉的，但恰恰是这种不自觉破坏了孩子获得成功的机会。Simply Good Ideas（*SimplyGoodIdeas.com*）是一家以教育者为主要对象的咨询和培训机构，它的创始人戴维·弗雷斯基（David Freschi）对于成人出现纵容行为的原因以及解决之道有着发人深省的独到见解。在他看来，纵容行为的出现主要有 5 大类原因：

1. 缺乏孤独症谱系障碍方面的知识以及教育谱系孩子的方法。
2. 对孩子及孩子的能力水平期待较低。

---

[1] 原注：改编自 "The Enigma of Autism Behaviors: Enabling Success & Finding Solutions, Part 2 – Parent Behaviors" by David Freschi. *Autism Asperger's Digest*, 2006 年 5-6 月。

3. 家校之间，在行为管理、语言与沟通、社交技能、感觉治疗等方面缺乏一致性。

4. 寄希望于奇迹或某种可以"治好"孩子的东西。

5. 对自己、他人或各种训练项目抱有不切实际的期待。

下面是成人阻碍儿童成功的一些常见方式：

想法和观念上的偏差：

- 他们在学校学习已经够辛苦了，在家的时候应该多休息。
- 瞧瞧她的眼泪！她已经连续尖叫 30 分钟了！看她如此痛苦，我心疼死了！
- 他的能力不行，因为他有孤独症。
- 这个已经教了 10 次（或 20/50 次）了。这都学不会，那他永远也学不会了，我放弃吧！
- 那个方法我已经试过一次了，没效果。这次我们换一个方法。
- 老师太严格了，她对孩子的要求太高了。

知识不够：

- 不懂行为管理的基本原则。
- 不懂区分哪些是孤独症行为，哪些是所有儿童在特定发展阶段都会出现的典型"问题"。
- 不了解孤独症或阿斯伯格综合征儿童特有的思维方式、看问题的视角以及社会性/情绪性障碍。
- 不知道哪些训练项目或方式方法对孤独症或阿斯伯格综合征儿童比较有效。
- 对自己的内疚感、无力感以及恐惧感缺乏了解。

其他原因：

- 家校之间在教育上缺乏一致性。

- 过多关注孩子的弱项,而没有着力发展他/她的长项。
- 家长之间在教育方法上存在分歧,缺乏统一的教学计划。
- 家长因孩子被诊断而陷入过度的悲伤和失落,从此一蹶不振。

如果以上任何一条言中了你的情况,不用太自责。但请你下定决心,开始警惕这些行为,并用新的、更有成效也更积极的策略来代替它们。弗雷斯基给出了以下这些实用的建议:

- 培养与年龄相称的行为习惯。14岁的男孩还在玩学前小朋友的玩具,22岁的大姑娘走到哪儿都带着她的芭比娃娃,这样的行为一定离不开成人的纵容,如果暴露在公共环境下,必然会影响同伴对他/她的接纳度。如果孩子实在喜欢这些东西,那么,逐渐将它们替换成与之相关的其他东西——尺寸越来越小、与年龄越来越相称。托马斯小火车可以逐渐替换成火车主题的书,进而变成钥匙串上的火车挂件。
- 支持孩子全力以赴。经过正确的训练,孤独症或阿斯伯格综合征孩子在实用生活技能方面可以获得相当的发展,家长们需要相信——发自内心地相信——他们可以做到,并鼓励他们独立自主,而不是依赖他人。这对家长而言,注定是一条坎坷之路,但也是必须要走的路。举个例子:学前班的拉尔夫已经在学校学习了自己用勺子吃饭,用小口吃、一口吃完再吃一口。但在学校组织的一次聚会上(家长也出席),妈妈像在家中一样,将他抱到大腿上,帮他切分食物,再小口喂给他。结果,接下来的三天,拉尔夫在学校用餐和吃点心时都闹了情绪。无论什么时候,都支持孩子全力以赴,发挥最高的能力水平,鼓励他独立完成力所能及的事。忍住各种包办代替的想法,避免孩子的行为发生倒退,即便有时"帮他做"确实更省力而快捷。
- 正确地看待事物。能力不是一朝一夕培养出来的,也不是几次就能练成的。新的治疗方法在显效之前,可能会先引发一段时间的混乱。将过去的错误留在过去,请放眼于未来。不要为鸡毛蒜皮的小事伤脑筋。

索尔最近的在校表现相当不错。他已经三周没有情绪失控,一个多月没去冷静区了。他的进步和不断实现目标的能力让老师们感到欣喜。但索尔爸爸却坚持要召开教学组会议,他认为,在教学计划实施的第一天,索尔的辅助老师在运用冷静策略时操作不当,有必要讨论一下——那已经是6周以前的事了。

芮妮正在接受ABA训练,她爸爸坚持要求训练人员每天记录她的进展情况。工作人员对此表示认可,认为这种做法很有价值。但他的诉求是要精确到训练的每一分钟,记录所有数据,还要分析并形成图表,每月与他讨论一次。他认为只有数据才能客观准确地反映孩子的进展情况。

记住你们的目标,将关注点落在总的进展趋势上,避免出现类似的家长行为。要意识到,进步不会是一条直线,它会有各种起落和进退。承认我们都会犯错,知道什么时候可以大而化之,什么时候必须揪住不放、毫不含糊。

- 不要把孤独症当成借口。肖娜有比较严重的行为问题,这种问题还常常会伤及周围的人,通常是她的任课老师或辅助老师。其实,肖娜的行为有一部分的确是因孤独症而起,但也不排除她有意为之,目的是控制、逃避和恐吓。她的IEP小组为此制定了一整套涉及行为、感觉和社交的十分周详的计划。每次实施干预后,妈妈接到学校的家校沟通日志,都会第一时间打电话找校长、向辅助老师盘问各种细节,最后总能"找到"肖娜行为问题的"元凶"——某人犯了某个"错误"。这样做非常耗时间(老师和妈妈自己),更严重的是,家校之间会因此而形成了一种相互对抗的关系。怎么做更恰当呢?就干预计划与校方达成一致的意见,然后提供各种支持;耐心等待干预的效果;认识到孤独症并非是肖娜行为的全部原因,她的性格和气质也是影响因素。不要将孤独症当成不恰当行为、懒惰和不作为的借口。

- 参与到计划之中。孩子的成功——成为一个成功的、幸福的、适应社会的成年人——需要学校与家庭之间的默契合作。孤独症孩子需要有机会反复练习刚刚萌芽的各种技能,反复学习社交和语言技能(虽然这些技能他们的同伴似乎不用学习就会了),而学校能做的毕竟有限,所以,家长必须当仁不让地冲在最前面,学着成为孩子最敬业的老师和权利保护者，随时在岗，全年无休。这意味着，家长要在家配合运用学校的教学方法，要始终如一地遵循行为管理的原则以及强化的方法，要永远保持警觉，发现并利用家中和社区中的一切机会实施教学。

小锦囊

要求只提一次。如果没有得到想要的回应，那就不要再说了，试试改用非言语的方式来提醒他。

只讲事实！

人际互动的复杂性会蒙蔽我们，让我们看不到情境中的真实状况。我们戴着情绪的面纱观察行为，想当然地揣测他人的动机和想法，于是常常判断失误。我们在描述孩子的行为、寻找行为原因的时候，也常犯这样的错。

下次，在你检视行为——孩子的、学生的、你自己的——的时候，记得退后一步，以观察者的角色，尽量不带情绪地观照整个情境，只用事实来描述你的观察所得：朱利安做了这个，我那样回应，他又做了那个，于是我又说了这个。只是这么一个简单的策略，却常常能帮你找到线索，看到事情何以那样展开、什么时候你的行为让孩子迷惑不解、什么时候你又纵容了问题行为的发生。

今天真不错

孤独症孩子非黑即白的思维模式很容易让他们对自己和自己的能力产生消极的想法：再小的错误，也会被他们无限放大；对规则有丝毫的违背，在他们眼里都是彻底的失败。消极想法又导致消极行为，造成或大或小的不良后果。而一般问题行为比较多的孩子，耳边的批评声又往往多于赞美声，如果他的境况也是如此，那么他只能愈加消极了。

- 多强调孩子、你自己和周围人的积极面，扭转他凡事易看消极面的倾向。
- 让孩子将当天发生的一件美事写下来或口述给你听。将美好的想法写进日志，引导孩子日后常常翻看，回想生活中的积极时刻。
- 家人在餐桌上聊天时也这样做：每个人都说一件当天发生的好事。
- 甚至更进一步：让孩子的老师在家校沟通本上写 1～2 件孩子在学校做的好事；家长自己也会写 1～2 件孩子在家做的好事。
- 告诉孩子，生活难免消长起落，让他意识到我们都会犯错，但即便犯了错，日子也照样过——忘记做回家作业，不必把一整天都毁掉；衣服沾了污渍，可以随它去。
- 用积极的语言"喂养"孩子，常常说出你的感受，多向孩子示范如何发掘生活里的积极因素。
- 全家参与社区服务组织的志愿活动。帮助他人本身就是我们积极生活的证明。

第四章
日常生活

不闻不若闻之,闻之不若见之,见之不若知之,知之不若行之。学至于行之而止矣。

——荀子

在成为家长的那一刻，你大概还没什么具体的目标。但既然成了家长，你就有了角色赋予你的目标：培养并引导孩子成为一个富于创造的、独立自主的成年人。你在孩子童年和青少年时期制定并达成的许多目标，都是为这个终极目标服务的。

孤独症不会妨碍孩子学习未来独立生活所需的各项技能，它只是改变了我们教授这些技能的方法和速度。

作为家长，我们要抛弃一个错误的观念，那就是学校会将孩子需要知道的一切全都教给他，让他成为富于创造的、独立自主的成年人。事实上，很多高中毕业生虽然很会考试或很擅长体育，却根本不会做饭，家里的东西出现小毛病也不会修理，还从不操心金钱的事。但我们要将这些实用的生活技能教给孩子，躬身践行，不厌重复，及时强化巩固，并长期坚持。作为家长，你没有捷径可走，只能全力以赴，相信凡事可为，并真的愿意为之努力。要警惕"这些问题我都不会处理""我没有时间""我讨厌做饭/打扫/收拾屋子"这些随时可能冒出来的想法，不要让它们阻碍你的教学；也不要习惯于将各种生活杂务交给别人去打理——吃外餐外卖、叫保姆钟点工，这些家务正是教学生活技能的好机会。

作为老师和其他相关教育人士，既然你们选择了现在的职业，自然也接受了同一个目标——引导孩子走向富于创造、独立自主的成年生活。好老师懂得让课程贴近学生，而没有什么比实用生活技能与学生更加息息相关的了。因此，将课程与现实生活相结合，是教学最重要的一环。你的学生会看地图、食谱、超市广告、选票和天气预报吗？能理解它们就是自己生活中的地理、健康、历史、社会和科学吗？

实用生活技能可以也应该从孩子的幼年时开始教，并随着孩子认知和体能水平的发展，逐渐增加项目和难度。这适用于所有孤独症儿童，而不仅限于"高功能"的孩子。根据孩子的能力水平，从小事做起，慢慢培养，待他/她自立自主之日，便是花开之时。

关于让孩子做选择的几个问题

每一分钟我们都在做取舍，我们每天所做的选择数量是惊人的。而我们大多已经习以为常。正因为有选择，也做出了选择，我们才实现了对生活的掌控。孤独症孩子的选择比普通孩子少很多，这会导致他们缺乏自尊、出现行为问题、不愿与身边的人和环境发生互动。

培养孩子或学生做决定的能力，关系到孩子责任感的发展（对自己、家庭、班级甚至更大范围）。选择机会多的孩子，对生活更有控制感，这种控制感会让他与周围人和环境产生更好的互动。

用积极正面的措辞给出选择，是一个最有效的策略。想让孩子做什么的时候，我们脑子里冒出来的往往是否定和命令——遏制行为问题、逼迫服从、指手画脚。但其实，即便必须做的事，你也要给孩子留有选择的余地，多给他几个选项（你能接受的），让他自己做出选择。在日常生活中，这样的机会有很多。

给选择，而不是威胁。要么听我的，要么拉倒，这应该不是真正的选择吧？如果孩子比较执拗，或喜欢对着干，那么他反而会产生逆反心理，宁可选择惩罚，也不要听你的，就看你到底来不来真的。这对谁都没好处。

不要说："吃早饭，不然你会后悔的。"
请说："你先要吐司还是苹果酱？"

给具体的选择。不要向孩子提开放式的问题，因为他往往很难回答那样的问题，就算回答了，没准你还是会对他说"不"。比如下面的例子，孩子完全有可能得到否定的回答：不行，这个东西家里没有了；不行，那件衣服你昨天已经穿过了！诸如此类。给孩子具体的选择，可以减少你们之间无谓的摩擦和损耗。

不要说："午饭你想吃什么？"
请说："今天你想吃芝士三明治，还是花生酱三明治？"
不要说："去穿衣服，只要是干净的，随便哪件都行。"

请说:"你可以穿小丑鱼T恤,或那件绿色开衫。"

给有自然后果的选择。"你可以轻轻抚摸小狗的耳朵后面。如果你戳它的脸,它可能会咬你或者抓你。"

给有人为后果的选择。"你可以去楼上你的房间或楼下客厅玩小汽车。如果你把它们从楼梯上扔下来,那我就没收了。"

给有幽默感的选择。让选择显得不那么强硬:

不要说:"你必须系上安全带,没得商量!"
请说:"今天你想当谁呢,海盗船长,还是黑暗尊王[①]?"

没得选择。"叉子只能用来叉你盘子里的食物,不可以叉其他。"孩子(是的,即使是孤独症孩子)会变着法儿曲解或违抗不喜欢的规则或选项,但出于现实或安全的考虑,有时你完全无法给他任何选择。这时,你要讲清楚你的立场,并且不容置疑:

- "在这种情况下,你没得选择,因为这样做很危险,你可能会受伤的。"
- "我不能让你那样做,因为那样对丹尼很不好。"(会给其他孩子带来消极后果。)
- "平时都是让你做决定,但这次你真的得听大人的。"

请时刻牢记,学习做选择和决定是一个长期的过程。光是给孩子选择是不够的,你还必须:

- 给孩子斟酌考虑的时间。尤其是当选择会带来不良后果的时候,要让他等一等,想想他到底想要怎样的结果。
- 给孩子一个信任的态度——让他知道,你相信他会做出好的选择。
- 肯定并感谢孩子做了好的选择,无论是二话不说就上车,还是将外套挂起来而不是扔到地上,或者,与别人分享他的玩具。

---

① 译注:海盗船长和黑暗尊王都系腰带。

- 提供的选项要符合孩子的处理能力。尤其一开始的时候，可能只是非常具体的二选一。随着决策能力的提高，逐渐增加选项的数量，或者将选项延伸到不那么具体的领域。
- 根据孩子的喜好（而不是你的），提供有激励作用的选项。如果你想让他吃早餐，却给他两个他讨厌的选项（你的最爱），那么你其实根本没有给他任何选择。
- 只提供真正的选项。乱用各种形式的"你想……吗？"是一个常见的教学错误。"你想去教堂吗？""你现在想写作业吗？"如果我们将这样的问题抛给孩子，本意却不是让孩子自己做决定，那么孩子会觉得我们的行为很不可靠，觉得他们只是偶尔才有选择权，或者根本没有。所以，请不要随便问他"你想……吗？"除非你真心想让孩子自己做决定，即使他回答"不"你也能接受——想或不想，都是这个问题的正确答案。

永远记住，你之所以要给孩子有意义的选择，是为了培养他的决策能力，而不是迫使他服从或改变消极行为。我们之所以反复强调这一点，是因为这是有效运用选择策略的关键。你也希望孩子能成功掌握这一技能。作为互动中的成人一方，你要创造条件，让孩子对在生活中做各种决定抱有积极的态度。不要因为你的选项问题而让孩子无从下手。

输赢不是一切

和孩子玩游戏时，要不要让他赢？辩论开始！反方：平时总是让孩子赢，孩子在和同伴玩时就容易输，这是害孩子丢脸；这样做还会让孩子觉得，重要的是最后能赢，而不是享受游戏的过程，所以，他们终究也学不会"有风度地输"。正方：和孩子相比，成人有天然的优势，让孩子赢才公平；如果孩子每次都输，就会失去信心，很快就不想玩了。还有暧昧的中间派：应该区别对待吧，比如，飞行棋之类靠运气的游戏，和跳棋或篮球之类讲究技巧和能力的游戏是不一样的吧？能不能偶尔让一下？多久让一次？如果发现他们作弊怎么办？

但这样的辩论其实毫无意义。如果孩子总是在输，那么一定是你没有选对游戏。

- 只选择与孩子的发展年龄（会与生理年龄有所偏差）相适应的游戏。当他具备游戏所需的能力后，即使你没有故意让他，他也会有相当的胜算。
- 选择运气型的游戏。从概率上说，孩子赢得这类游戏的机会与其他人是一样的。
- 你可以让孩子先出招或先走几步，并向他解释原因："这个游戏我玩过很多次了，但是你没有；为了公平起见，你可以先走，而且连走两次。"
- 选择那种无论输赢都很好玩的游戏。
- 玩"双打"游戏。孩子与另一个人（同伴或成人）组队参与游戏，游戏中与队友一起商量对策、一起做决定。队友不仅能起到引导示范的作用，还能自动弱化掉比赛带来的打击。此外，你还可以用这种方式，不动声色地引入那些难度稍高于孩子目前水平的新游戏。
- 玩合作式游戏。玩游戏的所有人都为了一个共同的目标而努力；比起竞争和胜负，这样的游戏更强调参与和乐趣。在网上搜索"合作游戏"，再结合孩子的兴趣，选出你们能玩的游戏。
- 如果一本书不好看，你就没必要坚持读完。同理，你也不必因为游戏已经开始，就一定要玩到底。如果孩子累了、没兴趣、屡受挫折，或存在其他任何状况，使游戏不再好玩，那就索性不玩了。埃伦家在玩拼字游戏的时候，很多次就是"有始无终"的，最后，他们开始吐槽各自拼出来的烂词，造出很多奇词、怪词，将字母一个个扔回盒子，然后，他们会去厨房吃冰激凌——无论哪一样，似乎都比拼词本身更让他们开心。

等一下？

当你向孩子或学生提出要求时，他们可能会这样回答你："等一下！"这时，你会想当然地认为他不想做这件事，只是拖延时间而已。但在孤独症的世界，我们不作兴任何的想当然。我们说行为即沟通，所以，我们要探究孩子通过行为要表达的究竟是什么。"等一下"的确有可能是在拖延，但也可能是在表达一种合理的诉求——他需要更多的时间来处理信息，即理解你的话并计划如何按照你的要求行动。

你也可以通过问话，判断孩子是在拖延还是真的需要时间："为什么要等一下呢？"语气平和，不带情绪。如果问题在于拖延，那么经你这么一问，孩子可能就会回到任务中来了。如果问题在于信息处理，那么他可能会告诉你："我找不到鞋子了。""我不懂你的意思，你要我做什么？"如果是有语言障碍的儿童，他可能什么也说不出来，那么你要观察他的行为，从他的举手投足间发现更多的信息："你是不是找不到鞋子啦？让我们来想想，你上次穿是什么时候、在哪里？"

通过游戏发展技能

在玩中学对大多数孩子来说都是最有效的学习方式，所以说，游戏并不只是好玩而已。选择对的游戏，将有助于你根据孩子的个别化需要，有针对性地发展他的技能。这本书里提到了很多玩具和游戏，但我们无意于推荐品牌，所以，下文涉及的所有产品都没有品牌意义。我们的目的，是向你展示一个孩子可以拥有多少种不同的技能。对孤独症儿童而言，这些技能很多都有难度。好在，我们可以用很多有趣的方法来训练孩子。

精细运动技能：写字、穿衣、梳洗和用餐都需要用到此类技能。提高精细运动技能的游戏和活动包括：

- 洞洞插板（peg boards）
- 豆袋／沙包
- 拼图
- 用镂空模板拓印
- 用镂空模板画几何图形
- 多米诺骨牌，可以玩点数匹配，也可以挑战码放和推骨牌（300块或更多）
- 弹珠游戏

- 抓子游戏（Jacks）①
- 挑小棒游戏
- 玩黏土或橡皮泥，尤其是仅运用指尖的玩法，比如，揉搓小豆粒
- 剪纸偶或其他剪纸活动

视觉聚焦与视觉运动：与肌肉一样，眼睛也会因过度使用而疲劳甚至劳损；与肌肉一样，眼睛也可以通过训练变得更有耐力。而流畅的眼球运动则是进行阅读等专注活动必不可少的基础。可以提高眼部运动和眼部控制的活动包括：

- 在打了孔的卡片上穿线
- 打乒乓球
- 抓子游戏
- 拼图
- 玩音乐键盘
- 在电脑键盘或打字机上打字
- 连点成画（连连看）

空间关系：相对于典型发展儿童，孤独症儿童对于周围环境的意识是比较薄弱的。我们可以用各种培养空间定位能力的游戏和活动来帮助他们认识与距离、大小、方向（上下、左右）和位置（上下、前后）相关的词汇以及概念，理解我们这个三维的世界。

- 搭建模型
- 搭积木（最好是由多种形状组合而成的套装）
- 乐高积木套装
- 武术（跆拳道、空手道、踢拳等）

---

① 译注：抓子游戏（Jacks）是一种抛接游戏，将 10 个"子"（即 Jack，塑料或金属的小件）在面前排开，把塑料小球往上抛，在球落下前抓起子并接住球。第一轮 1 次抓 1 个子，第二轮 1 次抓 2 个，以此类推，直到 1 次抓起 10 个。

- 地形图或地形造景
- 拼图，包括普通拼板拼图和三维立体拼图
- 常用木工或金工工具箱整理
- 折纸活动，包括折纸飞机、做立体卡片等
- 看地图、走纸上迷宫、看建筑蓝图等

小锦囊

如果孩子有运动协调障碍，那么在玩某些操作类游戏的时候，可以给游戏机换上电量不足的电池，以放缓其运转速度。

没事，画墙上去

既然她无论如何都想画，何不给她一个地方，让她画个够？在她的房间、游戏室、厨房或其他任何合适的地方，找一面平整的墙，涂上黑板漆（卖油漆的地方大多有卖）。如果没有整面的墙壁，也可以在小块的平面上喷漆，将它们变成画板（比如桌面、地板或其他平整表面）。

缓解分离焦虑

莎士比亚将分离称作"甜蜜的忧伤"，但对担惊受怕的孩子和强忍泪水的家长来说，分离可能是一天中最难挨的时刻了。下面这些方法，有助于你更加顺利地将孩子送进学校或托儿所：

- 如果你打算将孩子留给新来的临时保姆或送去新的幼儿园，那么要提前安排孩子与她见面或去幼儿园参观。如果你们之前从未分开过，那么，提前找一个可靠的人，进行短时间的分离练习——将孩子留给她信得过的一个成人，你离开10分钟，10分钟后准时回来。之后，逐渐拉长分离时间，但以孩子能接受的节奏为度，而不是按照你的节奏来。

- 善用孩子超级敏感的嗅觉。在她上衣的领口内侧擦一点你平时用的香水、洗发水之类的东西。在与你分开的时间里，她可以不时闻一下，熟悉的气味会让她感觉你就在身边。也可以让她穿上你穿过的T恤、毛衣，上面也会留有一丝你的味道。
- 用小影集来描述孩子的一天：起床、吃早餐、坐校车、上课玩游戏、回家见到妈妈、晚餐、睡觉。她可以将相册带去学校，放到属于她的储物格或书包里，在感觉焦虑的时候拿出来翻看。
- 如果孩子有特别喜爱的卡通人物，可以跟她讨论这个人物会怎样度过学校的一天。朵拉会做什么？也许孩子会列出一长串她会做的趣事，或想到她可能会尝试哪些勇敢的事，比如从跳板上跳入水中、坐校车或在高低床上睡觉等。
- 将你的照片放入挂坠盒或做成其他式样的挂件，让孩子当成项链挂在脖子上，需要时拿出来看看，以获得视觉上的安慰。
- 一定要吃早餐。在饥饿、劳累、生病或其他压力情况下，孩子更容易感到焦虑。

小贴士

早餐可以吃任何有营养的东西，如果晚餐可以吃比萨、猪排、意大利面、花生酱，那么早上一样可以吃。肠胃是不分早晚的。

- 不要规劝、责备、训斥或嘲笑孩子。（想想自己焦虑的时候，这些方式有用吗？）也不要将成人的逻辑强加给孩子。
- 分离焦虑的确给你和孩子带来了莫大的痛苦，但是，大多数家庭不都挺过来了吗？也许这样想会让你获得一点振作的勇气。当然，如果孩子的分离焦虑特别严重，并且在相当长一段时间后依然没有改善，或者影响到了你们的日常活动，影响到了孩子的饮食或睡眠，那就需要更进一步的关注了。和孩子的照料人或老师一起，讨论可能存在的问题。如果孩子有恐慌、呼吸局促、恶心呕吐等症状，或总是做噩梦，梦见自己走丢或被遗弃，就需要去看医生了。

让理发变愉快的小妙招

理发店有很多地方给人的感觉很像医院或牙科诊室：奇怪的家具，吓人的工具，陌生的化学气味，以及可能漫长而焦灼的等待。如果去理发会让你的孩子痛苦整个下午，那么你需要为此做一些调整，我们建议你：

- 不要使用"剪头"、"剃头"这些词，因为它们可能会让孩子产生比较痛苦的想象，可以说把头发弄短、修一下、理一下、做个发型之类。
- 妈妈或爸爸可以提前去理发店跟理发师沟通，确保理发过程中大家都尽可能保持愉快。能不能把孩子安排在比较安静的角落？或者离水池远一点，远离人来人往？与理发师分享孩子的各种趣事，他最喜欢聊的话题、最爱看的电影、最喜欢的玩具等。还可以拍一张理发师的照片，带回家给孩子看。同时也给理发师打好预防针，告诉他/她到时候可能会发生什么、应该以及不应该怎么反应、什么时候需要让爸爸妈妈介入，等等。
- 典型的理发座椅是可以调节高低和四面转的，孩子坐在那样的椅子上，脚够不到踏板，很容易引发前庭觉的问题，而且那样的坐感实在像极了牙科诊室的椅子。请理发师换一张稳定的座椅或凳子，并准备一个高低合适、结实的脚凳。如果座椅实在太大，可以在周边塞上靠垫，或在孩子腿上放一个靠垫。
- 请理发师将卷发器、剪刀、吹风机等暂时用不着的工具收起来。闪亮的金属器械可能会让孩子产生看医生或看牙科的联想。如果孩子无法忍受理发围布的气味或质地，那就不围，可以用柔软的毛巾代替（必要的话，可以自备）。
- 要求孩子理发时背对着镜子。看到剪刀或推子在眼睛和耳朵边晃来晃去，可能会让孩子感到害怕。
- 带塑料把手或把手上有包层的剪刀、塑料梳子等有助于减少金属工具的闪光。
- 请理发师将理发时间安排在一天中最空闲的时候，并且在理发时调低或关闭头顶的音响。要求理发时间足够充裕，不要让孩子有被催赶、催促的感觉。同时，在给孩子理发的时间里，附近不要有使用刺激性气味药水的顾客，比如烫头发的顾客。

- 在预约理发的时间时，要避开孩子容易疲劳（一天结束时或午睡前）、肚子饿（午饭前）、不开心（会错过他最爱的电视节目）的时候。

- 提前电话确认理发师准时在岗、一切准备就绪，确保你们去以后不用等很久，以免孩子产生焦虑情绪。

- 给孩子一个手持式游戏机或一本书，分散他的注意力。

- 要求理发师在理发前用浅白的语言给孩子简单介绍一下接下来她会怎么做："我会先在你的头发上喷一些水，再梳一下，然后开始梳理发型。"很多孤独症孩子无法接受往头发上喷水，如果你家孩子也是这样，那么请理发师先将水喷在手上或梳子上，再抹到他的头发上。她也可以先问问孩子，能否将水喷到他的胳膊上，作为演示。（无论孩子回答什么，都予以尊重。）我们最喜欢的理发师就很有一套，为了缓解孩子的紧张情绪，她会让孩子先往她身上喷水，孩子别提有多喜欢了。

- 很多孤独症儿童都不能忍受电推子的嗡嗡声。任何东西，只要它会让孩子产生从椅子上起来的冲动，或躲缩到一边，或不停扭动，都有潜在的危险，都可能会伤及孩子稚嫩的耳朵、眼睛和颈部。如果是这样，改用剪刀或手动剃刀。

- 如果孩子有兴趣，理发师可以在理发前演示一下理发工具的使用。比如，她可以在自己的胳膊上试用电推子（带着安全装置），让孩子看到它不会划伤皮肤。也可以从家带一个毛绒玩具或洋娃娃，让理发师先在玩具上做演示。家长还可以用这个玩具给孩子提供视觉提示，即当理发师给孩子发出指令，比如"头往右转""下巴低下去"时，用玩具示范出相应的动作。

- 让理发师先给孩子理前额、两边以及后颈的头发，这样，即使后面状况变糟，其余部位来不及理，也不会出现发型左右不均的情况。我们的理发师称之为"消防员头"，因为她去消防站给消防员理发就是这样处理的，因为警铃随时可能响起，消防员要时刻准备出发。你家不爱理发的小伙子也许会愿意"像消防员那样"，好好坐着理完发也说不定。

- 提前确认理发店是否提供小吃或奖品。如果这些东西不适合给孩子（含糖或致敏），那么提前交代不要给孩子，或者要求换成其他物品（比如贴纸）。
- 随身带一件干净衣服去理发店。剪下来的碎头发粘在领圈上，可能会让孩子烦躁难忍。
- 买一个便宜的二手娃娃，让孩子给娃娃理发。如果他还不会用剪刀，那就假装在理发。去理发之前，不妨让孩子在家多多演练。
- 最后，如果孩子无论如何都不愿去理发店，那么打听一下是否有理发师能提供上门服务。很多理发师都是可以的。也有理发师会在自己家中营业，大多数情况下，你和孩子会是那里唯一的顾客，这样很便于你和理发师更好地控制环境，使之更切合孩子的需要。

让孩子洗头的小妙招

说到洗头，即使再好脾气、再愿意洗澡的孩子，可能也会忙不迭地躲避。完成这个必不可少的日常梳洗任务经常免不了一番苦斗。但你也可以采取一些措施，减轻洗头过程给孩子带来的不适感：

- 水流到脸部会给人一种异样感。给孩子用上耳塞、护目镜、潜水面罩之类的防护装置（泳镜、面罩不仅能防水，还可以正常睁眼，对于恐惧未知事物的孩子，是一种很好的安慰）。
- 放一浅浴缸水，让孩子躺在里面，仰着洗头。这样的好处是没有任何东西会干扰孩子的视线。
- 洗头时让孩子穿上衣服（平时的衣服、泳装或睡衣，让他自己选）。湿衣服的加重感可以丰富孩子的本体感觉。也可以用湿毛巾或湿毯子。
- 减少洗发水的用量，以缩短冲洗时间。
- 如果使用杯子冲洗，告诉孩子需要冲几杯，然后一杯一杯地数。确切地知道煎熬什么时候结束，有助于孩子顺利渡过难关。
- 用杯子冲洗时，注意轻轻拿住杯子，对准头皮冲水，但不要碰到头皮。

带突嘴的量杯可以更好地控制水流的方向。

* 市面上的洗发水香味大多很浓，即便是儿童配方，对孩子来说可能也过于刺激。请选择无香、低致敏性的品种。
* 不一定每次洗澡都洗头。每周洗 1～2 次头，对大部分孩子来说已经足够；知道不需要频繁洗头，也能减轻孩子的抗拒心理。
* 湿发前先试好水温，避免过凉或过烫（以孩子的体感为准，而不是你的）。从瓶子挤出的洗发水要在你手上适当揉搓，不要直接抹到孩子头上，避免洗发水过于冰凉，而且黏稠的液体沾在头上也会让孩子心烦意乱。
* 如果孩子不喜欢你涂抹洗发水后的揉搓和按摩动作，那么问问他是否愿意自己来。
* 试试使用洗车海绵来打湿和冲洗头发。中间清洗头发的时候，可以让他玩海绵分散注意力。
* 如果你使用的是手持式的喷瓶或喷壶，不妨让他拿过去喷着玩，比如喷喷你，不过是水而已，对吧？加一点小玩小闹可以让洗头过程更加顺利。
* 在开始洗头前做好一切准备。可以列一张物品清单，一一核查：洗发水、干毛巾、盖脸毛巾、护目镜 / 洗发帽等。家长手忙脚乱，会让孩子更加焦虑。
* 如果孩子喜欢把瓶子里的东西倒出来或吞下去，那就将洗发水从普通的拉盖瓶或旋盖瓶中转移到有锁定功能的按压瓶中，不用的时候收起来，别让他看见。
* 选用其他洗发产品：比如干洗剂，喷一喷梳一梳就好，或者免冲的洗发剂，抹在头发上，打出泡沫后直接用毛巾吸干即可。网络上很容易找到这样的洗发产品。

剪指甲

和理发一样，避免用"剪"这个字眼。可以跟他说，指甲需要修短、修理一下之类。此外，你还可以：

- 每次都在洗澡后剪指甲，因为此时的指甲比较柔软。
- 无论手指、脚趾，如果孩子不能忍受一次性全部剪完，那么可以每天一个轮着剪，当成睡前的一个习惯。慢慢地，增加到每天剪两个、三个……
- 尽早开始教孩子自己剪。
- 将手指固定在硬物的表面，比如靠在柜台、桌子、书本或膝盖的边缘，会更便于修剪。
- 动员爸爸或兄弟姐妹都来修理指甲，大家一个个轮着来。
- 在修剪的同时，和孩子一起背诗、背儿歌、讲故事，还可以将他平时最喜欢的歌曲改编成应景的"修指甲之歌"。
- 趁他正在看喜欢的电视节目时修剪。
- 孩子也许比较愿意用指甲砂挫比较细的一面打磨指甲。打磨指甲还有一个优点，就是不会像指甲钳那样留下锐利的小尖角。但孩子的指甲长得特别快，可能几天就要磨一次。
- 在网上搜索其他的适应性修甲小工具。有的婴幼儿指甲钳会加装一个小的放大镜，让你尽量避免剪到宝宝娇嫩的皮肤，还刻意做大钳口，更方便操作。有的指甲钳会有一个塑料套子，孩子将手指伸进面板的卡槽中就可以直接开剪，而不会看见里面的钳口。还有的指甲钳会有一个塑料的安全保护装置，在底下还有一个安全指环，方便你修剪时稳住指甲钳。
- 如果以上方法都行不通，那就等孩子睡着以后再修剪。

就吃一口 ①

2004 年，洛莉·恩斯伯格（Lori Ernsperger）将这句可怜巴巴的话用作了一本书的书名（*Just Take A Bite*），激起了许多家长的共鸣。恩斯伯格博士是孤独症和行为咨询领域的专家，这本书是她和另一位儿童作业治疗师塔尼亚·斯

---

① 原注：改编自 presentation by Lori Ernsperger (Utica, NY. 2004) and also contained in *Just Take a Bite: Easy, Effective Answers to Food Aversions and Eating Challenges* by Lori Ernsperger, Ph.D. and Tania Stegen-Hanson, OTR/L. Future Horizons, 2004。

特根-汉森（Tania Stegen-Hanson）合著的。关于应对孩子的厌食问题和饮食障碍，她们的建议如下：

- 准备一个书面的用餐时间表，包括点心时间。孩子只能在这些规定的时间内进食。
- 每餐必须提供一种孩子喜欢的食物。
- 两餐之间限制牛奶和果汁的摄入。
- 全家人一起用餐。
- 不强迫孩子吃东西。
- 每餐定量，分量要与孩子的年龄相符。
- 让孩子一起做饭、准备食物。
- 每天带孩子认识新的食物。这种教育要延伸到用餐时间之外，给孩子营造一个食物丰富的环境。
- 用餐时，为避免孩子产生重力不安全感，让孩子双脚踩实（双脚着地或踩在脚凳上）。

你知道吗？

很多孩子有"新事物恐惧症"（neophobia）——惧怕一切陌生事物，常见于 2～6 岁之间。这也能在一定程度上解释，为什么这个年龄段的孩子比较容易抗拒尝试新的食物。

小锦囊

如果你家孩子日常饮食中的果蔬摄入量没有达到推荐的水平，那么你可以试着将蔬菜和水果做熟后打成泥，混合到其他食物中去：将西兰花泥加到意大利面酱里，红薯泥或苹果酱加入煎饼中，西葫芦酱加入巧克力蛋糕中（可以向埃伦要配方），蔬菜泥加入肉饼或浓汤中。

餐具的适应性调整

口腔运动或精细运动控制力差也会导致进食困难，所以要对餐具进行一些适应性的调整。

- 在网上（比如 ElderStore.net）搜罗一些加重的餐具，带旋转接头、可扭动手柄的餐具，以及其他各种便于用餐的工具。另外你还可以买到：加重杯子、尖嘴杯（成人版鸭嘴杯）、双耳隔热杯等。
- 自己改造餐具，使之更便于抓握：将餐具的握柄插进泡沫或塑胶小球里，或者在握柄外套一层橡胶管或包管子用的隔热泡沫。
- 为防止餐具滑动，可将孩子的碗盘放在有泡沫底的塑胶餐垫、湿毛巾或粗质地的抽屉衬纸上。
- 或者，在孩子专用的碗盘底下加装一些防滑装置，比如软木垫片、浴缸防滑贴或小吸盘等。
- 用盒子或电话黄页本垫高孩子的碗盘，缩短餐盘到嘴巴的距离。
- 让孩子跨坐在长凳或长条靠垫上，也有助于其提高对上半身的控制力。这样坐着的时候，孩子的双脚或双膝是稳定贴地的，所以，最好配用低矮的小桌子。

注意：这样做意味着家人间不能同桌吃饭了。如果你无法接受这一点，请想一想你的目标。你想让孩子学会自己吃饭、实现独立自主，还是更愿意全家人一起用餐，共享天伦？无论做哪一种选择，都是没有问题的。而且无论哪一种选择都是暂时的，在你的耐心教导下，这两件事终将合二为一。

应对挑食

很多孤独症孩子都挑食，而一般应对挑食的方法对他们往往还不管用。埃伦说，就算她拿出西兰花"森林"或葡萄干笑脸三明治8000次，她的儿子还是会一脸蒙："这是西兰花呀，你干吗玩弄食物？"

如果孩子因为过于挑食而出现了营养方面的问题，那么他有可能存在比较严重的感觉问题或生理问题，你必须先解决这些问题。但如果他只是口味挑剔，或者，在作业治疗师的帮助下，通过常规的脱敏治疗，他的感觉问题可以得到改善，那么你可以试试下面这些建议：

- 像平时学习新东西一样，将饮食和认识食物当成一门功课，从孩子的兴趣点切入。可以选一个她喜欢的口味、口感或颜色，让她和你一起，围绕这个口味或颜色制作出各式各样的食物，比如：
  - 柠檬餐：加了柠檬腌泡汁或柠檬酱的鱼肉、鸡肉、意大利面，加了柠檬汁的罂粟籽蛋糕或快手面包，柠檬派、柠檬冰沙、柠檬汽水等。
  - 橙色餐：三文鱼、红薯、胡萝卜、桃子、哈密瓜、南瓜派、香橙冰糕等。
- 孩子最后吃不吃这些做出来的食物并不重要。之所以让她参与制作这些食物，是为了拓展她的意识，让她知道，她是可以吃各种各样的食物的。一开始，对某些孩子来说，能和陌生食物共处一室已经是很大的进步了。
- 有些孩子，如果允许他以自己的节奏去接触、去探索，是愿意尝试新食物的。我们认识一位小伙子，他本来不吃鸡蛋，但经过几周的接触体验——触摸煮熟的鸡蛋（温热时、变冷后）、涂画复活节彩蛋（并砸开）、剥蛋壳、分离蛋白蛋黄、将蛋黄滚成小圆子等——居然开始吃了。当然，要明确规定哪些地方可以用来探索食物，哪些地方不可以，比如，只能在屋外，或者在饭桌上绝对不允许，等等。
- 以孩子爱吃的食物为引子，牵出其他各种相关的食物。如果他爱吃汉堡：
  - 从外面的餐馆收集各种汉堡菜单，跟孩子讨论这些不同的品种——蘑菇汉堡、芝士汉堡、素汉堡等。
  - 问问朋友和家人，喜欢什么口味的汉堡，将答复记下来，甚至还可以画一画口味分析图。
  - 去网上查阅与汉堡相关的知识：是谁发明了汉堡？有吃汉堡的吉尼斯世界纪录吗？全美国一年吃掉多少个汉堡？汉堡名人堂在哪里（真的有哦）？

- 设计一周的菜单:每天晚上将汉堡作为主食,但孩子必须想出其他的配菜。(他不一定吃,只是构思。)你可以抛砖引玉:炸薯条、蔬菜沙拉、烤豆子,然后,让他想出更多的方案来。他没准会说出相当惊艳的想法,当然,也可能有些稀奇古怪,但无论如何,你最终都要按照他的建议做出来。
- 通过调制各种非食物配方,激发孩子对厨房活动的兴趣。当他知道自己不用吃下这些东西时,也许反而比较乐于动手。可以调配的东西包括:泡泡水、面膜、干花香包、狗粮、橡皮泥或黏土、肥皂、浴盐等。

特殊饮食:家庭烹饪合作社

如果你家孩子正在接受 GFCF(无麸质、无酪蛋白)饮食,那你当然知道这样的特殊饮食多么费时费钱了。多个家庭合作烹饪是一个不错的选择,不仅能满足孩子的特殊饮食需要,还特别经济实惠。

所谓烹饪合作社,就是几个家庭联合起来,每家轮流批量制作所有社员家庭需要的食物。典型的合作社大概由 4 个家庭组成,每个家庭每周负责一天的晚餐制作,并负责送餐上门。这样,每个家庭每周只需制作一次,就可以吃到四次特殊饮食。当然,你们可以根据自己的合作情况,制定自己的操作规则。这里有一些建议,希望可以助你们一臂之力:

- 不一定交换整套餐食,而是各家分工合作。比如,第一家负责无麸质面包,第二家做饼干,第三家做汤,第四家准备含蔬果的配菜。
- 如果你们觉得一周交换一次太过频繁,那么也可以两周一次、每月一次或每季度一次。
- 确定一份所有人都认可的食物清单或菜单。大家一致同意是很难的,所以你们得坐下来仔细商议,在尽可能糅合各家孩子的口味和喜好的基础上,想出尽可能多的菜品来。
- 议定各种菜品的分量。

- 拟定送餐时间表。
- 议定菜品更新和淘汰机制。提前约定，对于更新，不管赞成与否，都务必保持礼貌和友好的态度。
- 从大家的餐费中拿出一点钱，购置新菜谱。
- 轮到你家做饭的时候，让你家孩子一起参与。你可以很自然地聊起他的饮食，告诉他为什么要这样吃。学会选择适合自己的食物、制作健康的饮食，可以说是一项最重要的生活技能了。
- 如果菜品适合冷冻保鲜，那就再好不过。有些合作社只交换冷冻食品。
- 合作社成员通常不在一起用餐，但也许你们会享受偶尔聚餐的时光，因为那时你们可以放松警惕，不用担心孩子会吃不该吃的东西了。

让孩子不再抵触刷牙

牙医告诉我们，刷牙不一定要刷整口牙，可以只刷几颗需要重点保护的牙。口腔防御性高的孩子很难容忍异物入口，或者受不了口腔里有任何侵入性的触觉或味觉刺激。为了这些刷牙困难分子的健康，你必须想办法让他们刷牙。

- 记住，刷牙是为了除菌，而牙刷不过是除菌的一种工具。它不是唯一的工具，也没有固定的标准。你可以尝试：
  - 有造型、有曲度的牙刷。
  - 不同形状的刷头。
  - 不同软硬度的刷毛（大部分孩子以及大部分牙医更喜欢软毛）。
  - 完全不用牙刷。用纱布或毛巾包住一根手指，蘸一点牙膏、漱口水或直接用清水（如果孩子只能忍受清水的话）擦洗。这种方法也能除去大量的细菌。
  - 电动牙刷。很多孩子喜欢电动牙刷的震颤感，当然也有孩子觉得无法忍受。
  - 适应性牙刷。比如 Nuk 有乳胶训练牙刷、按摩牙刷，Collis-Curve 的曲毛牙刷可以同时刷到牙齿的三面（*Colliscurve.com*），而 TimeMachine 的 60 秒定时牙刷，则可以同时刷到上下排牙齿的六个面。网络上可以买到这样的牙刷。

- 用温水刷牙，降低牙齿的敏感度。
- 可以试验各种牙膏的黏稠度和口味，找到孩子最能接受的那一种。膏糊质地也许有些太过粗粝，啫喱则可能刚刚好。还要记住，比起选用哪种牙膏，掌握恰当的刷牙技巧才是更重要的事。正如一位洁牙师所说："起作用的是刷的过程，而不是牙膏。所以，别再纠结牙膏的事了。口味和起泡程度也往往是成人的喜好，孩子反而不会那么在意。"
- 如果你家孩子对食用色素、人工甜味剂和其他添加剂过敏，那么要注意，市场上常见品牌的牙膏很多都含有这些成分。美国食品药品监督管理局并不要求制造商在牙膏包装上标明这些成分，但只要膏体带条纹、蓝色斑点或发粉色柔光，那么你该知道它一定是含有色素的。你可以去健康食品专卖店购买天然的植物草本牙膏，很多这样的牙膏，比如 Auromere 牌牙膏，都含有"牙刷树"——印度尼姆树和皮鲁树——的有效成分。
- 如果一次性刷净全部的牙齿超出了孩子的忍耐极限，试试分次刷。先刷下排牙齿，2 分钟后（也可以 5 分钟或 10 分钟）回来刷上排牙齿。必要的话，还可以分得再细些。
- 可以在刷牙时唱一首儿歌。儿歌不要太长，最好是歌唱完，牙也刷完，孩子就知道刷一次牙需要多久了。推荐歌曲：《宾果》(Bingo)、《山谷里的农夫》(Farmer in the Dell)、《老麦克唐纳》(Old McDonald)、《五只小鸭》(Five Little Ducks)、《划呀划呀划小船》(Row, Row, Row Your Boat)、《一闪一闪小星星》(Twinkle, Twinkle Little Star)。
- 用视觉化的图表显示刷牙的步骤，将图表贴起来，给孩子一个参照，以此培养他的独立性和自尊心。
- 大部分孩子都需要大人的协助，才能把握恰当的刷牙角度和刷牙动作，有效地清洁牙齿。你可以像牙医那样，站在孩子身后辅助他。让他将头靠在你的身上，如果感觉坐下更顺手，也可以让他坐下。教他拿住牙刷，刷毛与齿龈线呈 45°角，打着小圈运动刷头（旋转运动，而不是上下运动）。做好心理准备，这样的协助最迟可能要持续到孩子 10 岁左右，因为很多孩子要到这个年纪才能发展出足够的手部灵活度。

- 在刷牙之后安排一个轻松愉悦、孩子也期盼的活动，比如亲子阅读或听音乐。

牙医是你的好朋友

刻板印象一旦形成就很难消除。提起看牙，大家就会觉得恐怖、害怕，能免则免，总之是一种折磨。这种刻板印象完全要不得。21 世纪了，虽说"无痛牙科"的理想状态还没有 100% 实现，但现在的诊疗方法和手段已经让看牙变得足够轻松和舒适，即使对孤独症儿童来说也是如此。不可否认，牙科诊室里的确充斥着数不清的感觉刺激因素，但如果你能挑选到符合孩子个别化需要的医生，各种检查什么的就会变得稀松平常，几乎不会影响到你们的正常生活。

所以，不要觉得反正要换牙，乳牙的问题可以暂时不管，等孩子大一点再去看也不迟。乳牙不只是来临时"代班"的，它们的价值不容小觑。乳牙关系到孩子语言的发展以及咀嚼能力的发展，后者是养成良好的进食习惯的必要条件。而口腔卫生无论在哪个年龄都至关重要。2007 年就曾出过一个令人心痛的新闻事件，一个 12 岁的男孩死于牙龈脓肿引起的脑部感染。

准备这一部分内容的时候，我们联系了孤独症儿童的家长以及给孩子做治疗的牙科人士，请他们分享他们的故事和想法。我们收到了来自世界各地的回复。这些回复散发着满满的正能量，有些经验甚至来自公共医疗的环境（在这样的环境下，家长是无法自己选择医生的）。有时你需要多尝试几次，才能碰上适合孩子的好医生；这个家庭觉得好的医生，也并不一定适合另一个家庭。下面这些想法和建议就是这些家庭的切身体验：

- 去看儿科牙医。比起普通牙医，儿科的牙医更可能受过专业的儿科训练，也接诊过更多的特殊需要儿童。他们的诊室是为儿童量身打造的，有些诊室甚至会在某几天专门接待特殊需要儿童。
- 如果你觉得自己的牙医还不错，那就问他是否愿意诊治你的孤独症孩子。

如果回答比较勉强或有所保留，再问问他能不能帮你推荐合适的人选。
- 向其他家长打听。一位洁牙师告诉我们："（在美国）即使小镇里，也总有一两位牙医，会'承包'本地所有特殊需要儿童的牙科诊疗服务，一是因为他们专业素质过硬，二是因为其他牙医和家长们的推荐。"

根据家长们的反馈，牙医及相关人员会采取一系列的便利性措施：

- 牙医会准时接诊，不会让孩子在候诊室等太久。
- 牙医及其助理团队动作麻利又温和有礼，从不强迫孩子做任何事。
- 惧怕牙科椅是一个普遍的问题。有些医生会让孩子躺在你或助理的怀里。一位妈妈告诉我们，她的牙医为了给孩子洁牙，甚至和孩子一起躺到了地板上，因为那是孩子唯一能够接受的方式。埃伦的儿子是在医生的办公椅上接受治疗的。
- 牙医会在孩子情绪失控前及时结束治疗，如果尚有治疗任务没有完成，会另外安排临时的预约。
- 牙医允许客户随时到访，帮助孩子熟悉适应牙科椅。
- 牙医会提供视频设备，有的可以拿在手上，有的挂在墙上（有的孩子很喜欢，但也有的孩子会很烦）。也有牙医会提供耳机，让孩子听音乐或有声书。
- 牙医会提供加重的铅毯（作为安抚工具）。
- 进行 X 光拍摄的时候，牙医助理会找准位置，一次性拍摄成功，避免上下颌分开拍摄。
- 必要的话，牙医会给孩子服用比较温和的镇静剂。
- 牙医会提前告诉孩子她什么时候会碰他以及如何碰他。

其他建议：

- *Hiyah.net* 网站上有专为语言发展迟缓儿童开发的免费教育软件，其中有个版块是"去看牙医"，需要的话，可以下载来用。
- 选一个愿意陪孩子慢慢适应看牙过程的牙医。在孩子接受正式的牙齿保洁或检查之前，先让他一点点适应：第一次，进诊室看一看；第二次，跟牙医打个招呼；第三次，让牙医看一下口腔；第四次，在诊室刷一次牙；第五次，看牙医给其他孩子洁治牙齿……
- 在看牙前接受一定的深度压力刺激：用震动牙刷刷牙，戴贴头的帽子，穿紧身一点的裤子，或穿一件加重背心，还可以在进大楼前撑着车子或墙壁做几个简版的俯卧撑。
- 将看牙过程拍成照片，连缀成完整的故事：牙医、牙医助理、候诊室（有的地方还有玩具室）、牙科椅以及最后露出的灿烂微笑。
- 在预约前，与孩子一起决定看牙的时间。
- 不要选孩子状态不佳的时间去看牙，比如疲劳、饥饿或可能出现各种身心不畅快的时候。
- 不要提前一周就告诉孩子要去看牙，以免孩子的焦虑情绪在一周内持续发酵或从同学伙伴那里听到更多关于看牙的负面消息。在预约的当天，告诉他要去做个检查，就够了。
- 这是一位儿科洁牙师（三十二年专业经验，家有孤独症儿子）的忠告："家长千万不要对孩子说'别怕，宝贝，不疼的''如果你乖乖的/勇敢一点'这样的话。如果你不提，孩子或许压根儿都没有这样的担心。还有，什么是'乖'？我们会尽一切所能，让孩子少受痛苦，但如果他确实觉得疼，我们希望他能说出来，而不是'乖乖'忍住。"

家长和牙科专业人士之间最大的分歧，要数家长是否应该陪孩子进治疗室这个问题了。既然你不同意，那我换一个医生好了，这是部分家长的做法。但很多牙医都是不赞成家长陪同的，因为看牙和平时看医生是不一样的（看病做检查时，医生通常希望家长能陪着孩子，帮着管束孩子的行为）。关于这一点，那位洁牙师的观点也值得我们深思："请理解，这完全是出于安全的考虑。当我们将高速转动的钻头或锋利的工具伸进孩子嘴里的时候，孩子必须完全专心地听一个人的话，对，就是牙医。任何一点分神，哪怕再短暂，都可能给软组织，比如舌头、面颊、牙龈，造成严重的伤害。你最应该做的，是告诉孩子听医生的话，然后在外面等。"当然，她指出，如果治疗过程中孩子的确需要家长的安抚，那是可以特殊处理的。对于合理的需求，任何医生都会想办法满足。

割伤、擦伤、碰伤

孩子难免会受点小伤。摔跤、膝盖或手肘蹭伤擦伤、被割伤或被虫子咬，都会让触觉过度敏感的孩子感觉特别痛苦。除了用爱关怀孩子，你还可以采取更多措施，减轻孩子的痛苦（家里、学校同样适用）：

- 始终保持冷静。说话镇定，让孩子知道你有办法处理他的情况。
- 说话简明扼要，需要的话可以采用图卡辅助交流（因为在这样的情况下，孩子的语言加工能力可能会退化）。
- 对孩子解释你要做的每一个步骤，给孩子看你将用到的材料："我得给你洗一下伤口，把脏东西洗掉并且消一下毒。""我要用手指按住你的伤口，帮你止血。"
- 如果流血了，用深色毛巾清理血迹。看到自己流血会让很多孩子产生恐慌情绪。
- 如果任何东西会让孩子感觉疼痛，提前告诉孩子（孤独症谱系儿童的疼痛阈值通常都比较高，但这并不等于他们不会感到难受）。如果痛感非常短暂，可以这样说："我会用这个棉签往伤口擦一点药膏，可能有一点点刺痛，但只有几秒钟，然后就不痛了。来，一、二、三，好了！"
- 如果要包扎伤口，提前给孩子解释清楚，并告诉他，如果绑得太紧，胶带太黏、太湿、味道难闻或有其他不舒服的情况，都要说出来。"这个纱布必须在胳膊上绑两天，需要的时候我会帮你换，你不要扯它。如果有什么不舒服，告诉我。"

去医院看病

有时孩子会出现一些状况，需要去医院看门诊或急诊。去医院对孤独症孩子来说是一件难事，但如果有备而往，也可以很顺利，医患双方都会轻松不少。提前将孩子的简介写到一页纸上，遇到紧急情况，随时拿出来给医护人员看，让他们快速掌握孩子的情况，帮助孩子顺利渡过难关。记得在车里常备一份这样的简介。简介可以具体包括：

- 概括介绍孤独症对孩子行为及沟通能力的影响。
- 孩子的强项和弱项。
- 孩子处理指令的方式，比如，是视觉型而不是听觉型。
- 孩子在理解言语指令的时候，需要比一般人用更多的时间。
- 各种感觉敏感：噪声、闪亮的物体、检测仪器的嗡嗡声、触摸对他的影响、他更喜欢怎样的触感（比如轻或重）、味道、气味、质地，等等。
- 孩子会直接按照字面意思理解别人的表述。
- 孩子缺乏眼神接触，很难理解社会性线索。
- 孩子可能会出现自我刺激行为或回声性语言，尤其是在有压力的情况下。
- 孩子会为常规发生变化而忧虑痛苦。
- 运动技能障碍。
- 情绪崩溃有哪些征兆，万一情绪崩溃，该如何处理（包括使用管制措施）。

鼻涕问题

有的孩子整个冬天都在流鼻涕，因为卫生不到位而成为同学的笑柄。一种情况，是孩子完全没有卫生方面的意识；另一种情况，是意识到了问题所在，但不会处理。给他准备一盒低致敏性的湿纸巾，方便他自己擦拭；再准备一面镜子（在家或在教室），放在与他视线齐平的位置，便于他看清脸部的状况。

如厕训练

这四个字听来寻常，却是个庞杂的主题。鉴于它的复杂性，以及这方面的专题论著已经不少，这里就不再赘述了。不过，我们有一些资料要推荐给你：

《孤独症/阿斯伯格综合征文摘》杂志的官网上（AutismDigest.com）有两篇关于如厕训练的文章，内容详实，非常具有指导意义：一篇是莫琳·本尼（Maureen Bennie）的《大龄儿童的如厕训练》（Toilet Training the Older Child），另一篇是《孤独症孩子的如厕训练：预备，开始！》（Toilet Training Your Child with Autism: Ready, Set, Go!）

还有一本书值得推荐，即玛丽亚·惠勒（Maria Wheeler）畅销二十五年的经典著作——《孤独症和相关障碍人士如厕训练指南》[①]（Toilet Training for Individuals with Autism or other Developmental Issues）。

使用公共卫生间

恭喜你家孩子完成了如厕训练！接下来，你要面对的挑战，是将如厕技能运用到公共卫生间环境。大部分的公共卫生间都是为成人设计的。洗手池、马桶、肥皂和毛巾架不是太高就是太远，很难够到；自动冲洗器和干手机不知什么时候会突然发出尖厉的声响；整个卫生间环境要么又湿又冷，要么热得过头，还散发出种种难闻的气味……不如还是用尿不湿吧？别害怕，只需稍微动动脑筋，我们就可以把建筑师的设计漏洞给补上：

- 自动冲洗马桶运用的是电子感应器，感应器感应到使用者离开，就会自动启动冲洗程序。这样的马桶很容易吓到孩子，尤其是当他们还太小，感应器感应不到他们的时候，水会在他们如厕时冲出来。要避免这样的情况，只需在孩子如厕时将电子感应头遮住即可。如果你不陪孩子进去，那么准备一个可以遮住感应头的小吸盘，让孩子自己贴上去（在家提前训练遮贴动作）。
- Potty Poncho™ 是一款便携式的马桶圈隔垫。它带一层塑胶背衬，使用时不容易滑动；随便一折就可以收入小袋子里，方便携带；每次使用后，用消毒纸巾擦拭即可完成清洁，也可以机洗。先在家练习，适应后再去公共卫生间使用。（PottyTrainingConcepts.com）

[①] 译注：该书中文简体版已由华夏出版社于 2015 年 1 月出版。

- 备好擦手用的湿巾（单独包装的小块毛巾或旅行装的婴儿湿巾）。因为很多公共卫生间根本没有适合儿童使用的洗手槽或干手机。如果你的孩子对噪声敏感，请注意卫生间的电动干手机。一进去就指给孩子看，这样，孩子上厕所的时候才不会被它突然发动的声音吓到。有必要的话，帮她捂住双耳。
- 如果孩子存在重力不安全感（不喜欢双脚离地），公共卫生间里又只有高马桶，孩子完全没法上厕所，那么，跟孩子一起进去，单膝跪地，让孩子踩在你的另一条腿上。
- 如果卫生间里成排的隔间（学校、公共大楼里通常都是这样）让孩子无所适从（不知道进哪个），那么告诉孩子，往前走，一看见开着门的就进去。在孩子还小、你还陪着进去如厕的时候，就要教他不同种类门闩的开关方法了。
- 到达目的地以后，找到离你们最近的卫生间，指给孩子看。提前知晓卫生间的位置，有助于减轻孩子担心尿裤子的焦虑情绪。
- 如果你知道哪里有对儿童比较友好的如厕设施，比如家庭卫生间、残障人士专用卫生间，请带孩子过去体验练习。比起坐在空旷的大卫生间的某一个隔间里如厕，孩子可能更喜欢在小一点的单间里如厕，因为那里更接近家里的卫生间环境，让他们更有安全感。

注意：如果是爸爸带女儿外出的话，如厕方面的问题尤难解决，请在出门前做好全盘的考虑。

服装扣件的适应性对策

对于有精细运动障碍的孩子（不论年龄大小），常见的服装扣件实在很难应付，而扎人的拉链和标签、冰凉的按扣、凸起的纽扣，也都会给触觉带来困扰。比起追求时尚好看，孩子能自己穿衣从而实现一定程度的独立自主，显然更为重要。所以，在给孩子选择着装的时候，应尽量避免有扣件的衣服，最好选择带松紧带的裤子、直接套穿的T恤和裙子、不带扣子可以敞开穿的开衫和毛衣。等他能熟练穿戴无扣件的衣服后，再让他慢慢接触并适应各种扣件。

- 让她对着镜子穿衣服，这样她不用低头就能看清自己的动作。
- 一开始可以先接触带魔术贴的衣物。
- 或者选择带大拉链或大纽扣的衣物。

小贴士

如果你会使用缝纫机，那么可以将孩子衣服的扣眼改大，然后换上大纽扣。

- 坐着穿衣服会比较容易集中注意力，可能的话，还可以将后背靠在墙上或椅背上。
- 帮孩子完成起始步骤：对好拉链头，让孩子往上拉。在拉链头上缀一个大一点的拉环，方便抓握。
- 其他着装适应性对策：
  - 给孩子穿筒袜，这样，穿袜子时就不用对脚跟了。
  - 穿无接缝的袜子，避免脚部过度刺激。网上可以买到这样的袜子，一般是糖尿病人或整形外科护理会用到（安装了腿部支撑架的孩子需要穿这样的袜子）。
  - 选择有宽松的直筒袖口的衣服，避免窄袖口。

走出家门

一想到要带孩子去公共场所，你常常感到惶恐。这很正常。不过，如果考虑周到并做好计划，带孩子出门也可以变得很顺利。关键还是那句话，循序渐进，在孩子能承受的范围之内，逐渐提高他的能力及耐受性。

1. 不要去太远的地方，尤其是最开始的时候。只要能出门，再短都不嫌短。哪怕这一次你们只在门外车道上遛一圈，你知道，终有一天，你们会走到街角，然后去更远的地方。

2. 如果出门办事，预先确定要去几个地方，最好是1~2个地方，再多就不容易控制了。具体要根据当天的状况、孩子的状态以及目的地的情况而定。

3. 说话算话。如果你跟孩子说去两个地方，那么只去两个地方。即使一切顺利，也要忍住"要不再去一个地方"的诱惑。一念之间，可能就是成功与失败的云泥之别，孩子也会觉得你言而无信。

4. 按照事情的重要程度安排目的地的先后顺序。如果中途孩子状态不佳，要做好随时折返的准备，对此你不要有任何的不满情绪，相反，你要表扬和/或感谢孩子顺利完成了之前的那段行程。

5. 在计划外出的行程时，要首先考虑孩子的需要和能力。这也许意味着，你们一周只出去一次，或者，绝不连着两天都出门；或者，只在早上出门，且离家绝不超过30分钟。不管怎样，在教孩子、培养孩子能力的时候，首先要尊重孩子的需要，相信他会以他自己的节奏成长和进步。让孩子知道，无论何时他都可以信任你，无论在身体、精神还是情感上，你都会保证他安全无虞。

小锦囊

下次计划外出度假的时候，可以考虑租一间房、一个小木屋、一部旅行房车或露营车、一所船屋之类相对固定的居所，方便准备餐食和保持原有的起居习惯。由于空间充裕，你们还可以额外多带些东西，比如视觉时间表、非带不可的玩具等。

快速回应他人的评判

无论多么用心地管理孩子的日常作息及活动，你也难保哪天孩子不会在众目睽睽之下突然失控，让你不得不承受婆婆、邻居或陌生人异样的目光。我们真希望你有一具钢铁的皮囊，可以无视旁人的妄断和谬论，那些完全没有体会过你立场的人，爱怎么说怎么说去。但出于本能的自卫心理，你可能忍不住想说点什么。如果是这样，建议你提前想好各种说辞，以便在身陷困境时可以立即予以回击，而不至于一时语塞。

你可能很想直接开骂或嘲讽一番，但幽默是更好的选择。我们也赞成你提醒对方，孩子这样失去理智本来就很正常："这是他今天的第三场戏了，没关系。""今天她似乎有点星期一综合征。""看，理查德·伯顿的翻版来了。"说得自信一点，让他们知道你完全掌控着局面。

如果有的家长觉得沉默就好，或者就是不喜欢多说话，但还是希望普及一下孤独症谱系障碍的相关知识，那么可以心平气和地给对方递上一张"孤独症小百科"卡，卡上可以简单地说明孩子有孤独症、什么是孤独症、孤独症有哪些行为表现等。美国孤独症协会的网站上（*Autism-Society.org*）可以找到这样的卡片样本。

近些年来，各种网站开始教我们怎么尖酸刻薄地"怼"人："没错，什么孤独症，就是欠揍。不如我用西班牙语骂你啊，包你立刻学会！"但这样的回应大概只是一时爽快，从长远来看，很可能弊大于利。我们很希望社会能对孤独症产生足够深刻的认知，能带着共情和善意来接纳孩子的孤独症行为并做出恰当的反应。（应该如此，需要如此！）这一天迟早会来，尽管还有些遥远。但在这之前，以及在这之后相当长的一段时间内，作为与孩子朝夕相处的人，我们就是普及孤独症的大使，你的姿态，就是给他人最好的示范。至少，大部分的时候应该如此。

在餐馆就餐

在餐馆就餐对很多家庭来说再日常不过了，但对你的孤独症孩子来说却是一件五星级的大事。我们强烈要求你：**保持合理的期待**。其中的一层意思，是你要承认，去餐馆吃饭是一种选择，而不是一种权利或必需。也许，以你孩子目前的发展水平来说，还不足以应付这件事。但这也并不意味着他永远应付不了。埃伦也有好几年不曾带她儿子出去吃饭，但就算这样，也没什么不好，真的，反而还有不少好处呢。但是，当他准备就绪，能够和你在餐厅里安静而愉快地享受美食的那一刻，你会觉得无比惬意，所有的等待都是值得的。

愉快的餐厅之行，从选对餐厅开始。

保持合理的期待。时间的把握非常重要。如果孩子不耐烦等待，那么请选择可以预定的餐厅。避免在高峰时间去挤热门餐厅，因为那样往往需要等很长时间，而狭窄的等待区通常都人满为患，吵吵闹闹，再加上刺耳的音乐和闪烁的灯光，结局不难预料。把有感觉障碍的孩子带去这样的环境，用埃伦家儿科医生的话说："你自作自受。"

如果你家孩子比较容易吵闹，或者相反，对吵闹比较敏感，那么除了以上等待区的问题，餐厅内通常的噪声也是需要考虑的问题。你肯定不希望声音太吵，让孩子受不了，但又希望有一点必要的噪声，来掩盖自家孩子的吵闹声。

还有，就算是一般不接受预定的餐厅，你也可以试着问一下，如果他们知道你家的特殊情况，或许会破例也说不定。

保持合理的期待。不要因为在外面吃饭，就用比家里更高的礼仪规范来要求孩子。这样的要求根本就是不现实的。假如孩子在家吃饭时习惯用手抓，那么他不会因为来了餐厅，就奇迹般地拿起刀叉来。所以，平时你就要耐心训练他——在他还不知道餐厅长什么样子之前很久，就要开始这样的训练，他是可以学会的。或者，索性等孩子的能力差不多时，再带他出来也不迟。

保持合理的期待。如果孩子在家本就不喜欢尝新，那么你也不要期望他在餐厅能尝试新的食物品种或气味。新开的那家印度餐馆撩拨着你的味蕾，但如果咖喱的气味让孩子干呕，那么，带他去隔壁的小饭馆吃一顿家常的美式炖牛肉反而更让人愉快。

🔲 小贴士

有时候，孩子虽然不爱吃某家餐厅的食物，但他愿意而且能够坐着陪你。如果是这样，提前给餐厅打个电话，问问他们，孩子饮食特殊，能否自带食物。有些餐厅是可以的，但有些不可以，他们会引用本州食品卫生相关的法律条文，谢绝外食。不过，很多餐厅是可以按照你的特殊要求制作菜肴的，尤其是孩子比较喜欢清淡口味的话。外出就餐最重要的，是不要让孩子干坐着，而周围所有人都在大快朵颐。

保持合理的期待。在家中模拟餐馆用餐的场景，让孩子提前熟悉。时不时地，让全家人一起在餐桌前坐下，给每个人发一份菜单。给孩子至少一个选择菜品的机会——大家的主菜都一样，但饮料或配菜则有两种，孩子可以任选其一。还要让孩子适应等待上菜的过程：一开始直接上饮料，但之后开始故意拖延，让他稍等片刻（开始可能 2 分钟，但渐渐延长到 5 分钟、10 分钟）；上甜点时也如此操作。还有一点不要忘记——在结账前大家谁也不要离开餐桌。当然，拥抱、击掌和谢谢都可以用来"付款"。

规定某一项待遇只有外出就餐时才能享受，比如孩子喜欢的某一种食物、饮料或特权。我们不赞成孩子经常喝汽水（现实生活中已经过于普遍），但偶尔外出时喝一次，却是个不错的选择。除了垃圾食品，你还可以用其他东西激励孩子，比如，去某个餐馆吃比萨或汉堡，去你们喜欢的那家有游戏机的意大利餐馆吃饭。如果孩子在就餐时表现良好，还可以额外得到 1 美元的奖励。诸如此类。

对于初出门用餐的孩子，去自助餐厅是个特别好的选择。在那里，他不用等待就可以拿到食物直接开吃，还可以完全按照自己的需要选择食物的品种和分量。他甚至还可以用自己喜欢的方式将食物摆入盘子——你再也不用担心因为酸黄瓜碰到薯条而一餐尽毁这种倒霉事了。

搬去新环境

搬新家、换新学校或去新的城市，这样的巨变会给孤独症孩子带来无以复加的挑战。但你可以采取很多措施来减轻过渡期的压力，使之更加顺利。

- 最重要的：在选择新家的时候，要考虑孩子的需要。如果他对噪声敏感，那就避开地铁、体育场馆、音乐厅、赛道、工厂等吵闹的地方。在新家的每一个角落（包括院子）驻足聆听，仔细确认。在特定天气条件下，噪声可以从几公里以外传过来；有时，你得留神才听得到的声音却会让孩子无法忍受。孩子经常行为失控吗？如果选择公寓套房，尽量选择底层的边套。
- 关于搬迁，请谨慎选择你的用词。如果"新房子"让孩子很受困扰，那就称之为另一个房子、蓝房子、我们未来的房子。介绍任何"新"事物的时候也都如此。
- 用孩子能听懂的方式，明确告诉他：不止他一人，家里所有人都会搬过去，他所有的东西也会一起搬过去，而不是像度假时，留一部分在这个家里；但邻居和小伙伴不会一起走。

* 知识就是力量。孩子对未来的家或学校了解越多，就越容易生出熟悉的感觉。记者写报道会考虑5个要素：何时、何地、何人、何事、何因，顺便穿插事情的经过。新闻的写作则通常是金字塔型的：首先铺陈最一般也最重要的信息，引起读者或观众的注意，然后再加入越来越多的细节。在给孩子解释搬迁事宜的时候，你也可以借鉴这种方法。然后，让他以自己的节奏逐渐消化这些信息，而不是被各种新现实、新主意、新规则和新决定完全压倒。

* 在孩子充分掌握信息之后，和他一起讲讲或写写新旧环境之间的相同和不同之处。尤其要强调新环境中与他相关的部分：新城市有没有水族馆？有没有比较好的电影院或图书馆？附近有没有公共泳池？新家里有没有更大的院子？院子外有没有可以玩滑板车的人行道？厨房里是不是有个吧台？还有一个很酷的可以用来烤棉花糖的壁炉？

* 从尽可能多的角度拍摄新房的外观给孩子看，可能的话，带他开车经过那里，让他看到新房的样子。等旧主人搬走以后，再拍一拍房子内部以及后院的情况。（旧主人居住期间最好别拍，因为会拍到旧主人的物品，这样会给孩子造成干扰，让他产生错误的期待。）

* 新家里给孩子留了专门的房间吗？你能让他自己决定房间的装潢吗，比如地毯、油漆？将地毯或油漆的小样交给孩子，让他从中做出选择。这样会让他觉得自己对新环境是有控制权的。（只给他预算范围之内、你可以接受并落实的样品，也就是说，如果你受不了天天出入橙色的房间，那就不要给他橙色的油漆小样，如果你比较喜欢浅色而不是深色，那就先将样品的深色部分拿掉，再给他挑选。）

* 如果新学校离当前居住的城市很远，那么要求校方将学校的电子照片发送给你，或者告诉你一个可以看到照片的网站。请他们根据孩子的学校生活场景拍摄照片：他的教室和老师、教室外的走廊、食堂和大厨、体育场馆和体育老师、图书馆和图书管理员、游乐场（最好是课间，有孩子在游乐设施上玩耍的场面）、音乐教室和音乐老师、校长和办公室人

员、资源教室等。此外，还可以拍摄孩子特别感兴趣的东西，比如美术用品、科学图书、健身球等。

- 搬到新家之后，首先整理他的房间，让他看到他的床、书、电脑和玩具都好端端地在房间里了。可以趁着孩子上学的时间完成整理，让他一回家就能待在一个舒适正常的房间里，哪怕房间外面依然很乱。
- 搬家后，回一趟老房子，让他看看里面空空如也的情景，明白他所有的东西都已经搬到新家里了。
- 明确居家规则：你们将沿用哪些老规矩，比如进客厅还是要脱鞋、不在厨房以外的地方吃东西；将采用哪些新规矩，比如，原来的平房换成了现在的楼房，所以不许在楼梯上跳跃，等等。视觉图表可以起到很好的提示作用。
- 尽量保持原来的生活习惯：能不能去同一家超市购物，哪怕只是看起来比较像？能不能继续跟着原来的教练学习空手道？能不能让宠物一起搬到新家？那件旧了的冬款大衣能不能再多穿一季？吃相同的早餐，在相同的时间上床睡觉，等等。
- 搬家过程中难免出现一些糟心事，在你表达任何不满或愤怒情绪之后，记得马上跟他解释，你的愤怒和不满与他无关。孩子的心理远比我们想象得更为复杂。
- 允许孩子以自己的速度和方式适应新家的环境。新家不只是样子跟原来不一样了，里面的气味、周围的声音全都不一样了，他需要用新的方式来适应它。一开始的几天甚至几周，他有可能待在自己的房间不愿出来，但最终你要带他进行新的探索。专门分派一项任务给他，让他每天必须出房间活动，比如给宠物喂食、将脏衣服放进洗衣篮、给植物浇水（将植物分组放置，让他每天浇一点）。

一点警示：新房里的有害气体

如果你的孩子对化学品比较敏感，那么你要注意，新家里的地毯、地板、窗帘、家具板材甚至浴帘都可能释放出大量的化学性气体，让孩子生病，至少在短期内造成生理上的不适。化纤地毯、合成地板在制造（背衬、胶合）及后处理（防污、防蛀）过程中会用到大量的化学材料，比如甲醛、乙苯、甲苯、二甲苯、苯乙烯、苯等，这些化学物品可能会引发的过敏症状包括：眼鼻喉部的炎症、咳嗽、流感样症状、头痛、眩晕、失去方向、浑身不舒服。可能的话，在搬家前几周就刷完油漆、铺好地毯、装上窗帘，尽可能多开窗通风。

现在市场上的绿色环保材料越来越多了。在选购产品的时候，注意选择低毒环保型产品。记住，家庭环境越是节能环保，就越不容易释放有害气体。比如地板，可选择竹子、瓷砖、软木、木制（尽可能少染色）等天然材料，再在上面铺上天然纤维的小地毯，以达到保暖、舒适、增加质感和加强配色的效果。

栽培绿植也有净化空气的作用，前提是孩子不会对孢子和霉菌过敏。

当爸爸或妈妈不在家时

爸爸或妈妈去外地出差或办事，对于恪守常规的孩子来说是一个极大的扰乱，会严重影响到生活的其他方面。下面这些方法可以帮他渡过难关：

- 尊重他的焦虑情绪，不要突然告知他你要出远门。给他看你要去的地方的图片；如果他有特别迷恋的故事或动画人物，可以以家长出差为主题进行角色扮演：假如艾摩[①]的爸爸或妈妈不在家，他会怎么想、怎么做？
- 给孩子录几段音频或视频，可以是读他最爱的故事，也可以是每天一段的晨间或晚间问候："早上好，派克！今天是星期二，记得去图书馆还书。谢谢你昨天晚上帮我喂小狗，你真棒！"
- 预先安排好时间，告知孩子几点时你会往家里打电话，然后，准时打回去。不要说"有空我会打电话"这样没有定数的话，以免让孩子陷入无休止的焦虑之中。选择一个你确定有空的时间，并考虑到时差问题，以及孩子在那个时间点的心理状态。如果孩子在睡前听到你的声音会哭闹，那么选择在他早餐后、放学后或晚饭后打电话。

---

① 译注：艾摩（Elmo）是美国儿童电视节目《芝麻街》的主角之一，一个毛茸茸的红色小怪物。

- 如果妈妈或爸爸或两个人同时不在家，请再三确认，帮你带孩子的人已经明确了解孩子生活常规的所有细节。此时，给照看人一份视觉化的表格也是个不错的主意！在此期间，尽量让一切保持原样，不宜让孩子尝试新食物或接受新的教学策略，哪怕有一位家长在家也是如此。
- 如果孩子常吃的或最爱吃的某种食物只有你会做，那么提前做好并放入冰箱冷藏，这样，即使你不在家，他也能照常吃到。
- 告诉孩子，虽然这几天你看不到他，但你会天天想着他。出门前准备几张小纸条，简单写上"想你""为你骄傲""祝你开心"之类的语句，分放到他意想不到但很容易发现的地方：他的枕头底下、袜子抽屉里、饼干桶里、毛巾里，在你不在的日子里给他制造一点小小的惊喜。
- 用你的照片制作一件特殊的物品，只在你出差期间拿出来给孩子用。比如可以将照片打印到热转印纸上，再转印到他的枕套或者可以睡觉穿的T恤上。
- 出差在外，多拍一些照片发给孩子。你的照片、酒店的照片（大楼、房间、窗外的风景、浴室）、机场、出租车等。回来后还可以将它们编辑成册，下次出差的时候，孩子可以拿出来看。
- 如果孩子喜欢微缩版的东西，那么在酒店收集一些小东西带回家：小瓶洗发水、小块肥皂、小瓶番茄酱、小盒果酱等。酒店吧台的鸡尾酒纸巾、小吸管、搅拌棒之类的东西也会让孩子如获至宝。
- 还有平时不太常见的一次性物品也可以带给他：酒店里的擦鞋布、浴帽、飞机上的呕吐袋等。
- 孩子是个小收藏家吗？如果你经常出差，那么每到一个地方，给他买一些当地的小纪念品，勺子、顶针、雪花玻璃球、有地方特色的明信片等（很常见的物品，走到哪儿都能买到，也不贵），以此激发他对陌生地方的兴趣。
- 你出门在外，辛苦的不止孩子一人，帮你带孩子的人也会特别辛苦。所以，不要随意延长在外逗留的时日，尽量准时回家。
- 让孩子明白你将在什么时候回家。一个方法是在日历上标注日期，过一天，划一天。另一个方法是与孩子的生活常规相联系："你睡完3个觉，妈妈就回来啦。"（如果孩子还有午睡的习惯，那么可以具体到"9个觉"。）

去特殊场合，做好彩排

如果孩子要去参加比较重要的活动，比如婚礼、聚会或正式的晚宴，最好在家提前做充分的准备。如果在婚礼前一小时才发现孩子的礼服小了，一坐下就露出臀部，领结上的别针硌脖子，配穿的袜子紧了，衬衫袖子短了，那就太糟心了。这种场合的穿着打扮，首先还是考虑孩子的舒适程度。在领圈下打个真领结会更加自然而稳定，还能让孩子解开衬衣的第一颗扣子，防止硌卡；穿短袖衬衫去这些场合也没什么不可以；袜子也以舒服为准，毕竟谁会盯着他的脚看呢？提前做好计划，让孩子与大家一起享受活动的乐趣：

- 首先，客观地判断孩子是否已经能够参加这样的活动。如果他还坐不稳椅子、在人多和吵闹的房间很容易感觉超负荷、把叉子当梳子、用手指挖果酱，那么，把他留在家里，找个人照看他，不失为上上之选。
- 提前带孩子去活动场所（餐厅、礼堂）熟悉环境。
- 跟他解释你们要去参加什么活动（婚礼、成人礼、爷爷的寿酒、家庭聚会）、活动中会发生什么、他需要做什么（安静坐着直到仪式结束？签到？自助取餐？）
- 可能的话，给他找一个能看清活动场面的座位。但如果你觉得他可能无法坚持全程，那就找一个方便悄悄离开的位子。
- 提前看一下菜单，如果菜品不适合孩子，请酒店或餐厅给孩子单做一份。大部分商家是愿意这样做的，记得单独付费。如果实在无法变通，自己带一些吃食，尽量不引人注意，也可以在出门前喂饱孩子，免得让他饿着肚子看别人吃喝。当你尽你所能，做了你能做的一切之后，顺其自然。孩子们遇到节庆活动都会玩得兴奋而吃得很少。
- 教他做简单的自我介绍。如果他能忍受与人握手的话，也一并教他。
- 让他知道，他会在那里遇到很多人，打招呼的时候，如果他不愿意，可以不必与他们拥抱或亲吻，尤其是陌生人。到现场以后，陪在他身边，帮他向人解释："他不喜欢拥抱。"彬彬有礼，不卑不亢。
- 适时离开。分别给他15分钟、10分钟以及5分钟的倒计时提醒，趁他还很开心的时候及时撤离，让他带着对活动的美好印象离开现场。也就是说，见好就收，不要让孩子在现场待太久，以免他因刺激过度而情绪失控。
- 在离开前，让他向主人致谢并道别，给活动画上圆满的句号。

别忘了，孤独症孩子擅长机械记忆，也很会模仿你的语言，所以，在去参加活动的路上，一定不要当着孩子的面议论亲朋好友的短长，比如好奇孩子的舅舅会不会又喝多，因为到了现场，孩子很可能会说出"我想和舅舅坐一起，我要看他是不是真的喝很多酒"这样让人尴尬的话来。

小锦囊

在节日前的几个月，你就要让孩子的言语语言病理学家开始教孩子学习与节日相关的词汇，并在主题板和会话中融入与节庆活动相关的内容了。

拥抱还是不拥抱

本着"提防陌生人"和防止虐待儿童的精神，我们现在会教孩子抵制任何让他们觉得不舒服的身体接触。但孤独症儿童对身体接触的抵触，比这严重好多倍。很多孩子讨厌拥抱和亲吻，哪怕它们来自出于善意的亲戚朋友，哪怕他跟对方很熟。原因很多：接触来得毫无预警、对方身上的气味让他不太舒服、接触力度太轻或太重、接触打破了前庭觉或本体觉的平衡。

- 告知与强化：让家人以及每天与孩子接触的人知道，只有在征得孩子的同意后，才可以拥抱他或与他有其他的肢体接触。这一底线必须坚持，哪怕孩子的姑妈坚称"只轻轻抱一下"。
- 永远给孩子选择的机会，并尊重他的选择。问他："我可以抱你吗？"如果他说不可以，就大大方方地告诉他："好的，没关系。"（确实没关系。）

如果他说可以，别忘了对他说声"谢谢"。
- 接触前给他一个预警："我要抱你上车了，好吗？"
- 接触时用点力。在这一点上，爸爸比妈妈更有优势，就因为动作有力，所以更容易得到孩子的配合。很多孩子更喜欢爸爸帮他们洗澡或带他们游泳，也是因为这个原因。

举个例子吧。戴维斯很爱他的奶奶，也愿意接受她的拥抱，但一开始他只能接受"从背后抱"。也就是说，他不能接受一般的胸贴胸的拥抱方式，而只能转过身退到奶奶的怀里。奶奶觉得这样抱也一样好。一段时间之后，他就开始逐渐接受一般的拥抱方式了。

手足同乐

你对孤独症孩子的全情投入，有时难免让他的兄弟姐妹心生嫉妒，觉得他霸占了妈妈太多的爱。消除这种对抗和不满情绪的方法，是制造机会，把他们撮合到一起。在日后起冲突的时候，那些共同度过的美好时光，将会帮他们消弭裂缝、维系手足之情。

不过，孩子之间在年龄和能力上可能存在很大的差异，要想出让他们都觉得好玩的活动着实不易。埃伦的两个儿子相差 5 岁（小的有孤独症），虽然平时外出活动时基本上各玩各的，但哥俩一起玩的花样也不少：

- 去附近满是石子的河滩上：打水漂、往水里扔石头、用石子打弹弓。
- 去游乐场：乘坐各种狂欢设施、用游戏机打游戏。
- 玩拼图。
- 用装电器的大纸箱搭城堡。
- 哥哥去弟弟的棒球队当投球手或助理教练。
- 去附近的农场：采摘蓝莓和苹果，但有时拣起烂苹果往树干上砸，啪嗒啪嗒地，比采摘本身更有趣而尽兴；偶尔在喷水器旁玩一玩，也别有一番滋味。

- 在家一起做意大利面或烘焙饼干。
- 去对方的房间过夜或一起去奶奶家过夜。
- 用摄像机拍摄小录像。

将这些共同经历拍成照片，做成影集，放在孩子的床头，让美好的记忆得到珍藏。需要的话，经常保持更新。

兼顾其他孩子

孤独症孩子的兄弟姐妹是家庭的重要成员，在平时的生活中会给孩子很多支持和保护，但他们也有自己的需求和迷茫——他们也需要你。记得匀一点时间给他们，陪他们做些他们想做的事。比如，约定每周三陪他们出去吃饭、周六早上去骑车、每月看一两场电影、去旧书店淘书等。让他们确信你心里有他们。这份安心和笃定可以让手足之情更为融洽，让孤独症孩子得到更多的支持和帮助。

读报纸：打开世界的窗口

不可否认，报纸上的很多内容（不论纸质版还是网页版）会让孩子感到不安，以孩子的阅读水平也未必能懂，或者他们压根儿不感兴趣。但报纸上还是有很多内容是孩子可以看的。你的长期目标，是培养孩子每天看新闻从而与外界保持联系的习惯。当然，让孩子习惯阅读报纸本身，可能就是一个长期的过程。所以，你应该尽早开始引导孩子，一点点实现你的目标。年幼的孩子可以从阅读纸质报纸开始。养成每天或每周读报的习惯，可能要从读图开始。

- 初次接触报纸，可以从阅读儿童卡通或漫画版块开始。这样的内容以视觉为主，很容易吸引孤独症儿童的注意。关注某个儿童漫画，每天或每周追着看连载。一段时间之后，你可以建议孩子自己试着画画看。（注意：有些孩子可能无法理解漫画中幻想式的角色或人物。你可以跟他说说你最喜欢的漫画，并解释喜欢的理由。但不要强迫孩子。很多孤独症或阿斯伯格综合征儿童更善于理解反映实物实景的照片，而不是艺术化的抽象绘画。）

- 找适合孩子看的照片，讨论照片上的内容。你觉得这里发生了什么？哦，快看，这个公园就是我们家旁边的那一个！这里有一个花展/堆沙堡比赛，我们要不要去看看？这个棒球手的运动服上有你最喜欢的号码。你觉得这个警察想要干什么？
- 天气预报是与孩子息息相关的内容，而且很多报纸上的天气预报都带图。让孩子看图预测当天的天气情况，晴天、阴天、雨天？冷、热？昨天或昨天晚上最高/最低气温如何？奶奶所在的城市天气怎样？为什么我们这里是零下7℃的冬天，而澳大利亚却是29℃的夏天？
- 孩子还可能对介绍宠物养护、儿童网站、喜爱的童书作家出了新作之类的文章或专栏感兴趣。
- 关注最近有哪些适合全家人一起看的电影，读一读相关影评，并了解片中演员的成长经历或逸闻趣事。
- 查看体育栏目是否有与儿童相关的新闻报道。也可以追一追最爱的球队，每天关注他们的赛况信息。

快乐的生日从这里开始

现在大家都流行去外面给孩子过生日，但对你家孩子来说几乎不可能，因为游戏厅、商场的游乐区、电影院和保龄球场，到处都人满为患，吵闹不休，孩子肯定是无法忍受的。在家里聚会就好多了，你可以控制所有可能影响孩子行为的因素，保证让他过一个快乐而难忘的生日。而且在家肯定比去外面更省钱，也不用想什么奇招和噱头。

聚会开始前。和孩子一起坐下来，把生日会的事捋一遍，注意语气平和，不要着急。带孩子练习一下迎客的礼仪，并提醒他生日会上注意哪些规矩。在客人到来前，做一些有舒缓及深压作用的运动或活动。需要的话，让他戴上耳塞、厚一点的发带，也可以穿上加重背心或压缩衣（有些新款非常时尚可爱，在聚会上穿也完全不违和)。告诉他,一会儿可能会很吵,他在什么时候可以暂时躲开喧闹,去一旁休息,以便舒缓或平复焦躁的情绪,以及怎样离开才不失礼貌。

活动中。生日会的活动要符合孩子的发展年龄而不是生理年龄,并始终照顾到孩子的感觉敏感问题。他应该更喜欢玩平行游戏而不是互动游戏,玩开放式游戏而不是结构性游戏,因为后者都要用到大量的语言。如果是这样,那么避免安排竞赛类的游戏(讲究游戏规则并计分),多选择活泼的、感觉刺激丰富的活动,比如充气蹦蹦床(从节庆公司租赁)、泡泡机(追泡泡、戳泡泡、抢泡泡)、沙桌或沙箱、水枪大战或滑水滑梯、自制球池(充气式泳池中放满塑料小球)、拔河等。如果你家有一面开阔的空墙,遮上牛皮纸,准备好蜡笔和记号笔,让小客人在上面合作完成一张超大的生日贺卡。也可以用整块纯色布料覆在桌面上,让客人用布料专用的记号笔或油彩在上面涂鸦并签名(手印画总是很好玩)。如果在室内活动,当你想让孩子们安静下来或引起他们注意的时候,不要大声嚷嚷,试试将灯光调暗。

你还可以将传统的聚会元素融入活动之中。

- 比起传统的大奶油蛋糕,小的纸杯蛋糕更适合这样的场合:在分量上比较适合孩子,往蛋糕顶上装饰小糖果的过程又深受大部分孩子的喜爱;纸杯蛋糕适宜冷藏,方便提前准备;即使你家孩子正在接受特殊饮食,他的纸杯蛋糕也可以看起来和大家的一模一样。准备好装饰用的糖霜、彩色糖针、坚果碎或其他甜食,当然,别忘了给小寿星准备一支蜡烛。孩子喜欢那种会自动重燃的"魔力"蜡烛吗?喜欢的话,准备一支,让开心翻倍!
- 聚会活动后给客人的礼品袋里往往会装一些可有可无的小玩意,这些东西孩子带回家玩一阵也就丢开了,你应该很烦它们吧?因为最后它们很可能在你的吸尘器里咯嗒作响。与其如此,不如让孩子们在你家玩个痛快吧。你们可以玩一玩"皮纳塔"[①]或"寻宝箱"的游戏。

[①] 译注:这是国外流行的一种节庆小游戏,一群人蒙着眼睛用棍子击打悬挂或站立着的彩色纸偶,即皮纳塔(Piñata),在打破的瞬间,皮纳塔里的糖果、糕点、小礼物等纷纷掉落,非常有喜庆欢乐的气氛。

- 用购物纸袋（带拎手）自制一个皮纳塔，制作时让孩子一起参与，做一些力所能及的事。皮纳塔不要求多么完美精致，也无须耗费太多时间、精力，简单就好：在纸袋上画一个章鱼头，然后用皱纹纸做成触须粘到上面；也可以将彩色剪贴画放大复印后贴在纸袋上；还可以给袋子喷上颜料，贴上贴纸。无论成品如何简陋，哪怕还能看出袋子的"原形"，都没有关系，反正到最后几分钟就敲烂了，对吧？
- 寻宝游戏也很有趣。家人可以帮着设计并制作寻宝用的提示线索，布排寻宝路线。提示线索要符合小寿星的认知水平，照片、绘画、简单的文字、短诗都可以。而"宝箱"则可以是任何一种容器，只要结实就行：可以是家里日用的塑料收纳箱，也可以专门去二手店买一个旧盒子或旧箱子。

客人名单。人多难免杂乱，你应该清楚孩子的承受能力，承受力有限的话，就应该毫不犹豫地缩减宾客的人数（一般的做法是岁数加一）。在请柬上写明只能1位小客人加1位家长。此外，如果你不打算邀请全班同学，那么不要将请柬送到学校；发送电子请柬或通过社交平台发送邀请即可。

派对结束啦。在请柬上写清楚聚会结束的时间；提前提醒家长过来接孩子。用比较安静的活动来结束聚会，比如各自整理从皮纳塔里拿到的玩具和糖果，还可以与其他人进行交换。最后，欢快地宣布："孩子们，聚会到此结束！"如果聚会结束以后，客人还逗留了很久，家长也一直陪着，记得对他们表达谢意："谢谢你们能来，你们家德鲁真可爱，凯拉已经等不及要看他送的故事书了。"然后，打扫现场。

收礼物。有些客人会提前询问孩子喜欢什么，那么，将孩子的兴趣爱好透露给他们，哪怕他的兴趣范围窄得可怜。这种时候没必要扭扭捏捏，大方说出来。如果礼物对孩子没有意义，就只会让他感到莫名其妙和困扰。如果他喜欢飞机模型，或她喜欢帽子，那么即使收到的全是飞机模型或全是帽子，对他/她来说也绝对是一件乐事。同时，你也要做好准备，提前教导孩子，万一收到不感兴趣的礼物，应该如何应对。

- 给聚会设置一个主题，方便客人根据这个主题判断孩子的兴趣所在。从请柬开始，到聚会上用的纸盘、纸巾、皮纳塔或寻宝路线，都可以体现统一的主旨，比如海盗、骏马、消防车、花朵、恐龙等。
- 至少，孩子应该对每一位送礼的客人表示感谢。孩子可能无法理解，自己明明不喜欢这个礼物，为什么还必须说谢谢。所以你应该从小教导她，礼物是别人用心挑选的，是对她的一番心意，理应得到她的感谢。提前演练收礼物和致谢的场景（将家里的物品收拢起来，假装成礼物一一打开）。（另见本章后文"收礼物的礼仪"部分。）

完美收场。除了在收礼物时表示感谢，在道别时也要说一声"谢谢你们能来"。对主客双方来说，这才是活动真正的收尾。

蛋糕新解

蛋糕是生日聚会上的必备元素，但别忘了你是给孤独症儿童过生日，如果孩子对蛋糕毫无兴趣，用其他东西取而代之也未为不可。只要是可以吃的东西，再加上"生日快乐"的插件和一支蜡烛就可以了。过去多年，我们见过生日派、生日西瓜、生日饼干、布朗尼、奶油圣代、棒冰、带蜡烛的巨型"三剑客"巧克力棒，还有用圆柱形巧克力奶糖做成的小木屋，屋顶的烟囱里插着一支蜡烛。说真的，现在谁还会为吃不到蛋糕而"失望"呢，这样的担心纯属多余。爸爸妈妈们，你们也可以反思一下自己在这方面的态度。确实有太多家长在为孩子不喜欢蛋糕而纠结，他们觉得过生日"就是不应该"没有蛋糕。

而孩子对蛋糕的兴趣可能完全不在于吃。埃伦的两个儿子小时候就志不在此。大儿子也吃蛋糕，但既不用叉子也不用手，他喜欢直接把头埋进糖霜里。没错，埃伦曾一度允许他这么做，不过仅限于家人间的聚会上，正式的场合是不可以的。照片记录下了那些珍贵的画面。小儿子不喜欢吃蛋糕，但热爱工程设备。他会要求将蛋糕做成工程主题，上面铺满厚厚的奶油，他会用他的"风火轮"车模在上面"铲雪"、"挖土"。蛋糕上还点缀了冰糖块，以增加现实感。视频记录下了那些珍贵的时刻。怎么高兴怎么来，要的就是那个开心的劲儿。

所有人都会被快乐感染，包括你！

不一样的礼物给不一样的孩子[1]

如果你家孩子的兴趣完全不在常规频道，那么每年的生日和节日礼物就成了你的难题，因为玩具店的礼物完全无法满足他。你要抛开以往对礼物的想象，从孩子真正感兴趣的点出发，想出不落窠臼的点子才行。有一种思路，是用特别的方式呈现寻常的物件，让人耳目一新、莫名惊喜。看看下面这些埃伦家曾经用过的热门"礼物"，说不定你家孩子也会喜欢。

- 有感觉强化作用的日用品也能成为有趣的礼物，而且一给一堆，孩子会非常开心。比如，埃伦家连续多年最受欢迎的礼物，是成筐的罐装剃须膏，孩子可以将它们放到浴缸边、自家车道上、厨房水池边，想放多少放多少。有同样效果的还有气球和棉花糖：一次吹起一百个气球，让他一次性全部挤爆；虽然一颗棉花糖都不吃，但他喜欢把它们放进篝火一个个融化，将一整袋棉花糖全部烧光却没人指责他"浪费"，实在是过瘾至极。
- 手电筒也是一个常用且好用的感觉刺激工具，同样能变身成特别的礼物。平时你们想用手电筒的时候是不是常常找不着？来一篮子手电筒！哪怕玩遍了各种新奇玩具的孩子，也无法抗拒在熄灯后用手电筒玩捉人游戏、在天花板和墙上玩"灯光秀"（不论有没有音乐伴奏）的乐趣。如果你想玩出更多花样，推荐两本书：弗兰克·雅各布（Frank Jacob）的《好玩的手影戏》（Fun with Hand Shadows）和比尔·迈尔（Bill Mayer）的《影子游戏》（Shadow Games）。
- 海盗百宝箱。有一年，我的人造珠宝总是莫名其妙地丢失。直到有一次卖旧物的时候，我才在一个破旧的百宝箱样子的首饰盒里发现了它们，原来是被"海盗"们掳去当战利品了。去二手商店买一些假珠宝、假首

---

[1] 原注：改编自"Uncommon Gifts for Uncommon Kids" by Ellen Notbohm. *Autism Asperger's Digest*, 2004 年 11–12 月。

饰是个不错的主意，也可以问问你的闺蜜们，有没有淘汰下来闲置不用的，给你一件两件。当然，你也可以在箱子里放上孩子感兴趣的其他东西。然后，或埋或藏，开始你们的寻宝之旅！画出寻宝图，或设计好各种提示锦囊，让孩子一关关破解，最终找到宝藏。寻宝过程本身就是一个很好的礼物。如果孩子还比较小或不识字，那么用照片或图画来当提示线索。随着孩子阅读和思维能力的增长，再逐渐提高提示的复杂程度。

- 将最寻常的东西放到出乎意料的地方也可以带来不一样的惊喜：工具箱里装满自制的饼干，保冷袋里塞满袜子，空心的南瓜里放一个灰姑娘洋娃娃，小雨靴里垫好纸巾，塞满糖果或牙刷（是孩子最爱的卡通造型或最爱的颜色，如果她想一次性全部打开，没问题）。

当然，也别忘了教孩子给别人送礼物，这方面同样很重要。孤独症或阿斯伯格综合征儿童很难理解和体会他人的感受，"你觉得爸爸会喜欢什么？"可能是他目前还无法回答的问题。但你不能因此而认为，在讨论这样的问题时，可以"暂时"将他排除在外。没有你长期耐心而温柔的坚持，不经过反复的训练和强化，他可能永远不会有正确的答案。从现在开始，让孩子参与礼物的选择和制作，学着揣摩他人的喜好。在送出礼物的那一刻，对方开心的笑容和一声声"谢谢"，将深深铭刻在他的心上。

礼物如果融入送礼一方的某些元素，往往能得到对方的青睐。比如带照片的雪花水晶球，孩子可以一起帮着选照片，再将照片剪成一定的形状。水晶球通常是双面的，让孩子来决定哪一面放哪一张。可以一面是现在的照片，另一面是婴儿时的照片；或者，一面是照片，另一面是他制作的小手工，或是用指纹按出的一枚小爱心。类似的礼物还包括：带照片的摇头娃娃（photo bobblehead）、用照片或手工作品制作的圣诞树挂饰、日历或吊坠盒。

小锦囊

节日装饰可能会让孩子感到无所适从。分步骤一点点推进，比如：第一天，竖起圣诞树；第三天，挂上灯饰；第五天，挂起花环等。

收礼物的礼仪

我们仔细地教孩子在聚会或节日收礼物时应该注意哪些礼仪,却常常忽视拆礼物的环节。礼貌的做法应该是这样的:

1. 先打开并阅读卡片,再打开礼物。
2. 提前准备一把剪刀,当礼物上的蝴蝶结或缎带打不开时,用剪刀剪开。
3. 找到包装纸的接缝,从接缝处撕开。
4. 礼物完全打开后,对送礼物的人表示感谢。请确定孩子已经理解,这种场合不应该100%说出真心话。提前排练,让孩子学一些简单而万能的表达,比如"非常感谢"、"您太客气了"之类的话。
5. 不论喜欢与否,将拆开的礼物轻轻放到一边。将不喜欢的礼物随意丢开,会挫伤送礼者的感情。
6. 将所有礼物全部打开后,再拿喜欢的那个去一边玩。
7. 聚会后必须给送礼者发送致谢短笺。因为需要表达孩子的谢意,所以,如果是孩子口述,由你代写,记得签上孩子的大名,可以写,也可以画。当然也可以发送邮件或短信。这样做可以再次强调我们的感激之情(感谢对方费心费力又费钱),也是让孩子锻炼社会性思维、书写及写作能力的好机会。

小锦囊

帮助孩子在椒盐卷饼(pretzel twist)的上孔里打上格子呢、缎子或其他材质的漂亮带子,做成好看的圣诞花环,挂在壁炉架上、门上或圣诞树上。过完节后,可将花环挂到外面的树上喂小鸟。

把孩子的作品裱起来

把贴在家里冰箱上的、堆在教室角落里的孩子的作品拿到外面进行专业的装裱。这样做等于告诉孩子："你很重要。"而上墙的作品必然会吸引一位又一位的来客（尤其是在家里），孩子的努力也将得到一次又一次的认可。你也可以将孩子的画作拍成数字照片，用图像软件编辑成独一无二的艺术画册，在亲朋好友过生日或过节的时候当礼物送给他们。你还可以让孩子在画册上写一两句简单的寄语，甚至加盖一个唇印或小手印。

孤独症安全

美国孤独症联合会（National Autism Association）的一项在线调查显示，92% 的被调查者表示，他们的孩子存在走失的风险。这样的结果令人震惊。如果你的孩子或学生很容易受到惊吓，并因此有逃跑的倾向，那么你需要马上制定一项安全计划并立即执行。下面是来自全国各地家长的建议，其中很多又采自全国孤独症联合会网站"孤独症安全工具包"（Autism Safety Toolkit）里的内容（NationalAutismAssociation.org）。

准备一份关于孩子的信息宣传单，并附上孩子的近照，多复印几份，一份给你所在区域的第一响应人（发生事故、紧急情况时第一个到现场组织应急救援的人），剩下的分别放在家中、车中、包里、钱包里。万一你在带孩子的过程中受伤或出现无法照料孩子的其他状况，单子上的信息可以为孩子求得必要的帮助。你还可以将其分发给家人、朋友、邻居和同事。具体来说，宣传单上可以包括以下信息：

- 孩子的姓名。
- 孩子的近照及身材外貌：身高、体重、眼睛和头发的颜色、明显的疤痕或其他容易辨认的特征。
- 孩子最喜欢的歌曲、玩具、故事或影视人物。
- 父母、其他照料人和紧急联系人的姓名、住址、手机号码。

- 孩子的感觉问题、用药情况、饮食问题，以及这些方面的特殊需求。
- 孩子存在走失的倾向或其他引人注意的反常行为或特征。
- 孩子最喜欢去的地方（如果走失，可能会去的地方）。
- 孩子喜欢什么、讨厌什么；接近并安抚孩子的方法和技巧。
- 哪些事物会吓到孩子。
- 如果是无言语的孩子，如何沟通：手语、图画板、文字。
- 孩子随身携带的身份信息在哪里：首饰上、衣服标签上、名片卡上。
- 画出附近的地图，突出标记有水源的地方以及危险场所，并标明去这些地方的路线。

如果可行，给孩子带一个 ID 手环，上面写上你的名字、电话号码，并说明孩子有孤独症而且不会说话。

如果孩子不愿戴手环或项链，那么可以试试将你的联系方式做成暂时性的文身。

市场上还可以买到各种价位、各种形式的个人追踪设备和服务，包括可以与电脑或手机绑定的追踪器、追踪腕带以及某一城市范围内的第一响应人服务系统等。

院内安全

给孩子设定视觉边界，让他在安全的区域内玩耍。

- 带孩子沿安全区域的边缘走一圈，熟悉安全范围；每天或每隔几天重复一次，直到牢牢记住。
- 在自家车道的末端涂上油漆或设置一个大大的红色"停"的标识。
- 用一排橙色三角锥（交通用或运动用）标示边界。
- 在院子周边喷一圈亮橙色或黄色油漆。如果喷在草坪上，那么几经修剪之后，需要重新再喷。

屋内安全[①]

如果你家孩子比较好动，又是个破坏大王，那么屋内就不能有磕磕绊绊的东西。以下是家长朋友给你的安全建议：

- 将大块的平板玻璃换成树脂有机玻璃或小块的玻璃砖。
- 将墙上的孔洞用镶了框的艺术作品遮起，镶框用螺栓固定并加石膏线装饰。
- 影音设备用螺栓固定上墙，并加装一层有机玻璃隔挡，以免电视、音响设备受损。
- 在柜门上安装儿童安全磁力锁（Tot Locks 品牌，装在柜门内侧，外面看不见，需要用磁力设备开启）。
- 是的，还有专门防儿童的围栏。某家庭的真实案例："为了不让女儿跑出去，我们在前院安装了一个 PVC 材质的围栏。结果她把栏杆弄歪后钻了出去。于是我们又在里面加装了钢筋。而大门锁（有三个）都装在了门外。她终于安全了。"
- 如果你家孩子擅长"脱身魔法"，可以在坐车时使用"巴士背心"（穿上背心，拉上后背拉链，再固定到车内的安全带上）。推荐 E-Z-On 品牌的此款产品以及其他相关产品（*www.ezonpro.com/products/schoolBus/vestClosure.shtml*）。
- 使用嵌入式床、嵌入式柜子、嵌入式架子，甚至嵌入式床垫，防止孩子随意移动它们。

失眠问题

睡眠紊乱在孤独症儿童中极为常见。为了最大限度地解决这一问题，家长首先要明确，孩子具体存在怎样的睡眠问题。

- 入睡困难：习惯性的入睡困难可能是因为缺少一个稳定的睡眠常规，包

[①] 原注：想法改编自 Special Needs Children's Network 网站 *http://archive.specialneedschildrennetwork.com/archive/sncn2.html* 上的资料。

括固定的上床时间以及明确的睡眠场所（卧室、床）；间歇性的入睡困难则可能是因为午睡过多、恐惧（比如害怕黑暗中有怪物）、睡前过度兴奋、药物副作用等。

- 半夜醒来：孩子睡不安稳、半夜惊醒，可能是因为在一个地方入睡后又被转移到了另一个地方，或者，大人守着孩子，等他睡着后才离开。无论哪一种情况，孩子醒来后看到的情形与入睡时完全不同，于是感到迷失和不安，以致无法重新入睡。饥饿或口渴、药物副作用、生病、白天受刺激导致噩梦、不可预料的外界噪声也都会导致半夜失眠。

- 睡眠周期紊乱：导致睡眠紊乱的原因包括白天过度刺激、让儿童自己决定入睡时间（上床时间不固定）、生物钟改变。梦游、尿床、磨牙、撞头、夜惊等也都会干扰孩子的睡眠。

10 条助眠小贴士（另见第一章中"睡眠问题"部分）：

1. 开始写"睡眠日记"，记录问题发生的具体时间以及发生频率。
2. 寻找可能影响睡眠的生理原因。
3. 寻找可能影响睡眠的行为原因。
4. 建立一套固定的睡眠常规并坚持执行；必要的话可以使用视觉提示或视觉时间表。
5. 睡前避免过度刺激：避免高强度的、剧烈的游戏活动（你以为这样的活动可以消耗体力、帮助睡眠，但其实正相反），避免具有兴奋作用的饮食，比如巧克力、高糖饮料或零食；睡前一小时避免接触电子产品——电视、电脑、手机、游戏机等。
6. 只允许孩子在床上入睡，白天不要让他在床上玩耍，让床成为专门睡觉的地方。
7. 营造良好的睡眠环境——安静、黑暗、温度适宜（不要太暖和）、舒适的床垫被褥。
8. 如果孩子总是晃出房间，关上房间门，或者安装双截门（上半截打开，下半截锁住）。

9. 检查房间内是否有感觉扰乱因素：钟表滴答声、窗外树枝刮蹭窗玻璃的声音、空调外机的响声、床单被套触感不佳或图案过于刺眼等。

10. 睡前、睡中保持相同的环境，防止孩子半夜醒来无所适从。这也意味着家长应该克制自己，不要陪孩子入睡。

通过呼吸放松身心

调息法，或者说瑜伽的深呼吸练习，是用来静定思维、调伏感官、放松身体的。当孩子或你自己焦躁不安的时候，可试着借鉴瑜伽的智慧，进行呼吸练习。将呼吸练习纳入你们的每日常规之中，并享受它带来的诸多益处，比如，你们的整个身心将更加平静安宁，你们可以更迅速地化解压力，睡眠也会更加安稳。

观察呼吸

一开始，先让孩子安静下来，观察他的呼吸——感受空气从鼻腔进、出，再进、出，放下刻意，什么都不"做"，只是呼吸以及感受呼吸。当孩子可以轻松完成这一步以后，开始下面的深呼吸练习。

腹式呼吸

让孩子站、坐或者仰卧平躺，将双手轻轻置于腹部。让她吸气，使腹部隆起，就像气球被吹鼓了一样；然后呼气，给气球放气。引导孩子留心腹部随呼吸有节奏地自然起伏的过程。刚开始每次可以做 3～5 次腹式呼吸，随后可逐渐增加到 10 次。

三段式呼吸（升降式呼吸）

在这种呼吸法中，孩子将运用身体的三个部位进行呼吸：腹、胸和头部。为了方便孩子的理解，你可以将这一过程比作升降式电梯上上下下的过程。这样的练习可以站着做、坐着做或躺着做，不过，儿童通常在躺着的时候比较容易感受身体的变化。

- 先让孩子用平常的方式呼吸几次，放松身心。
- 开始乘坐"升降电梯"：从鼻孔吸气，再呼气，将"电梯"送至"地下室"，即孩子的脚趾处。
- 吸气，"电梯"开始上行至"一楼"，即孩子的腹部。让孩子屏息数秒（电梯暂时停在一楼），然后彻底呼出。
- 吸气，"电梯"继续上行至"二楼"，即胸腔。让孩子感受肋骨撑开、后背顶着地板的感觉。再次屏息数秒并彻底呼出。
- 第三次吸气，将"电梯"升至"顶楼"，即头部。让孩子感受头部充满气体的感觉。屏息数秒后彻底呼出，将"电梯"送回"地下室"。
- 这个练习应该慢慢推进。随着孩子深呼吸练习的加强，他们的肺活量将得到提升，呼吸也会变得更加深长饱满。

不论哪一种呼吸练习，在结束之后，都要先在原地休息一分钟左右，再站起来做其他事情。深呼吸有很好的镇静作用，所以，可以让孩子在睡前躺在床上练习，并养成每天练习的好习惯，使之成为睡眠常规的一部分。

在另一方面，在孩子（或家长）精神不振、慵懒倦怠的时候，也可以利用瑜伽呼吸来提神醒脑、活跃身心。比如，有一种"圣光调息法"（Shining Skull），只需 1～2 分钟，就有明显的提神效果：

- 找一个舒服的姿势坐下，可以坐在地板上，也可以坐在直靠背的椅子上。坐直，闭上眼睛。
- 闭上嘴巴，深吸一口气；让气体短促而有力地连续多次"喷鼻"而出，直到全部呼出；再次吸气，重复以上步骤。
- 开始时要缓慢推进，以 30 秒为宜，因为连续几次这样的呼吸之后，孩子会感觉头晕。最终，这样的练习可以持续 1～2 分钟。圣光调息法可以给大脑快速输送含氧量高的血液，让人神清气爽、耳聪目明！

给孤独症儿童解释死亡

当生活中有亲友或宠物离世时,家长们需要思考如何对孩子解释他们的消失而不至于吓到孩子。要知道,他们的思维都是具体而刻板的,上帝、天堂、天使、灵魂这些精神性概念只会增加他们的困惑。布莱恩·梅隆尼(Bryan Mellonie)的著作《有生之年:用美好的方式给孩子解释死亡》(*Lifetimes: The Beautiful Way to Explain Death to Children*)可以解决你的燃眉之急。书中说:"所有有生命的物体,都有始也有终;从起点到终点的过程,就是一生。"

《有生之年》这本书文笔优美,对生与死,对植物、动物与人的不同生命周期,对这些生命过程的重要节点,对我们身边如何上演着各种开始与结束,都有感性而具体的探讨。它对事物的合理性不做评判,也不探讨丧亲的痛苦或失落之情,更不涉及"来世"这样的精神性概念。

《理解死亡与疾病以及它们对生命的启示:孤独症或阿斯伯格综合征个体与亲人互动指南》(*Understanding Death and Illness and What They Teach About Life: An Interactive Guide for Individuals with Autism or Asperger's and their Loved Ones*)(未来地平线出版社,2008)则是一本关于父母如何与孩子讨论生死问题的指南书。生死是一件很难说清但又必须加以讨论的事,作者凯瑟琳·法赫蒂(Catherine Faherty)用清晰、直白、方便孤独症人士理解的语言就疾病与伤害、康复与愈合、死亡(包括宠物)、宗教仪式、传统习俗等主题展开讨论。这种讨论不局限于事实层面,而是深入内心情感,探究个人对死亡和疾病的不同感受和反应方式。孤独症或阿斯伯格综合征儿童或青少年不仅可以从中获得精神上的慰藉,也能找到实用的应对手段和方法。"面对死亡,人们可以学到什么?""榜样和导师的力量"等章节,更是从"生"的角度谈论"死",提醒我们每一个人珍爱生命、活出精彩。

一次只用一种干预方法

因为急于看到孩子的变化和进步,家长往往会让孩子同时接受多个干预或治疗项目。但是,当孩子出现积极变化的时候,你又很难说清到底是哪个方法起了作用。新的饮食疗法？用药调整？新的感觉治疗？教育方案的调整？

所以，一次只用一种干预方法。大多数情况下，30天左右就足以看出孩子是否开始出现变化，知道新的方法是否有效了。

练习吃药

随着孩子逐渐长大，他们吃的药也会渐渐从口服液、冲剂变成药丸、胶囊。请别等孩子生病需要吃药了，才开始考虑他能不能吞下药丸这个问题。在平安无事、心平气和的时候进行练习，效果更佳。我们的儿科医生建议，练习时可以将水装在瓶子里，而"药"则可以是M&M豆之类的食物。当孩子拿起瓶子大口喝水时，头部会不自觉地后仰，药丸便能顺利吞下去。

购药小建议

药品价格永远都在飞涨。联系孩子所用药物的生产厂家，看看他们能否以优惠价直接供药给你。很多公司是有这样的政策的。

维生素喷剂

孩子如果挑食、偏食或少食，可以通过维生素喷剂来补充必要的维生素和其他营养素。喷剂的好处在于使用方便：它不像药丸那样存在吞咽难题，也没有被吐掉的风险；它不添加药物填充剂；它无须捣碎或隐藏到食物中。此外，它还能绕开胃肠道，在30秒内快速进入孩子的循环系统，其中的有效成分能被身体更好地吸收和利用。你可以在网上搜索生产维生素喷剂的厂家。

减少过敏原，防止耳部感染

根据美国加州圣迭戈孤独症研究中心主任史蒂芬·埃德尔森博士（Stephen M. Edelson）的说法："几个大规模的调查显示，发育性迟缓儿童、孤独症儿童、胎儿酒精综合征儿童是耳部感染的高发人群。"而反复的耳部感染有可能导致儿童后期在言语和语言方面出现问题。

"越来越多的证据表明,"埃德尔森博士说,"很多耳部感染,甚至可能大部分的耳部感染,从根本上说,都是某种过敏性反应。过敏原可能存在于空气中,包括花粉、霉菌、二手烟、粉尘、动物毛屑,也可能存在于食物中,常见的有奶制品、面食、鸡蛋、巧克力、坚果和糖。"

如果你怀疑是空气中的过敏原导致了孩子的慢性耳部感染,那么,去室外吸烟(吸烟本来就该去室外,即使孩子身体健康),宠物也养在室外;考虑安装空气净化器,以杀灭空气中的微生物。如果你怀疑是食品的问题,比如牛奶,那么用几周时间逐渐戒掉牛奶,看情况是否有所改观。

- 每次只戒掉一种食物,逐一排查致敏物质。
- 如果是食物过敏,那么最有嫌疑的应该是孩子爱吃也常吃的食物。但你不要一下子完全停止供应,因为那样会让孩子很难受。用 1~2 周逐渐戒除,是一种比较温和的做法,效果也不错。就拿牛奶来说,一开始,可以将孩子三明治里的奶酪更换成其他非乳品材料;然后,将孩子常吃的冰激凌换成其他不含乳的冷冻甜点;接着,将每天 3 杯奶减少到每天 2 杯,几天后再减少到 1 杯,最后,完全不给。也可以将牛奶替换成各种不含乳的奶类,比如豆奶、大米奶、杏仁奶等。如果你有给孩子补钙的需求,那么可以尝试各种添加了钙质的果汁。

用药严谨[1]

绝不要因为医生开了药,就二话不说地给孩子用药。如果在接受治疗之前医生向你推荐某种精神类药物,那么你需要收集该药物的完整信息。如果你不追着提问,有的医生是不会将药物的完整信息透露给你的(但这应该是医生的本分)。还有的医生在开药时会超出药物的核准范围,比如,将成人药开给儿

---

[1] 原注:改编自 "Medications and Informed Consent" by Luke Tsai, M.D. *Autism Asperger's Digest*, 2002 年 1—2 月。

童，或者，将适用于另一种病症（类似但不完全相同）的药物开给孩子。只有多问，才能掌握更多的信息，知道医生推荐的药物有哪些疗效和副作用，才能对是否接受治疗做出周全的考虑。

1. 药物的品名叫什么？有其他名字吗？除了品牌药，还有普通一点的牌子吗？
2. 这种药物如何被人体吸收并代谢？
3. 研究证实这种药物对孤独症或阿斯伯格综合征病人有哪些疗效？
4. 这种药物经过儿童用药安全测试了吗？
5. 你预计这种药物将对我的孩子（而不只是对所有儿童）产生哪些疗效？
6. 用药后多久能见效？
7. 常见的副作用有哪些？不太常见但可能会出现的比较严重的副作用有哪些？
8. 在什么样的情况下，应该立刻停药？立刻停药会有危险性吗（是否需要逐渐停药）？
9. 这种药物会使人上瘾吗？孩子滥用药物会怎样？
10. 推荐用量是多少？一天吃几次，什么时候吃？"一日三次"是每8小时一次，还是早中晚各一次？
11. 用药前孩子是否需要做化验或其他测试？用药过程中呢？去哪儿做？需要麻醉吗？
12. 医生会持续监测孩子对药物的反应吗？会根据需要调整用量吗？谁来评估药物的疗效？多久评估一次？
13. 孩子需要吃多久的药？哪些因素会让你做出停药决定？
14. 孩子用药期间，需要停用其他药物吗？哪些东西不能吃？是空腹服药，还是饭后服药？
15. 孩子用药期间，需要避免什么活动吗？
16. 如果出现问题，我们该怎么办？比如，孩子生病、孩子忘记吃药或出现副作用？

17. 药价多少？一般品牌的呢？医保报销吗？有财政补助吗？

18. 需要告诉学校老师，孩子在服用这种药物吗？

19. 哪里可以看到关于该药品的书面资料？除了生产厂家的说明书，哪里可以看到知情人士对该药品的客观评价？

20. 还有其他对症的药品吗？为什么你更推荐这一款？

建立孤独症阅读圈

众人拾柴火焰高，这句老话同样适用于阅读这件事。

时间宝贵，几个人组成圈子一起读书，是广泛涉猎不同书籍的好办法。在一般的读书会中，大家会读同一本书，然后每月一聚，交流各自的心得体会。如果你也喜欢这种方式的读书会，那当然很好。但如果这样的形式会挤占你本已紧巴巴的时间，那么可以根据你的具体需求进行调整。你的阅读圈，可以包括你、你的家人、其他谱系儿童的家长或老师——对你来说，这样的组合会比普通的读书会更有效率。

- 每人各自读一本不一样的书（而不是同一本书），然后与组内成员分享书中的信息以及个人体会。
- 信息分享可以通过传统的方式实现，即聚在一起面对面交流，也可以采用线上方式，比如电子邮件、社交网络平台。
- 成员之间可以根据大家分享的信息，结合自己的需要，相互交换书籍。
- 成员可以每年或每半年凑一次钱购买新书，充实集体书库。当然，也可以根据实际需要，不定期地集资买书。

提高读书效率[1]

感谢你阅读这本书！感谢你在茫茫书海中选择了我们。写至此处，亚马逊

---

[1] 原注：改编自"So Many Books, So Little Time", *The Autism Trail Guide: Postcards from the Road Less Traveled* by Ellen Notbohm. Future Horizons, 2007.

网站上（*Amazon.com*）以"孤独症"为关键词的选项有 23000 个，"阿斯伯格"的也超过了 6000 个。应该怎样选书，才能最大限度地利用你有限的时间和金钱呢？下面是我们的建议：

- 目前你需要多少信息？需要怎样的信息？
  - 你是否需要对孤独症的所有问题做一个百科全书式的概览？如果你是刚刚接触到孤独症，那么，可以选一本面面俱到但不甚深入的综合性书籍，把它当参考书，在需要时随时翻开来查找你想知道的信息。
  - 如果你已经过了最初的诊断期，想深入钻研某个具体的问题，比如社交技能、饮食问题、精细运动障碍等，那么你需要选择比较专业的作者写得比较专业的书籍了。
  - 你是否需要借鉴他人的经验或找一个激励自己的榜样？掌握新的行为策略固然重要，但有时候，知道别人已经走过你的路，并且还获得了成功，是一件同样重要的事。
- 别选这样的书：
  - 标榜"一招解决所有问题"。
  - 不考虑每个孩子、每个家长和每个家庭的独特性。
  - 论述范围太窄、解决问题的方法太少或缺乏灵活性、无法满足实际生活的复杂多面性。
- 试读：
  - 如果你对特殊饮食或某种治疗方法感兴趣，在买书之前，可以在网上搜索它的基本原理或方法。一种有效的干预方法，通常需要投入大量的时间和精力，以及锲而不舍地坚持。如果查阅后你的第一反应是"哇，这个有用！"那就去买书。反之，如果你一看就觉得工程浩大、力不从心，那就不要浪费时间，你应该去找与你的生活方式和性情更加合拍的方法。
  - 先从图书馆、学校或社会公益服务机构借书来读，看看你是否真的需要或喜欢这本书。如果不方便借阅，那就去书店：随机试读书中的三个地方，如果没有一处能让你产生共鸣，那么它可能并不适合你。
- 利用网络搜索。谷歌、亚马逊网站上都能找到相关书籍的介绍。你可以试读网页上的书摘、浏览全书的目录、看一看封底。不花一分钱，你就能大致了解该书的版式、风格以及内容了。

※ 了解自己的阅读方式：
- 你是想尝试非传统的另类方法，还是愿意沿袭传统，信任那些被大家检验过的方式和方法？什么样的作者比较吸引你，是与你有着相同心路历程的家长，还是经验丰富的专业人员，抑或"现身说法"的孤独症或阿斯伯格综合征个体？这些来自不同视角的经验都很珍贵，但你或许更倾向于其中的某一种。
- 根据时间充裕程度选择适合自己的书。如果你每周只有一小时的阅读时间，那么选一本篇幅较短但涵盖面广、可以让你对某个主题建立整体框架、对你有方向指导性的书。如果你时间充裕，那么找一些更有深度的书来读。

可是，如果你还是不知道选什么，那就选经典作家的书吧。孤独症领域确实有少数非常受欢迎的专业作者，只要是他们的作品，读者总是追着阅读：托尼·阿特伍德（Tony Attwood）、天宝·格兰丁（Temple Grandin）、布伦达·史密斯·迈尔斯（Brenda Smith-Myles）、琳达·霍奇登（Linda Hodgdon）、卡罗尔·格雷（Carol Gray）、米歇尔·加西亚·温纳（Michelle Garcia Winner）、杰德·贝克（Jed Baker）、卡罗尔·克拉诺维茨（Carol Kranowitz）、斯坦利·格林斯潘（Stanley Greenspan）。这些作者之所以获得了广泛的关注和认可，一个共同的原因，就是他们的书值得一读。

小锦囊

为了让孩子更愿意听从指令，可以在活动中途设置一些小惊喜。比如，布置餐桌时，你说："把刀叉拿来，摆到桌上。"当他拉开餐具柜的抽屉时，一眼就能看到里面有个笑脸图案或"你真棒"的标识。

我可以自己做这件事了——学前期

培养独立技能应该从幼儿期开始。但这一阶段是为下一阶段真正学习生活技能打基础的,整体以熏陶为主,要求寓教于乐,并且一定要有奖励。

- 给孩子一个头衔。"妈妈的小帮手"过于笼统,最好与具体的任务相挂钩,比如"餐厅经理""宠物主管"等。
- 只给孩子分派他力所能及、可以顺利完成的任务,在他熟练掌握现有技能后,再引入新的技能。任务职责要符合孩子的兴趣和能力水平,比如男孩可能喜欢给小狗或小鱼喂食,女孩则愿意帮你整理袜子或清扫落叶。
- 使用视觉时间表帮助孩子记录工作进展。专门固定一个地方,你们一起打钩确认"已完成任务"以及"可以发放奖励"的项目,让孩子直观地看到自己进展到了哪一步,什么时候能够领取奖励。
- 是的,要有奖励!给每个任务定一个奖励机制:多久奖励一次,每小时?每天?每周?答案是:取决于孩子需要怎样的强化,即需要即刻强化,还是能延迟满足。
- 孩子"在岗"时,要不吝赞美和表扬。用头衔来称呼孩子:"不好意思,邮件管理员先生,今天我可以寄信吗?"
- 让孩子在任务中熟悉并适应各种概念,如"犯错误""再接再厉""准时""稍做修改"等。随着孩子能力的发展,逐渐给他分派比较复杂的任务,让他担负更加重要的职责,比如学习使用恰当的社交语言或合理安排任务顺序以提高效率等。

我可以自己做更多事了——成长中的孩子

随着孩子能力的不断发展,你要为他创造一个鼓励探索的环境,让他积极参与各种日常活动,不断提高生活独立性。

在厨房,准备点心(经过你的同意):

- 在橱柜的低层专门辟出一个地方，存放孩子可能要用到的东西：不易碎的碗、盘、杯子和其他餐具。需要的话，在柜门上用文字或图标做好标记，方便他找到物品。
- 如果食品的原包装很难打开或合上，替换成简便好用的自封袋或塑料盒。将这些重新包装过的食品放到橱柜中孩子的专用架上。
- 冰箱里的食物也一样处理：将孩子爱吃的东西放到最下层的格子，方便孩子自己取用。需要的话，也将食品保存到比较方便且不易打碎的容器中。
- 在水池边（卫生间、厨房）放一张脚凳，方便孩子洗手或将碗盘放入水槽。

在洗衣房，洗衣、烘干、收起来：

- 将他自己的衣物放入脏衣篮中，或放到分类筐或分类袋中（白色、彩色、深色衣物）。
- 将洗好的衣服从洗衣机拿出，放入烘干机。
- 将洗好烘干的衣服收起来：叠好放进抽屉或套上衣架挂进衣橱。一些家长认为，安装一根低矮的挂衣杆，让孩子将他所有的衣服统统挂在上面，最为简便易行。

最后，教孩子将任务的所有步骤完整地连起来，比如给自己做一个花生酱三明治、整理自己的书包，等等。需要的话，可以采用文字或连环画的形式，将各个步骤按顺序罗列并张贴起来。

我可以自己做很多事了——大龄儿童

到 10 岁或 12 岁左右，大部分孩子都有了足够的动手能力以及排序和分类的能力，也掌握了基础的运算技能，可以完成相当多的家务活动了。这时，你要再次反思自己的行为：有没有剥夺孩子的学习机会？有没有因为孩子做得"不对"、做得慢拖后腿或没有在"应该"的时刻做事，而不耐烦甚至火冒三丈？我们很容易忘记自己也不是一夜之间学会这些技能的。埃伦的儿子在 15

岁时就基本实现了独立自主。根据她的建议，孩子从 10 岁开始就应该：

- 学着给脏衣服分类、使用洗衣机和烘干机、折叠衣服。
- 开始每周和妈妈或爸爸去超市购物，知道自己喜欢的东西在哪里、能挑选自己爱吃的食物、识读货架上的标签、去柜台结账或刷借记卡消费。
- 学习清洁浴缸、水槽、马桶以及拖洗卫生间地面。
- 帮忙收拾碗盘、从洗碗机取出洗好的碗盘／将脏碗盘放入洗碗机。
- 学习用钥匙开门并掌管钥匙。
- 学习做自己爱吃的简单饭菜（见下文）。

再次强调：所有这些生活技能都是通过锻炼培养出来的，只有经过教学、反复训练、耐心坚持、不断强化，孩子才可能掌握。认为他会无师自通是一种想当然，绝对要不得。

你可以自己做这件事——不愿做事的孩子

我们一直强调"不要想当然"，但在教孩子生活技能这一点上却是个例外。你必须教孩子生活技能，而且还得从幼儿期就开始教，这种教学就基于一种想当然：孩子将来应该成为一个独立的成年人。生活技能的教学是一项浩大的工程，如果你认为孩子早晚会自己生出独立的愿望，到那时再教也不迟，那么到时候，你大概只会陷入手忙脚乱的境地。这里，我们需要再次反省：孩子的行为和态度是否（或者说在多大程度上）反映了我们自己的行为和态度？孩子不想或不愿意为自己做任何事，是不是你或什么人总是大包大揽地安排了一切？

要改变孩子的懒散不合作状态，你可以想办法将孩子的某个短处转化成教其独立的契机和手段。举例来说，很多孤独症孩子喜欢一成不变，希望自己能严格控制周围的环境，那么你可以顺势将这种愿望导向独立自主。如果孩子希望食物、衣服和生活常规都按照他的方式来，那就让他自己去实现。

- 如果他每周二只穿"星际迷航"的 T 恤配黑色牛仔裤，教他使用洗衣机和烘干机，让他自己及时清洗。

- 如果他总是担心迟到或为各种任务转换而烦恼，那就给他一个手表，教他如何看时间（包括指针表和数字表，因为很多公共场所仍在用带指针的钟表）。孩子学着调整自己的步子，有条不紊地上课、完成晨起常规和晚间作业，可以很好地释放压力，增强独立自主的感觉。
- 教他烹饪或准备自己爱吃的饭食。可以从简单的热狗、意大利面、三明治、鸡胸肉等开始练习。这是一个双赢的做法：于你，再也不用做这些单调无聊的快餐食品了，于他，再也不用忍受饭桌上不合胃口的饭菜了。

让孩子知道，他越善于照顾自己，就越可以承担更多的责任，享受更多的特权和自由。

以身作则从来都至关重要。你希望培养什么样的行为，就要示范什么样的行为。埃伦家的一位早教老师说得好："我从不要求学生去做我自己不想做的事，无论什么事，我们都会一起做。我也从不强迫孩子做任何事，但我会让他看到，如果他做了，会有什么好事发生。"让孩子知道"我能从中得到什么好处"，是一种可行也有效的激励方式。

引导孤独症孩子进入成人世界[1]

帮助孩子顺利度过童年期，进入富于创造、独立自主的成年期，是家长的天职。当孩子还小，各种孤独症问题层出不穷的时候，那个"独立日"看起来似乎遥遥无期。这是好事！因为它正意味着，在孩子开始接受职业技能培训或学习保持收支平衡之前，你还有充分的准备时间。

你应该将切入点放在孩子的与众不同之处——从孩子特别的能力、长处、兴趣和动机着手。发现这些独到之处，并利用它们来发展良好的亲子关系，是孩子成长路上最重要的基石。知道自己有所归属，与人连接着，有价值、有能力、被需要，这是他的立足之本；知道自己有学习、做事的内在能量，只要多加练习、耐心坚持，就可以成功，这是他的翱翔之翼。

---

[1] 原注：改编自"Independence Day: Guiding Your Special Needs Child to Adulthood" by Ellen Notbohm。最初发表于 *Parenting New Hampshire,* 2006 年 6 月。

- 要认识到,孩子与你及所有家庭成员的关系,是他成人后能否取得成功的最强有力的决定性因素。同时,强调他的优点和长处,利用它们来培养他的自信。

- 不要让孤独症破坏孩子与家庭其他成员的关系。将他视作一个合格的家庭成员,既有自身的需求,也能承担对他人的责任。不要将你的注意力全部放到孤独症孩子身上,不要为了一个孩子的需要而毫无保留地牺牲你自己,也疏忽他的兄弟姐妹、祖父母和亲朋好友。这样做不仅会让其他人丧失价值感,也会让孤独症孩子觉得自己是轮子的中心,其他人都要围着他转。孩子若带着这种想法进入成年生活,只会四处碰壁。

- 花时间丰富你自己。让孩子看到,你是一个多面向的成人:你充分享受生活,你积极投身社区活动,你关心自己的健康,你允许自己有娱乐和休息的时间。一句话,请给孩子树立一个尽可能优秀的榜样。

- 表扬孩子的努力,而不是结果。将注意力放在他能做到而不是做不到的事上。认识到所有孩子都有进步的潜力,同时,对你家孩子来说,学会一项技能需要付出比普通孩子更多的努力,需要更多的重复和练习。你的任务,不仅是给他创造练习的机会,还要在整个学习过程中保持耐心。不耐烦、恼怒或用羞辱的方式"让他长记性",都不会让孩子有任何长进,只会让他对你和你说的话失去信任。

- 不要"治疗"你的孩子,让他整天被一轮又一轮的成人围着,接受各种"修理"。别忘了这样做传递给孩子的是怎样的信息。让孩子与你和家人多一点互动,一起进行各种富有创意的活动。陪孩子做他爱做的事,一起去游泳,一起泡在海洋球池里,在玩耍中锻炼运动技能、社交技能和语言技能。陪他去动物园、去图书馆、去公园,和他在雪里玩、在沙箱里玩、在泥水里玩。

- 摒弃各种标准化的测量评估,比如生长曲线图、言语-认知-运动发展里程碑,这些都是针对一般人的评判标准。不要以"正常"为标准来要求孩子。鼓励他去探索、去和人互动、开怀大笑并保持好奇之心,你要坚信,无论能力高低,只要他的学习方式和学习节奏是被肯定的,那么他终将发展、进步并茁壮成长。

- 相信你的直觉。兼听则明，要多听其他家长的经验之谈，但不要把它们当作金科玉律。哪怕你认识的所有家庭都在采用这种饮食、那种疗法，如果直觉和经验告诉你它不适合你的孩子，请不要盲从，要听从内心那个微弱的声音，继续寻找更切合你家孩子和家庭实际情况的方法。
- 把治疗师和专业人士当作孩子成长的领路人，而不是上司和老板。乐于聆听他们给你的各种信息，哪怕有些你还不太能懂。但没必要听到什么，就立刻去做什么。要记得，养育孤独症儿童是一个过程，对于新事物、新东西，你完全可以慢慢熟悉，再决定要不要遵照执行。
- 父母给孩子最大的帮助，就是和他们一起笑、一起玩，帮助他们与周围人建立起社会关系。当孩子能感觉到自己与他人的连接时，内心会生发出源源不断的动力，让他去做所有该做的事。
- 记住，你有的是时间。你有今天，有明天。你还有下周、下个月、明年和之后的很多很多年。

永远不要忘记，家长对孩子的态度，终将成为孩子对自己的态度。培养孩子合理的社会情感性自我认知，必须成为你的教养重点。没有正确的自我认知，任何治疗和教育都无济于事。你应该打心眼里相信，孩子完全可以成为一个有能力、有趣、富于创造且有价值的成年人。用这样的眼光去看待他，为他喝彩。而且，要始终保持这样的愿景，因为孩子也会从你的眼中看到它。因为看见，所以相信；唯有相信，才能成真。

第五章
社会性思维及行为

> 一个人,有多少人认识他,就有多少个社会自我。
>
> ——威廉·詹姆斯(William James)

韦罗妮卡担任《孤独症/阿斯伯格综合征文摘》执行主编已经十年了。与家长、专业人士、孤独症及阿斯伯格综合征成人进行沟通对话是她这些年的日常工作之一。这样的密切接触，让她对有孤独症/阿斯伯格综合征的个体以及没有孤独症/阿斯伯格综合征的个体有了自己的体察和感悟。她还以和他们合作的方式，在杂志上发表了数以千计的文章（由她经手的这类文章总数足以万计），将他们的声音扩散到了整个孤独症社会。

孤独症社会最让韦罗妮卡着迷的地方，在于它的千人千面、万人万相，没有"唯一"的方法和意见。虽然共同承受了孤独症的命运，但大家的想法如此多元。这让她很想探个究竟。谈到她自己对孤独症和阿斯伯格综合征的看法，她认为她的思维比较灵活，不那么死板。

换位思考，灵活思维，是孤独症儿童打开适应社会之门的钥匙，让他们得以接触各种社会性习俗，正是这些习俗将我们所有人密切联系到一起，组成了各种无形的社会结构。我们大部分人每天早上醒来时，都不必思考怎样以社会化的方式思维和行动、让自己更加合群。（但韦罗妮卡说，很多人倒真的应该多反思一下这个问题！）我们的社会性意识会跟我们一同醒来，它始终"在线"，随时可用。

但孤独症儿童和阿斯伯格综合征儿童却天生缺乏与之相应的社会导航系统，缺乏社会性理解的神经网络，他们很容易在社交世界中迷失方向，迷失后也很难修正航向。而在这个靠社会本能建立起来的世界里，本能地获得了社会性能力的家长和老师，常常想当然地认为每个孩子都有这样的本能，整个教学大环境也都要求孩子适应周围的世界。

但对于感受不到社会连接的孩子，世界又是什么样子的呢？如果对于所有感受和事件，无论快乐、痛苦或介于两者之间的任何情感，孩子都淡漠而疏离，生活又是什么样子的呢？一般人会觉得，不懂就问哪，孩子如果不了解自己和周围的环境，完全可以向父母或兄弟姐妹求教。可是，很多孤独症和阿斯伯格综合征儿童真的做不到这一点，因为他们大脑的社会性信息处理网络中天生缺乏承载这一功能的神经连接。要知道，孤独症孩子的知识库完全是建立在自身经验基础之上的：美好的经验被刻上"美好"的标签，希望以后会再次发生；不好的经验则被盖上"红色警报"的大印，将来遇上了，有多远躲多远。

所以，我们需要变换自己想问题的角度，承认并接受孩子与众不同的社会性思维，那是孤独症谱系障碍的核心所在；同时，我们也教他们理解他人的角度和立场。这样，我们才能扫除他们思维的"盲区"，让他们的社会性思维变得更加灵活，从而掌握更多的社交技能，顺利地交上朋友、适应学校生活，将来找到工作、好好谈恋爱。

过去人们曾认为，"大多数"孤独症儿童同时也存在"智力障碍"。短短数十年，我们的认识已经进步了许多，现在，很多人都知道，有些孤独症谱系儿童的认知性智力甚至接近于天才水平。但智商高低从来不能反映儿童真实的能力水平。在人的一生中，良好的社交技能比高智商或优异的学习成绩更容易导向成功。缺乏社交技能的人更容易丢掉工作、孤立于人群。所以，我们现在就应该倡导重视儿童社会情感能力的发展，无论在哪个教学领域，都要将它摆到与认知性学习同等重要的位置。

帮助儿童理解并学习社会性技能，不是读一本书、上一个培训班、参加一个学习小组就能实现的。社会性技能也是生活技能，它的培养是一个持续的过程，需要耐心和不断重复，最重要的，是需要一种顺应能力——任何时候，即使没有答案也不急不躁，愿意与孩子一起去探究有助于促进社会化和社会性连接的各种想法、感受、动机和欲望。韦罗妮卡认为，教孩子或学生社会化的过程与我们理解孤独症行为的过程如出一辙。我们同样需要先进行自我反省，理解我们自己的社会性本质，看清自己内心的各种成见和想当然。这样严肃而持续的自我审视非常磨人，需要相当的胆识和自我接纳度，成人、儿童都没有例外。

教谱系儿童如何社会化地思考和行动、如何让自己更加合群，几乎没有定规可循。问题永远多如牛毛，方法却总是捉襟见肘。但是，那些敢于直面不确定性、对未知孜孜以求、愿意通过认真探索寻找答案的人，会发现这是一趟有趣的旅程。

社会参照能力

社会交往的基础在生命早期就已经奠定完成。儿童最早发展出的一个社交能力是社会参照（social referencing）能力。回想一下，你家孩子小时候在遇到害怕的事或陌生事物的时候，是如何反应的？典型发展儿童会马上看向妈妈或爸爸，以便确认：这个东西安全吗？我有危险吗？我应该害怕吗？我还好吗？只有6个月大的时候，他们就已经可以从父母那里获得有价值的社会性线索，开始理解周围的社交世界了。而孤独症孩子却没有这样的社会参照过程，在生命最初几年个性形成的关键时期，他们在感受周围人和事的时候是孤立的，不依赖于任何人的（如果你不教任何社会性技能，他们将一直孤立下去）。把社会参照技能教给孩子，是家长和学前老师的必修课，因为这一技能是其他社交技能的基础。

- 任何种类的游戏或活动，只要能让孩子把你当成参照对象，就是教授社会参照技能的理想方法。试试躲猫猫或捉迷藏游戏，动作和声音都可以夸张一些。
- 中途改变游戏的常规玩法，这样孩子就需要你来示范或告诉他接下来该怎么做。
- 让孩子在布制的长隧道里爬行（或将几个三角小帐篷首尾相接，形成通道），可以匍匐前进，也可以用手和膝盖支撑着前进。家长或其他成人在通道尽头守候，并把头伸进通道，面朝孩子，充当孩子的参照点；也可以在他爬行时，和他玩躲猫猫的游戏。
- 玩来回式游戏，比如将球在地上滚来滚去，或来回拍打气球。为了接招，孩子需要留意对手的动作。

共同参照能力

对同一物体或同一事件同时予以关注，被称为共同参照。典型发展儿童在出生后9~12个月就开始发展出这一重要的社会性技能了。

用手指物是共同参照能力的最初指征。比如，当看到空中飘浮着气球的时候，孩子会兴奋地指着气球，同时望向妈妈，以便确认她也看到了。共同体验所带来的与另一个人相连接的感觉，已经在孩子内心逐渐发展起来了。他迫切地想和家长分享他的喜悦与激动之情，也感受着彼此之间的社会性连接。

跟其他许多基础的社会性技能一样，共同参照能力也是很多孤独症儿童所缺失的。家长和孩子的早期教育者可以也应该通过共同活动和共同游戏，教孩子感受这种连接。

- 儿童与成人同时同步完成动作，尤其是那些让人捧腹和开怀的动作，会让儿童产生一种共同体验感。比如，握着手一起跑、一起倒下、一起抬东西、一起玩赛车游戏等。一连串进行好几项这样的活动，孩子的兴致会更高。
- 另一个有效的方法，是两个人轮流带头做动作，另一个人跟着做，比如敲鼓或鼓槌、拍手、不同形式的"西蒙说"等。
- 随着儿童能力的发展，打破既定规则，使游戏更富于变化。加入预先设计好的、小小的干扰因素，让孩子相应地调整自己的速度、动作、声音等。

社交故事

在这本书中，你会看到我们多次提到社交故事，我们认为它是促进行为矫正、推进活动转换、帮助儿童获得社会性理解的有效手段。我们所说的社交故事，既泛指一般的社交故事，也特指某一类的社交故事。一般的社交故事，往往以口语或书面形式勾勒社交场景，故事中会包含环境、环境中的人物、社会性行为及社会性思维等重要信息；它们或寥寥数语，为应对某个具体的状况即兴编撰而来，或很长很长，为应对某个即将发生的事件或更好地理解某个已经发生的事件而精心编排。

卡罗尔·格雷（Carol Gray）从 1990 年代初就开始以故事的形式教授社交技能，并专门总结了一套写作此类故事的方法，形成了独树一帜的"社交故事"[1]。格雷的"社交故事™"在描述某个社交情境、社交技能或社交概念时会

---

[1] 译注：卡罗尔·格雷的《社交故事新编（十五周年增订纪念版）》（*The New Social Story*™ *Book, Revised and Expanded 15th Anniversary Edition*）中文简体版已由华夏出版社于 2015 年 9 月出版。

统一遵循 10 条明确的标准。"社交故事"的目标是以耐心而让人安心的语气，以读者能理解的方式，稳妥地分享准确的信息。卡罗尔后来还组建了"格雷社交学习与理解中心"，该中心的网站（*TheGrayCenter.org*）上不仅有"社交故事"样本的展示，还有对构思和写作这些故事的详细指导。

无论是一般的社交故事还是格雷式的社交故事，都是不限主题的，而且任何人都可以写。学校的孤独症康复师、言语语言病理学家、作业治疗师、特教老师或心理咨询师对于"社交故事"应该都比较熟悉，你可以向他们咨询，看看孩子在行为、沟通、感觉或社交技能方面的教学目标是否可以通过社交故事的学习得以实现，比如，在食堂用餐、在操场轮流玩、转学去新学校、乘坐公交车、看医生、在商店购物、感谢别人的帮助或礼物等。

让孩子教你

每个人都有擅长的一面。如果孩子在某方面特别厉害，而你却不太行，那么请她教你。她的高尔夫挥杆动作是不是特别流畅自然？她会自己写歌？她教，你学，通过角色的转换把孩子变成主导者，这是相当有激励作用的。

与外界建立联系

很多孤独症儿童喜欢在他们觉得安全的范围内活动，比如自己的房间里、自己家里或教室里。想让他们在外面的大世界里也能自由自在，不是件容易的事。第一步，你可以先提高她对外界的意识，方法是让她写一写"窗外"日记。随机选取一天里的几个时间，连续几周，让她从同一扇窗子往外看，再将所见所闻表达出来。她可以口述给你听，也可以自己写下来或画出来。随着时间的推移，她将渐渐熟悉各种时间概念（早上天亮、晚上天黑）、天气状况（夏天多晴、秋天多风、冬天阴沉）、声响（垃圾车、洒水车、邮车）、动物（小鸟、松鼠、猫、昆虫），也逐渐接受这个变动不居的世界，甚至还可能为之欢呼雀跃。

与小朋友为伍

如果孩子更愿意与比他年幼的孩子交往,请表示鼓励和支持。从发展程度上说,年幼些的孩子更能让他产生认同感,在与他们的交往中,他会有一种比较自信的感觉,这是与同龄孩子相处所无法获得的。

发展游戏技能的建议

无论哪个国家、哪种文化的孩子都玩游戏。典型发展儿童可能自然而然就掌握了游戏技能,但孤独症或阿斯伯格综合征儿童则不然,他们需要专门的学习,才能掌握游戏所涉及的很多社会/人际交往方面的内容。给孩子或学生设计的任何游戏,都应该包含这些因素:

- 吸引与连接:能吸引孩子的注意力,建立起人与人之间的连接。
- 激励:可以给孩子一个理由,让他愿意与同伴一起玩。
- 准备与练习:通过预先准备、反复练习并提供必要的支持,帮助孩子掌握游戏的基本常规。
- 融合:能循序渐进地、有计划地支持孩子融入集体和社区。

让小朋友来帮忙 [①]

请孩子的小伙伴帮忙教孩子交友和保持友谊所需的社会技能。对于自己会做的事,孩子们通常都比较乐于帮忙。你可以先将以下交友技巧分享给孩子的同学们:

- 在开口说话前,先引起伙伴的注意。叫他的名字,站到或坐到他看得见的地方。
- 用短句说话,搭配小动作。

---

① 原注:改编自 Friend 2 Friend Social Learning Society 网站 *www.friend2friendsociety.org*。

- 提议活动时，选择他感兴趣的活动。
- 像侦探一样观察：他对什么感兴趣、因什么而生气、因什么而紧张或焦虑。
- 邀请伙伴一起聊天、游戏或去你家玩。
- 语言和动作都要友好。如果朋友做的某件事你很喜欢，那么请告诉他。
- 接受差异。每个人都有自己擅长和不擅长的事情。

促进操场上的互动

去操场进行课间活动是很多孤独症儿童很不愿意做的事，因为那里有太多导致压力的因素：吵闹、自然环境、他人的嘲弄、主动与人互动时的忐忑心情等。还有的孩子，由于迫切想在排队回教室时走在队伍的最前面（可能是个人空间的问题），在整个活动期间都焦躁万分，只在活动区域外围徘徊，根本不参与任何操场活动。

老师和家长一边要记得孩子的困难，一边也要积极做各种准备，为孩子适应操场活动创造条件：

- 安排另一个孩子上去互动，可以给他看看球，或问一个他感兴趣的问题。如果互动顺利，往前推进一步：将球扔到墙上或扔进篮筐。哪怕孩子只与球互动，也是一种进步。
- 如果孩子习惯于在课间去图书馆，那么先试着让他每周去一次操场，以后再逐渐增至两次，但不要连续两次，中间要有间隔。注意给他留出去图书馆的天数（让他参与决定哪几天去操场，哪几天去图书馆）。
- 给孩子安排一个同伴，以结对子的形式一起参与课间活动。这个同伴最好与孩子有共同的兴趣爱好。同伴在给孩子示范指导时，可以比较自然，不需要像老师那样中规中矩，比如先引起孩子的注意之类。结对子的伙伴可以在同学中轮换。如果你在班里征募志愿者（请谨慎为之），请别惊讶于同学们的热情，愿意帮忙的人之多可能会超出你的想象。
- 在设计集体活动时，考虑并利用起孩子的特长，让他有机会分享他的广博知识，让同学们看到他的积极面。

> **小锦囊**
>
> 如果你的学生喜欢猜字谜，那么可以将与情绪情感或社交礼仪相关的词汇纳入找词游戏（word search）或填字游戏（crossword puzzle）之中。

我要排第一——事出有因

如果孩子在排队时总是争着排第一，可能是一种信号，说明他的运动计划能力或前庭/本体觉加工能力比较差。在队伍中间时，他可能很难行走。如果他总是踢到人、戳到人、撞到人或踩到人，还有一种可能：随着身体周边意识的提高，他在走路时需要更大的空间了。

- 将他安排在队伍的最前或最后，方便他自己调节周边空间大小。
- 让辅助老师排在他前面，给他留出足够的个人空间。
- 让他双臂合抱一个重物（书包、书本）。
- 让他边走边想一首特别的歌，可以轻声哼出曲调。
- 教他对挤他的人发出合理的抗议："请退后一些。""请别碰我。"
- 将排队争第一的强烈需求转化到更加积极的场合中去。他愿不愿意第一个发言推荐写作主题？第一个发表演讲？第一个分享画作或科学小制作？一开始，可以在小范围内尝试——当着全班同学的面发言会让很多儿童犯怵，并不仅限于孤独症或阿斯伯格综合征儿童。

自制桌面游戏

思想的逻辑推进、换位思考、对开始/中间/结尾的理解，这些思维过程都会影响社会性技能的发展。教授这些概念的一个有趣的方法，是和孩子一起玩自制的桌面游戏。

首先，画一条蜿蜒的小路，小路上分出像飞行棋一样的方格；让孩子设计一种游戏的玩法（需要的话，给予一定的帮助），并在每个方格里写上指令；

掷骰子行棋。从小路的起点到终点，可以表示距离或时间的跨度，也可以描述过程的推进。比如：

- 起点是本地，终点是一个你们想去的地方。
- 起点是幼儿园，终点是高中。
- 起点是戏水池，终点是高台跳水。
- 起点是少年棒球联合会，终点是棒球明星卡尔·瑞普肯。
- 起点是面粉、鸡蛋和白糖，终点是蛋糕。
- 起点是柠檬、水、杯子、硬币，终点是柠檬糖水摊（或其他小生意）。

改编版桌面游戏

桌面游戏不仅可以锻炼轮流玩之类的社会性技能，还是积累词汇的有效手段。你可以将常见的桌面游戏稍做改动，使之更贴合孩子的兴趣。

- 你画我猜（Pictionary）[①]：允许孩子跳过他不认识的词，或预先抽走整副词牌中的生词，换入你自制的孩子熟悉的词。比如他可能不知道"筒仓"是什么，所以画不出来，但换成"谷仓"或"农舍"可能就没问题了。
- 脱口而出（Outburst）[②]：可以根据孩子的兴趣自制主题卡，比如"我们在动物园里见到的动物""冰激凌的口味""蜡笔的颜色"等。将每个主题的答案从标准的 10 个词减少到 5 个词，并延长反应的时间，或索性不限时间。
- 纵横拼词（Scrabble）：词语尽量选择常用词，简单一些，允许孩子随意改词，也不计分数。

[①] 译注：这是一种猜词语的桌面游戏。一般的玩法是小组竞赛，每组选出一个画手，负责将词卡上词语的意思画出来，其他人负责猜，先猜对的小组获得走棋盘的机会，最终先走完棋盘的队胜出。
[②] 译注：这是一种猜词语的桌面游戏。游戏分两队，一队抽出主题卡，一队围绕主题猜词并大声喊出答案（标准答案为 10 个词），猜中一个得一分，以一分钟为限。该游戏需要快速思维和快速表达的能力。

- 记忆游戏：拍摄照片，取材可以是家庭成员、同班同学、玩具车（男孩）、洋娃娃（女孩）；打印出来，一式两份，并制成卡片；玩你们专属的翻牌配对游戏。
- 其他游戏：如果孩子的注意力维持时间较短，那么在最初的时候，可以让孩子在游戏的后半程加入，保证参与互动的积极性。

小锦囊

将面部表情、身体姿势或手势拍成照片，结合表达情绪的词卡，玩配对游戏或宾果①游戏。

关于玩具

思维刻板的孩子似乎对什么玩具都不太感兴趣。但别急着处理他不喜欢的玩具：

- 除了考虑窒息风险，别管玩具上标注的适用年龄，只要孩子爱玩，怎样都好。
- 不爱玩的玩具，暂时收起来，一段时间后再拿出来试试。2岁时瞧都不瞧一下的儿歌DVD，到了4岁也许就很容易接受了。
- 觉得孩子目前还不会玩某个玩具？过几年再试试。同一个玩具，对不同发展阶段的孩子会有不同的吸引力。书籍也是如此。
- 试试发泡材质的、有粗质表面的字母拼图，或者图片、字母和词语相结合的拼图玩具（Spell-A-Puzzle™）——拼出词语的时候，会同时拼出与之相应的画面。
- 记得"玩具"的定义——用来玩耍或娱乐的物品。你本人可能觉得从商

---

① 译注：宾果（Bingo）游戏指在一张纸上有若干格子（3×3、4×4或5×5格），格子里印有图形、数字或文字，让孩子找出其中的某个，找对一个标记一个，当这些标记在横、竖或对角连成一直线时，喊"Bingo"表示胜利。也可以在格子里放上卡片，找对一个翻一个，翻面后横、竖或对角连成一直线，也是Bingo。

店买来的玩具比较有趣好玩，但很多孤独症或阿斯伯格综合征儿童却更喜欢把玩各种普通的生活日用品：石块、纸箱、工具、厨具、橡皮筋、晾衣夹、保鲜盒、钱币、野营装备……一句话，只要能够激发创意玩法，任何东西都可以成为玩具。

我的！我的！我的！

与人分享自己的玩具，即使对普通儿童来说都是件难事，更何况孤独症儿童——能让他们倾心的东西本来就少，与人分享，简直不可能。请将分享的艺术耐心地传授给他。如果他一听"分享"两个字就发急，那么换一种说法，比如"交换""调换""替换"，并且跟他说定分享的时长（在他能忍受的范围之内，特别在一开始的时候，要尽量短，让他先对这一过程建立信心，再逐渐延长交换的时间）。可以使用定时器，让孩子知道什么时候可以拿回自己的物品。

我们用"交换"一词而不用"分享"，就是暗示孩子，在他让出他的物品的同时，也会获得另一件东西。"交换"是相互的，而"分享"则给人一种毫无保留、无私奉献之感，这种感觉会让孩子感到痛苦。

同时，你还可以言传身教，在平时的生活中多多制造分享的机会：

- 将你的苹果或杯装蛋糕分一块给他。
- 让他知道你把你的书、衣服或除草机借给了某位朋友或邻居。
- 如果他和你一起制作了饼干、面包或果酱之类的吃食，在用餐时请他递给家人。

让孩子知道，分享不一定是每时每刻、每次都会发生的事。有时分享没有必要，有时分享会显得不太公平。

- 不必要的分享：
  - 允许孩子至少有一件至爱的玩具或私物，可以完全不与人分享。当周围有人的时候，他可以将它收起来，或者学着告诉对方："这个翻斗车只有我能玩，你可以玩那个水泥搅拌车或者消防车。"孩子需要经过很多训练才能学会这样的表达，所以平时要注意多给他示范这样的表达方式。

- 分享出于善意，但当他的朋友、兄弟姐妹或同班同学有损害这种善意的"前科"，他可以拒绝分享：如果克里斯喜欢掰断蜡笔，那孩子就无需与他分享蜡笔。

- 貌似不公平的分享：轮流也是一种分享，但不一定所有等候的人都有平等的机会。这在思维刻板的儿童看来，似乎是不公平的。比如，教室里大家共享的教具、图书和电脑，有的人会轮不到；比如，团体活动因为时间有限，有的人也会轮不到。你可以通过讨论、看连环画、讲故事、表演或孩子能接受的其他方式，告诉孩子：

当我们共享物品的时候，每个人都有机会轮到，但可能有的人这次就轮到了，有的人要下次才能轮到。有时他先轮到，其他人后轮到。有时其他人先轮到，他后轮到。有时每个人都能轮到，但也有时，因为时间有限，有的人轮不到。如果轮不到，下次还有机会。（无论"下次"是什么时候，都要给他一个具体的时间，告诉他"明天"或"星期三"，而不是含糊其词的"下次""以后"。）

教孩子认真思考分享这件事。让他说一说想玩别人东西时的感受：当东西的主人同意他玩的时候，他是什么感受；当东西的主人说不行的时候，他又是什么感受？当他与别人分享自己的玩具时，他是什么感受？如果他希望别人善待他的东西，那么他在玩别人的玩具或使用别人的物品时也应该这么做。孤独症儿童喜欢绝对的事，没有比这条"黄金准则"更绝对的事了：希望别人如何待你，你就先如何待人。

通过游戏学习合作

给每个孩子分发几块积木（也可以是乐高或乐高德宝的大颗粒积木），再将要搭的积木结构图张贴起来。孩子们必须研究他们需要的积木在谁手里，或者，看大家的积木凑起来可以拼搭出怎样的图形。根据孩子的能力和兴趣水平,选择恰当的积木材料。德宝大颗粒积木或彩色积木块的颜色具有提示作用,是比较好的选择。

通过食物学习合作

在家中开设午餐"生产线":每个孩子或家庭成员均分得某一种午餐材料,比如花生酱或面包;为了吃上午餐,每个人都需要礼貌地向他人索要其余的食材。

心理理论能力

谱系儿童之所以很难理解社会交往中比较微妙的信息,很多都可以归结为一个原因:他们的心理理论能力比较差。心理理论(Theory of Mind,简称ToM)是大脑处理信息的一个功能,涉及对他人心理状态的理解,说得具体些,就是意识到不同的人对事物的思维和感受方式是不同的,以及人们之间不同的兴趣和好恶会影响他们的想法和感受。心理理论需要孩子理解,这种人与人之间思维和感受方式的差异会导致人们行为的差异,而这些行为也并非一成不变的。有些复杂?的确。这也是为什么缺乏社会性理解会给孩子的整个人生带来如此重大的影响。心理理论要从小培养,并且要以孩子能理解的方式,持续贯穿于每日的生活学习之中——上学前在家进行,上学后纳入日常的课程教学中。

- 培养孩子对他人心理状态和情感的理解。在读书或看电影电视的时候,和孩子讨论人物或角色的面部表情,猜测他们内心的想法。可以玩一玩"猜心"小游戏,比如"他在想什么?""她心情怎样?"在探索各种心理状态的时候,不妨活泼一些,故意搞笑一些。
- 假装游戏(比如假装是房子、学校、卡车司机)可以让孩子体验到现实生活中的各种社会情感角色。将与一定主题相关的物品集中收入箱子或袋子,启发孩子进行假装游戏,比如餐厅主题:各种厨房用具、餐具、食物道具、点餐簿；旅行主题：旅行箱、背包、火车票、飞机票、太阳镜、照相机、外国钱币或游戏用假币；宠物商店或动物园主题：塑胶或毛绒动物玩具、人偶；还有孩子们的最爱——经典的毯子城堡和大纸箱（另见本书第一章"大纸箱的花样玩法"）。

* 平时经常将你的想法和感受大声说出来，让孩子听到。在家或学校准备一块"今天我感觉_____"小黑板，鼓励大家积极记录分享每天的情绪状态。还可以试试卡罗尔·格雷的"连环画对话法"（Comic Strip Conversations）——用简笔勾勒表现人与人之间的对话。

换位思考[1]

想要成功应对各种社交情境，我们的孩子需要理解一点：即便人们有很多相通的心理感受，他们对周围世界的看法也会截然不同。从他人的立场思考问题，这一概念对我们的孩子来说不容易理解，也很难泛化到各种不同的情境之中。所以，我们需要从小给孩子灌输这样的理念，一开始应力求简单、具体，随着孩子换位思考能力的不断拓展，再往更深、更细处发展。

米歇尔·加西亚·温纳对社会性思维多有研究，写作了包括《用社会性的方式来思考！》（*Think Social!*）在内的一系列热门书籍，与之相应的课程也广受好评。她将换位思考这一复杂的抽象概念精简成了4个基本的步骤，让我们来看看，人们是如何始终以社会性的方式理解周围人、同时调节自己的行为的。

第1级：我有我的想法。

让孩子意识到他对其他人的想法。谁举止得体，谁不够恰当？谁让他开心，谁让他难过？谁遵规守纪，谁又在捣乱？

当孩子的换位思考能力刚开始萌芽时，他对"他人心灵"是没有概念的，就算有，也很有限，所以，你所有的教学内容都要贴合他的生活、他的世界，

---

[1] 原注：改编自 *Think Social! A Social Thinking Curriculum for School-Aged Students* by Michelle Garcia Winner. Think Social Publishing, 2005。

与他的经验密切相关。这是教学的关键所在。

第2级：别人有别人的想法。

哥哥肖恩抚摸小狗的时候，他心里可能在想什么？爸爸拿着生日礼物，看起来很开心，他可能是怎么想的？和孩子一起探索，谁的行为比较符合别人的期待、谁在破坏规则。教孩子简单推测别人的心理：你觉得别人可能是怎么想的？

第3级：我能理解你在想什么或者你知道了什么。

我们的孩子往往意识不到来自他人的非言语的肢体信号，以及环境中的提示信息，因此很难明白别人的心思。换位思考能力比较弱的孩子，甚至完全不知道我们的眼睛也可以用来传递信息。天宝·格兰丁，当今世界最著名的孤独症人士，居然到51岁，才知道这一重要社会性线索的存在！教孩子观察他人的眼睛，看他们将视线投向哪里，据此判断他们可能的想法。帮助孩子学着辨别某人正在考虑与他有关的事，还是与别人有关的事。

第4级：我能（也应该）根据别人知道了什么来调整自己的行为。

我应该对谁讲我们全家周末去了海滩呢？妈妈、爸爸、老师还是同学？（答案：孩子应该跟老师或同学讲，因为爸爸妈妈也去了。）为什么应该跟老师或同学说呢？（因为他们没去，他们不知道。）教孩子在加入谈话前先想想别人已经知道了什么、还不知道什么。这一意识水平也有助于发展他们的叙事语言（可用连环画人物和想法泡泡作视觉提示）。

虽然我们大多数人未经训练就轻松获得了社会性思维，但培养孤独症孩子的这一思维却有着极高的难度。你可以像锻炼身体一样锻炼他们的社会性思维。任何锻炼项目，一开始肯定都很难，在肌肉习惯某一种特定的运动方式以前，我们会显得笨手笨脚，完全不协调。在经过反复训练后，肌肉的紧张度会逐渐增强，力量、耐力和协调水平都会稳步提升，我们开始感受到新的肌肉运动方式带来的诸多好处。社会性思维也是如此，你需要缓缓上手，徐徐图之。有些概念可能需要数月甚至数年的训练，才能让孩子得心应手。

理解情绪情感

对孤独症儿童而言，理解情绪情感——他们自己的、其他人的——是一件无比困难的事。而理解情绪情感与行为之间的关系，更是难上加难。你首先需要帮助孩子区分情绪情感和行为。情绪情感，或者说感受，是每个人都有的体验。它们在我们内心发生。很多感受是人的自然反应，很容易理解。被人戏弄时，我们会很生气或很难受；听到突然的声响、去不熟悉的地方，我们会感到害怕。我们不一定能选择自己的感受，但可以选择如何应对我们的感受。而行为则在外部发生，是我们为了应对自己的感受而采取的行动。

教孩子正确表达自己的感受：以"我"开头，说出感受，然后提出"我"的要求。承认这样做对她来说非常有难度。但即便安东尼说她的鞋子丑或老是偷她的橡皮，让她很生气，她也不应该用数学书打他的头。教她采用恰当的反应方式："我生安东尼的气，我想让他坐到别的地方去。"

识别情绪情感

识别、承认并理解情绪情感，无论是自己的还是他人的，是人际交往的一项核心技能，也是孤独症谱系儿童的一个障碍所在。谱系儿童往往无法识别人际状态中复杂的情绪情感，也无法理解他人的感受和反应是和自己不一样的。

识别各种情绪情感并与之共情（或至少表现出恰当的社会性行为）是一项重要的社会性技能，也是孩子需要专门学习才能掌握的一项技能。除了购买这方面的书籍和视觉工具，你还可以尝试以下方法：

- 从基础的情绪情感开始教：开心、难过、生气、害怕。
- 让孩子和孩子的同学、兄弟姐妹、堂表兄弟姐妹或朋友给你表演各种情绪情感，将它们拍成照片。要求表演尽量夸张。如果孩子自己还表现不出来，让他的伙伴们代劳。
- 和孩子或学生一起"读一读"照片上的人物表情，说说它们表现了怎样的情绪：明迪看起来很伤心，内森看起来很生气，茱莉亚很开心，等等。

告诉孩子，你为什么认为某人有某种情绪，将具体的面部特征指给他看：你看，他的眼睛睁得老大，鼻子都皱起来了，或者，他的嘴巴和脸颊都扭成一团了。详细讨论你们觉得明显的细节，有孩子能发现的线索，让他自己找出来。

- 如果孩子对别人的脸不感兴趣，那么一开始可以先用他自己的表情照。
- 一旦孩子可以独立识别各种面部表情，就可以引入相应的情绪情感了。感到开心是什么意思？你会为什么而开心？当一个人开心时，可能会出现哪些行为动作？
- 慢慢引入其他比较微妙的面部表情，以及与之相应的情绪情感词汇。
- 如果孩子喜欢照镜子观察自己，那么让他对着小镜子练习面部表情，也可以你和他一起在卫生间的镜子前练习。
- 从杂志、绘本甚至贺卡上收集各种面部表情，做成拼贴画或表情书。
- 在日常对话中给孩子或学生示范各种情绪词汇的用法。今天上班要作一个报告，你紧张吗？外婆到底想不想出门购物，你很疑惑？对某件事，你很失望？怀疑？信心十足？经常用这些词语来表达你的感受。
- 让孩子在社交场合中注意他人的情绪。用玩游戏的方式，通过他人的面部表情猜测他们的内心感受。看电影的时候，也可以这样玩。

小锦囊

如果你正在用社交故事培养孩子的某个行为或常规，试试给故事配上音乐（或其他帮助记忆的小工具），加深孩子对故事的记忆。

认识情绪情感的强度

在认识情绪时，孤独症或阿斯伯格综合征个体常见的非黑即白的思维模式同样起着作用——很多儿童无法理解情绪是有不同强度水平的。除了教孩子识别并说出不同情绪的名称、对它们做出恰当的反应，你还要帮助他们理解情绪感受的强弱程度。对我们的孩子来说，学习准确识别自己的情绪水平，都已经是一个极大的挑战。以下策略可以帮助他们超越简单的二元思维（要么开心，要么不开心；要么难过，要么不难过），更细致准确地把握情绪：

- 借助具体的量表工具，识别情绪水平。比如，卡丽·邓恩·比龙（Kari Dun Buron）和米茨·柯蒂斯（Mitzi Curtis）合著的《神奇的5级量表》（*The Incredible 5-point Scale*）①中的方法就很好用。情绪温度计也可以很直观地表现出不同的感受水平。搜索谷歌图片，你可以看到不同版本情绪温度计的样子。
- 用描述性的词语给每一个情绪水平命名。在幼儿使用的3级量表中，情绪水平可以分成：有一点开心、比较开心、非常开心；对于稍大的儿童，同样是3级量表，你的描述可以更加精准细致：愉快、喜悦、狂喜。
- 探索不同的情绪水平，要从孩子自身的直接经验开始。先学会分辨自己的情绪水平，再推己及人，通过生活中的真实案例，通过电影电视或与人交谈，把握别人的情绪水平。

识别行为中的情绪感受

当孩子对基本的情绪情感有了较好的体察之后，提高难度，带她识别比较复杂的情绪情感。平时你就要习惯于给自己和其他人的情绪贴标签，让孩子学会识别它们。你和她可能已经知道什么能让她开心，但你们知道什么会让她无助或无望吗？什么/谁能鼓舞她、激励她？如果她不怕失败，会去尝试做什么？她对她的父母和老师，是信任，还是畏惧？或者完全感受不到情感上的连接？通过恰当的沟通方式（文字、绘画或故事），问一问她内心深处的感受。让她知道，识别并理解我们的情绪感受是一生的功课。

引导孩子记录自己的情绪感受。刚开始的时候，可以每天写一句话，或者每周写几次。如果孩子还不会书写，可以口述，你来记录或录音，甚至更简单，直接在空白日历上贴上表情贴纸即可。

---

① 译注：《神奇的5级量表（第2版）》（*The Incredible 5-point Scale, The Significantly Improved and Expanded Second Edition*）中文简体版已由华夏出版社于2020年出版。

- 记录的内容，可以是罗列谁、哪个地方或哪个活动让他产生了积极的情绪感受；或者相反，记下谁、哪个地方或哪个活动使他产生了消极的情绪感受。在这样的罗列之后，你们可以进一步讨论如何避开或应对那些令人讨厌的人和事了。
- 锦上添花：你也一起记录自己的情绪感受。通过记录，你或许会对你与孩子或学生之间的关系产生新的认识，为之后的探索、讨论和理解打开新的局面。

理解"礼貌"

礼貌用语听起来悦耳，会让我们对事物产生比较积极的感受。试着让孩子体会礼貌用语和语气的关系。问问孩子，他能不能听出"给我那个"（搭配生硬粗暴的语气）和"我可以用一下这个吗"（使用欢快轻柔的语气）之间的差别。

愤怒管理

愤怒通常可分三个发展阶段：（1）情绪的累积或升级，这个过程可能长达数月，也可能短短一瞬；（2）情绪到达顶点或爆发点；（3）情绪逐渐消退。孩子如果能理解情绪的来龙去脉，就可以以平常心待之，从而更好地实现对它的管理。在理想的状态下，孩子（以及我们自己）可以在怒气升起阶段及时觉察并采取措施平息怒气。但事实上，我们很难避免怒气的爆发。所以，平时就要让孩子知道，他可以表达他的愤怒，他的愤怒是可以被理解的，让他生气的事情也是有办法解决的。从长远来看，这种知道问题总有办法解决的笃定，有助于减少怒气的爆发。

这个问题我们可以解决

"凯尔索的选择圆盘"（Kelso's Wheel of Choices）（*KelsosChoice.com*）是

一个被广泛运用的冲突管理课程，有助于孩子解决人际交往中不时出现的各种小冲突。这一课程会用到一个简单易懂的视觉小工具，即所谓的"凯尔索圆盘"，圆盘上是帮助孩子解决日常冲突的 9 个非常具体的方法：

- 去玩其他游戏
- 分享并轮流
- 找人倾诉
- 走开
- 不管它
- 告诉对方"不要这样"
- 道歉
- 达成协议
- 冷静一会儿

除了这些选择，这一方法还会在最后向孩子说明，如果遇上大问题，要告诉他信得过的大人。大问题是指：（1）出现了可能会伤害到某个人的情形；（2）出现了违法或违反重要规则的行为；（3）正在发生可怕的事。

将"凯尔索圆盘"打印到卡纸上，让孩子放在课桌里，需要时随时参考。你甚至还可以要求老师或校长将"凯尔索的选择"推广到全班或全校，成为所有学生的行为准则。这两位作者是可以提供员工培训的。

这是隐私

说实话，所有孩子都会觉得身体发出的某些声响特别好玩。关于这些声响，我们也发明了各种委婉隐晦的说法，但这样只会让我们的孩子感到莫名其妙。所以，不如直截了当地告诉孩子，哪些声响被别人听到也没有关系，哪些则属于隐私，应该悄悄进行，尽量不让人听到。一个最简单的方法，是区分呼吸系统（肺部和呼吸）发出的声响和消化系统（肠胃和排便）发出的声响。打喷嚏、咳嗽、擤鼻子、打嗝之类与呼吸系统相关的声音，可以当众出声，但要注意礼貌和礼仪——尽量压低声音，并用纸巾捂住口鼻。而打饱嗝、放屁之类与消化功能相关的声音，则要尽可能隐秘，不要被人发现。教这一点的时候，记住一点，你给孩子的反应越大，孩子越可能保持原来的行为。还有，你的反应要始终如一。当他当着你的面打饱嗝或放屁的时候，尽量平静地给他一个简单的提醒，说一句"怎么回事"或"注意隐私"，就够了。假以时日，这样的行为会逐渐减少。另外，如果这些声响还伴有较重的气味的话，孩子还会受到来自同伴的压力。

当然，如果问题持续存在，要考虑孩子可能存在相关的生理问题，那就需要去看医生了。

我需要休息一下

在与人互动的过程中，能在需要的时候恰如其分地对别人表示"我需要休息一下"，是自我调节的一项重要技能。表达这种需要的方式很简单，直接说"我需要休息一下"或递上"休息"卡（提前教他怎么用以及什么时候用）即可。这种以自我调节为目的的"休息"（break），是为了平心静气，重整旗鼓，再次回到活动或互动中，所以，不要称之为"隔离""冷静"（time-out），因为那样会有惩罚的意味。要让孩子理解，告诉别人他需要休息是帮助他保持平和、实现自控的一种手段。但是，去休息不应该被当作对良好行为的奖励，也不应该成为逃避不喜欢的活动的借口。

最简单的休息，可以是去饮水器边喝水，即使他实际上并不口渴。在阅读角准备一篮筐解压玩具，对很多儿童来说也非常有效。此外，你还可以为那些需要大量感觉刺激的孩子设立专门的感觉空间——一间用来进行感觉活动的教室。无论采用什么形式，这种自我调节式的休息应该有助于提高孩子与周围人的日常互动能力。

学会说"对不起"[1]

教孩子或学生说"对不起"似乎应该是件简单的事，但其实没那么简单，因为我们要做的远不只是让孩子条件反射地说出那三个字。真正理解道歉的本质并向人致以真诚、有意义的歉意，涉及不同层次的社会性能力，即使成人也有一定的难度，何况孤独症孩子。经常有家长来信说："我的孩子无论如何都不肯道歉。"当孩子表现出抗拒行为的时候，无论什么样的抗拒行为，我们作为家长或老师，都应该努力找出根源所在。让我们先来看看一个"简单"的道歉可以分哪些步骤，相应地，我们可以采取怎样的措施，帮助孩子理解和运用这一重要的人际交往技能。

首先，孩子理解为什么要道歉吗？学会机械地说出"对不起"三个字是不够的，孩子还需要理解他做了什么以及该行为对他人产生了怎样的影响。不只孤独症谱系障碍儿童，所有儿童的个性里都存在一定程度的自私、戒备和冲动性，而共情则是一种需要后天习得的思维和行为。我们必须始终如一、坚持不懈地教孩子使用恰当的语言和行动来表达共情和歉意。

- 对事不对人，给孩子的行为而不是孩子本人贴标签。告诉他"骂人会让人伤心"，而不是"你很坏"。
- 孩子在情感上准备好道歉了吗？不要强迫他立刻向别人道歉。说"对不起"和真正的懊悔还差很远。记住，即使在气头上，孩子（或任何人）也可能说得出"对不起"这三个字，但真正的歉意或许要过后很久才会出现。余火未熄，孩子需要一段冷静的时间，冷静后才谈得上真诚的道歉。就算你自己，应该也是这样吧？我们理解你希望事件速速了结的心情，但，缺乏诚意的道歉不是真正的道歉，你需要在这两者之间找到平衡。至于冷静期，则因人而异，因事件而异；可能这次只需 2 分钟，下次却要 20 分钟。但在他情绪上脑的时候，他是听不进任何东西的，在这个时候进行任何教育都只是徒劳。

---

[1] 原注：改编自 "Learning to Say Sorry" by Ellen Notbohm. 最初发表于 *Child* magazine, Australia, 2008。

按照以下步骤，教孩子有效地表达歉意：

- 用具体的语言，向孩子解释：他需要为他做的哪件事道歉。不要想当然地认为他知道这一点。说话时，要带着客观的语气和解决问题的态度，而不是责备和惩罚，尽量保护孩子脆弱的自尊，这样，他才更有可能听你的话。
- 让受伤害的一方告诉孩子他的感受："你骂我白痴，我很伤心。"让孩子复述一遍："我骂你白痴，你很伤心。"
- 让孩子就具体的事件表达歉意："我弄断你的蜡笔／骂你白痴／捣乱你的游戏／吃了你的蛋糕，对不起。"至于道歉的方式，让他自己选择：
  - 直接说：当面说或在电话里说都可以。
  - 写便条：手写、打印、短信或邮件。如果是幼儿，可以帮他打印好道歉便条。一开始，他只需在开头和结尾分别填上对方和自己的名字。大一点以后，逐渐提高难度，比如让他填写："对不起，我＿＿＿＿＿＿＿。"最终，他需要完全靠自己来完成这封道歉信。
  - 画一幅画。
- 如果可能并且合适的话，让孩子做一定的补偿。"我把我的绿色蜡笔给你。"或者，"我去拿一个创可贴给你。"
- 让受损的一方表示谅解："没关系。""谢谢你的道歉。""我原谅你了。"

小锦囊

无论在家还是在学校，不要拿孩子与他的兄弟姐妹或同学做比较，要比也只跟他自己比——与他之前的表现比。

"公平"是对所有人的公平

思维具体的孤独症儿童很难理解"公平"这样的抽象概念。建立"公平"的概念，首先要培养孩子的大局观，让他将自己看作集体的一分子，而规则是用来维护所有集体成员的。告诉孩子，对个体而言，有时规则会显得不太公平，这时我们要通过正式或非正式的方式与人沟通，表达不满，让别人知道我们的感受并解决分歧。兼听"控辩"双方的不同意见，是"公平"的题中之义。

教孩子具体地表达他感受到的不公，比如填写下面的表格（你或孩子填写均可）：

你的不满是针对谁的（同学、兄弟姐妹、老师、家长等）？
发生了什么（_____说了这样的话，或_____做了这样的事）？
什么时候、在哪里发生了这件事？
这件事让你产生了怎样的感受？
你觉得接下来应该怎样处理？

好好说"不"

这种情形你大概见过无数次了：孩子噘起嘴，摇头摆手，甚至直接跑开，嘴里尖叫着"不要！不要！不要！！"或者，孩子将自己完全封闭起来，或相反，开始出现打人、咬人之类的攻击性行为。所有这些问题的关键，在于孩子没有学会以恰当的方式说"不"。

除了诉诸惹眼的行为或坚决的"不要"，孩子需要学会用更加合理的方式表达反对意见。教他说"我不确定""我不想这样做""我不喜欢那样"，或建议他什么也不说，默默走开。如果是言语有限或还没有言语的孩子，教他使用简单的手势或沟通卡片表达"不要"。

据我预测……

在看电影、电视的时候，把声音调成静音，可以很好地锻炼孩子的感知、预测及质疑能力。你觉得现在发生了什么？看他们的脸，感觉开心吗？还是害怕？发愁？他们是朋友吗？他们喜欢对方吗？你觉得接下来会发生什么？

观看到一定程度，把影片或节目停下来，让孩子构思并写下他认为合理的结局。预测某个事件或一系列事件的发展，对于思维常常非黑即白的孤独症孩子来说会有难度。一旦孩子熟悉了"预测"的概念，你就可以将它推而广之，在日常生活中发现并利用机会多加练习。

向他人求助

这是孩子需要学习的一项重要技能。但有时，孩子在掌握到一定程度以后，比如学会向老师求助以后，会不知不觉地对他们产生过度的依赖。如果是这样，你要引导孩子将求助技能泛化到其他人身上。当他有任何疑问的时候，让他先看看同桌或周围的其他人是怎么做的，实在搞不懂再问老师。教他向邻座打听："老师现在讲到哪一页？""我们现在需要做什么？"如果依然有问题，再举手问老师。

这个步骤，对于那些对周围环境比较漠然的孩子，尤其重要。下课了，同学们都排好队准备去操场活动了，这样的孩子往往还在位子上一动不动。但最终，他会从同龄人那里学到正确的做法。这种同伴间的合作式学习丝毫不亚于老师的教学，是孩子终生都会用到的一项重要能力。

言传身教诚实这件事

对很多孤独症儿童来说，说谎，与共情一样，是一种习得性行为。孤独症孩子天生具有诚实的倾向，他们的思维具体而直接，想什么就说什么。从积极的一面看，这是值得庆幸的品质，不应该被打压。如果他们说谎了，那么可能的原因是：（1）长久以来，我们用自己的行动让他们看到，不诚实的行为可以避开很多不良的后果。（2）在对孩子施行行为后果时，我们的方式方法让他们在感情上无法忍受（羞辱、体罚，让孩子长期陷于失败的感觉中），于是他们决定对你撒谎。为了让孩子学会诚实，我们应该：

- 注意自己的行为，给孩子树立榜样。多一点觉察，我们会发现，日常生活中，我们不仅自己有一些不诚实的举动，有时还会让孩子与你串通合谋："不要告诉爸爸我又买了一双鞋。""（不想接电话）告诉他我不在家。"其实，你完全可以这样说："我整整一周没有出去喝咖啡，也没有在外面吃饭，我用省下来的钱买了这双鞋。""告诉他我现在不方便接电话。"

- 让孩子知道，不管他做了什么，都不应该用谎言来掩饰，因为说谎本身比任何事情都更为糟糕。然后，鼓励他坦诚相告。当然，这也不表示他不需要为他的行为承担后果：首先，对他说，你说了实话，不容易，我为你骄傲；然后，商量是否可以减轻一些惩罚性后果，或者对第一次的错误行为予以赦免。
- 利用孤独症孩子思维绝对化的特点，告诉他，无论如何，你希望他始终对你保持诚实，不要为了省事或任何便利而对你撒谎。

注意：我们再强调一遍，这种绝对的诚实是"对你"的（让孩子明白各种所谓"善意的谎言"实在太困难了）。而当面对其他人的时候，为了避免给他人造成情感上的伤害，他是可以说谎的。另外，还可以告诉孩子，沉默也是保持诚实的一种方式。记得《小鹿斑比》吗？小兔桑普的妈妈说得好：如果说不出好话，那就闭上嘴巴。"这顿饭太难吃了"对他来说可能是实话，但主人听后会做何感想？

所有人都会犯错[①]

绝大多数孤独症或阿斯伯格综合征儿童热爱绝对的事物，而生活里最绝对的一件事，莫过于任何人都会犯错。但孤独症让你的孩子缺乏泛化的能力，他会把所有错误或失败一概归到自己头上。想想都知道这会给他带来多大的压力。我们每个人每天都在犯这样那样的小错，但我们习以为常，有错就改，然后该干吗干吗。任何一天早上，我们都可能会将咖啡滴到桌上、在淋浴时把水洒到地板上、把口红擦糊、乱放钥匙、撕破报纸、踩到猫尾巴……大部分时

---

① 原注：改编自 "Rule Number One: Ask for Help" by Ellen Notbohm. *Autism Asperger's Digest*, 2009 年 3—4 月。

候，我们都不以为意，泰然处之。但此时，孩子却可能正在楼上情绪崩溃，因为挤牙膏时用力过猛，他就气坏了，现在他已经满手都是牙膏了。

对失败的恐惧会让孩子寸步难行，所以，你要设法将他从这种自我捆绑中解脱出来。同时，给他灌输两种思想：每个人都会犯错，以及每个人都需要帮助。结合实际的生活案例，让孩子看到事实的确如此。

- 每个人都会犯错。
    - 我们平时所犯的错误，大多是些小错，是可以纠正的，就算有影响也不会持续太久。告诉孩子哪些错误属于小错，是"小意思"——洒出来的咖啡擦掉就好，弄脏的衣服换掉就是，没关系。
    - 在学校，我们会写错字、算错题，这样的错误其实是一种练习，它们都是"小意思"，只能说明我们在学习和进步。
    - 有时我们所谓的错误只是意外，大部分的意外都是"小意思"。如果这个意外影响到了别人，通常也很容易补救："对不起，撞到你了，害你把果汁都洒了。我来清理干净，再给你加一点。"
- 每个人都需要帮助。
    - 在日常生活中，经常请孩子帮助你。
    - 让家里的其他人和他的小伙伴寻求他的帮助。
    - 将这种人与人之间互相求助的事实指出来给他看。爸爸在什么时候需要帮助？兄弟姐妹在什么时候需要帮助？老师在什么时候需要帮助？
    - 与孩子讨论并列出一份求助名单，将他信得过的人（家长、老师、兄弟姐妹、朋友）一一列出，写上名字或贴上照片，让他在需要时寻求他们的帮助。
    - 和孩子进行头脑风暴，想出各种求助的方法，不论是用语言、图片还是提示卡片。
        ——我需要帮助。
        ——我不理解你刚才说的。（我不懂。）
        ——你能再说一遍吗？
        ——我接下来要做什么？

- 设立班级或家庭互助交流站。同学们或家人们可以将他们需要帮助的疑难问题（不那么紧急的）写在纸上，再放进同一个盒子。随机或定期从中抽取一张纸条，大声读出上面的问题，大家集体讨论，找出解决问题的方法。寻求帮助的人可以根据具体的情况，或具名，或匿名。
- 建立课堂上的结对互助机制，让学生们以比较私密的方式相互帮助。

关于"正常"

我们希望这两个字可以从你的社交词汇中彻底删除，不仅不要说，在你心里衡量孩子、衡量他的孤独症或阿斯伯格综合征的时候，也不要以此为标准。很多家长总是忍不住将这两个字挂在嘴上。学习社会性思维和行为，不论最终能够达到怎样的程度，对孩子来说已经是莫大的挑战，如果你还要额外施压，追求所谓的"正常"，那么他的压力实在太大了。最后，我们来讲一个真实的故事，它发生在美国的一所中学，有一个大团圆式的结局：

"我只希望他像我一样多交些朋友。"孩子妈妈向言语语言病理学家诉苦，"像一个正常孩子那样，做我们小时候、长大后会做的一切有趣的事情。"

"你儿子去年刚到我这里的时候，"治疗师告诉这位妈妈，"基本没有任何社会性思维能力。他不理解为什么要跟走廊上遇见的人打招呼，不知道如何通过提问与人攀谈、午餐时该怎样和周围的同学互动，但现在他已经在做这些事了。这可是巨大的进步啊。"

"但他不过交了两个朋友而已。"

"我会说：他已经交了两个朋友了！一个跟他一样喜欢火车模型，另一个跟他一样热爱跑步。而且，他也知道你的想法。我跟你说，有一天，他告诉我：'我不想有很多朋友。朋友多了，我应付不了。我一次只能和一个朋友相处，否则就会紧张。虽然现在只有两个朋友，但我们很聊得来，他们是我的好朋友。'"

"你去校园走走，随便哪一所学校，"治疗师继续说，"你会看到各种各样'正常'的中学生,有人迷电脑,有人爱运动,有人能歌善舞,有人擅长艺术,有人痴迷于科技,他们都很正常。孩子们会被自动吸引到让他们感觉安全的集体中去。目前来说,你儿子已经找到了他的集体。我和你要做的,是尊重他的选择,同时继续教他需要的技能,让他在力所能及的范围内不断扩展他的边界。"

你的孩子有许多个社会自我。全然地接纳它们,因而也接纳他的整个存在,才是我们应有的"正常"观。任何时候,他都是一个完整而鲜活的人。

第六章
教师与学生

你们所有人都是学习者、践行者和教育者。

——理查·巴哈（Richard Bach）

孤独症是复杂的。这不是废话,而是我们对孤独症最深切的认知。任何人,只要与孤独症或阿斯伯格综合征儿童相处过,就知道事实就是如此。可是,真的有太多人(记者居多)喜欢问我们,孤独症或孤独症某一方面"最重要的一件事"是什么?怎么可能有这么"一件事"!不过最近,当一位记者问埃伦"关于特殊教育,家长们需要知道的最重要的一件事是什么?"时,她给出了明确的答案。

在所谓的教育中,每个人都是教育者,每个人也都是学习者。每一位家长和老师需要知道的最重要的一件事,是他们的孤独症学生能否成功,取决于他们能否成功——他们能否以伙伴、团队成员的身份保持合作,成功实现他们的共同目标,即充分发挥孩子的潜能。孤独症没有给孩子带来本质的限制,但作为成人的我们却常常如此,因为我们不能调整自己的教学,去适应他们在处理信息、体验周围环境和与人相处时的不同方式。

因此,家长和老师可以为孤独症儿童做的最重要的一件事,就是建立和保持卓有成效的合作关系。所谓卓有成效的合作关系,是指所有成员都接受并承担起各自在团队中的责任,愿意与其他成员分享自己获得的关于学生的各种信息,并放下彼此的个性冲突和钩心斗角,始终以学生为重。他们相信教学相长,为了教好学生,他们必须先向学生学习。他们知道,创造性、好奇心和耐心,以及愿意放下旧有教学或育儿观念的态度,是每个人都能有所成就的必要条件。

当教学不见成效时,作为教学中的成人一方,我们应该主动担责,意识到需要改变的是我们的教学,而不是学生。

想真正发挥正式教学对于孤独症学生的教益作用,唯一的方式就是建立强大而有效的团队合作。家长是孩子生命中始终不变的存在,是这一团队的天然领导者。通过他们,孩子的信息一年年地保留下来,再一年年传承下去,从这个老师,到那个老师。而参与孩子生命的每一位老师,也都扮演着重要的角色,即使有一天孩子离开了他们的课堂,他们的影响也会持续存在。你留给孩子的是什么?是"我可以"的自信和成就感,还是过个年就忘记的东西?鉴于你此刻正在阅读这本书,想来你应该属于第一阵营。谢谢你,谢谢你们。世界需要更多你们这样的人。

我们之所以将本章的内容放在最后，是因为只有清除孤独症带来的诸多障碍，孩子才可能拥有正式教学所必需的学业和社交能力——只有当我们照顾到他们脆弱的感觉系统、帮他们找到有效的沟通手段、找出各种困难行为的根源并斩草除根、教会他们日常生活所需的各项自我管理技能、培养他们不同层次的与人交往的能力和自信（从一对一的交往，到成为负责任的社区公民），他们才能在正式教学中获得成功。

对我们所有人来说，这都是一个不断学习的过程。我们也甘愿如此，不是吗？我们教育者可以教给学生的最重要的一件事，就是让孩子通过我们的榜样作用，把终生学习当作一件快乐的事来践行。

我们的朋友戴维·弗雷斯基（在第二、三章中提到过）建议我们："每天结束的时候问自己两个问题：我今天教了什么，我的学生学到了什么？"

所有孩子都将受益

本章探讨的是孤独症谱系儿童在课堂上可能遇到的困难，以及它们的解决之道。其中的很多方法对孩子的同班同学也大有益处。为孤独症孩子而做的调整与普通课堂的融合度越高，就越能淡化孩子的差异性，让其他学生更愿意伸出援手，让孤独症或阿斯伯格综合征儿童更感觉自己是班级的一分子。

尊重孩子

为写作这本书，我们采访了很多专业人士，几乎所有人都对我们强调一件事：不要当着孩子的面谈论他。也许你觉得他不在听，但其实他在听；你觉得他听不见，但其实他听见了。我们常常毫无顾忌地和孩子的老师或自己的配偶谈论孩子，仿佛他根本不在身边一样。我们讨论孩子的行为、他们的学业和社交障碍，若无其事地将他们与其他孩子相比较，感叹自己多么疲惫，说一些自以为幽默的损话……有没有？请站在孩子的角度想一想。假如你的上司或家长这样对你，你心里舒服吗？同样地，当发现孩子或学生表现不错时，也不要让他在无意中听到你跟别人说："雅各布今天的数学作业做得真不错。"面对面直接告诉他不是更好吗？"雅各布，你今天的数学作业做得真不错。"或者问问他，是否同意你将好消息告诉第三个人："雅各布，我可以告诉波特老师你今天的数学作业做得特别好吗？"

站在他人立场考虑问题

在孩子十三年左右①的学校生涯中，家长们会遇到他们觉得特别棒的老师或觉得不太理想的老师（反之，从老师的角度来说，也是如此）。有些老师很善于考虑孩子的需要和学习方式，有些老师却完全按照自己的方式来，从不关心孩子的实际情况，不能根据孩子的思维特点有效施教。但是，孩子、老师、家长在整个学年甚至更长的时间里，都必须并肩作战。

"站在我的立场上想想。""到我家待几天试试。"太多家长对我们表达了这样的想法，他们希望老师能理解并在意他们的感受。我们这里要说的不是站队问题，也不是挑谁的错，而是希望大家认识到，每个人都在用自己独特的方式体验着这个世界。家长和老师作为队友，为了孩子的进步而共同努力，如果彼此可以以对方的视角去想象生活，合作起来就会更有默契。下面是一些来自受访家长的想法：

- 请不要对我们的育儿方式做任何主观臆断。孩子在学校和家里的表现可能完全不同，更好或更坏，都有可能。只有家校之间保持客观开放的信息交换，相关各方才能掌握孩子的完整信息，切实展开教学工作。
- 无论你自我感觉能不能做到，在想到或谈到孤独症孩子的时候，最好不要用"修理""治好"这样的词汇。孤独症是一种谱系障碍，像雪花一样，没有两个孤独症孩子是完全相同的。每个孩子的学习道路都是独一无二的，他们需要的是你做出调整，提供便利性的、适应性的措施，而不是"修理"。不管"修"还是"治"，大意总是孩子有所不足，这样的态度只会引发家长和老师之间的摩擦。

---

① 译注：美国的公立学校义务教育一般从幼儿园（Kindergarten，1年）到12年级，即K-12教育系统，共十三年。

- 注意不要对孩子期望过低，因为孤独症是一种没有明确限制的障碍。家长从来没有放弃对孩子的希望和梦想，因为这是他们奋斗的动力，即使离开了你的课堂，他们还有很长的路要走。请尊重他们的梦想；同时，在你带学生的这段时间，也尽可放胆去想。孩子的爸妈很需要知道，你和他们一样，也在鼓励孩子成就一切可能。
- 出于理解孩子的迫切愿望，父母可能已经花很多时间和精力，钻研了孤独症的各种知识。尊重并利用这一资源。他们的很多知识和信息都可以助你一臂之力。对家长来说，能够对他人有所帮助，也是一种慰藉。
- 养育孤独症儿童的过程既孤独又疲惫。在他们需要的时候，给他们积极的肯定，借一只耳朵、一个肩膀，甚至，你还可以让他们知道，你也有过那样万般艰难的日子。这样的共情和体谅会让你们的合作更加紧密。

透过表面看问题

有个 1 年级小朋友经常用手捂住耳朵，老师觉得他是怕吵闹。但作业治疗师经过仔细观察发现，这个孩子有时也会用力按压他的颧骨和太阳穴，这说明问题不在于吵闹，而在于他的感觉受到了侵扰。顺着这个思路，老师找出了其他的感觉刺激因素，比如排队时周围孩子的拥挤、从窗口射进来的强光等。

不要教孩子听话

找出行为的真正源头绝非易事。孤独症的很多潜在障碍，比如感觉问题、社会性理解问题、沟通障碍等，都会让孩子出现行为问题。但有些老师之前与孤独症或阿斯伯格综合征人群接触不多，经验有限，很容易将它们理解为孩子不听话、不服从管教。在所有努力均告失败的情况下，老师可能会要求行为矫正师的介入，制定出旨在消除该不服从行为的计划。这样做可能会见效，但是接着呢，新的行为问题马上又会冒出来。

不要将孩子听话或服从当作你的目标，去追寻这一行为背后的根本原因。当行为问题顽固不化时，我们要想到，是孩子有什么需要没有得到满足。这也意味着我们的教学要有所变化。因为行为从来都是一种沟通。一般情况下，一旦行为发生的根本原因被找到、相应的需要被满足，行为问题就会迎刃而解，最终的效果就是孩子变听话了。请学着做一个好的行为侦探。

指派专门的辅导老师

如果课堂上有一个以上的成人，那么指派其中一个人专门负责辅导孤独症孩子完成作业或学习任务。孤独症或阿斯伯格综合征儿童渴望常规和稳定性，多种声音不仅容易造成误解，也会让已经超负荷的听觉系统不堪重负。在给孩子做言语指导时，请遵循以下建议：

- 语句尽量简短，话太多容易让孩子迷失。另外，同样的意思，不同老师用不同的话说出来，也会让孩子困惑不解。
- 如果孩子不太能理解你的指令，那么重新组织语言，使之更加简洁明了。如果还是不行，那么改用其他非言语的沟通方式。
- 以正面的方式传达指令。有些孤独症或阿斯伯格综合征儿童只能听见你说的最后一个词，比如，有个孩子在玩游乐器材的时候爬到了很高的地方，准备往下跳，如果你说"不要跳！"他听到的可能是最后一个"跳"字，于是跳了下来。跟他说："请爬下来。"

小组和大组

尽可能将课堂活动分成小组。整班一起活动会让孤独症孩子觉得害怕或难以承受，降低他参与活动的愿望。而在相对较小、每个人都有明确分工的小组中，孩子更可能获得成功。而且，小组成员各有特长，大家可以相互学习、取长补短。

投其所好

如果你家的小收藏家有很多小车模型,多到足以模拟高峰时段的交通拥堵(我们还真认识这么一个孩子,每天傍晚都在自家门厅制造这种效果),那么你可以设法将这种兴趣融进他的学习之中。你可以利用那些车子:

- 将触觉训练与假装游戏结合起来:用剃须膏制作"暴雪"现场,让他帮助车辆脱困。
- 在印有道路交通图的儿童地毯或塑料材质的建筑平面图上,教儿童认识左右的概念或练习听从指令:"往前开两个街区,经过大树后左转。"
- 将孩子最爱的12辆车子拍成照片,双份打印,与孩子玩翻牌配对记忆力游戏。
- 选5辆红车加5辆蓝车,就可以玩自制的井字棋(tic-tac-toe)①游戏啦。

怪物史瑞克的社会性评价表

让学生针对他最喜爱的故事或电影人物,设计各种各样的评价表。可以就人物的社会性能力做出评价,比如帮助他人、共情、自我激励、日常人际交往、礼貌态度等。这样做的目的是鼓励孩子关注他人的想法、感受和行为。

用屏风帮助集中注意力

在课堂上,孩子往往会受到周围视觉和听觉刺激的干扰而不能专心于作业。准备一个便携的台式或立式屏风,让孩子在需要的时候随时用于隔挡。当然,这不是孤独症或阿斯伯格综合征儿童的特权,只要需要,班上其他孩子也可以使用这样的屏风。

---

① 译注:这是一种桌面游戏,玩家双方轮流在井字形九宫格里画圆圈或画叉(一人画圆圈,一人画叉),谁的圆圈或叉先在横、竖或对角线上连成直线即取胜。这里用红蓝两色车子代替圆圈和叉叉。

站着听课也无妨

在教室开辟一个角落，放一张类似讲台一样的小桌，孩子久坐不适的时候，可以去那里站着上课。（你或许会发现其他孩子也喜欢去那里。）反之，你还可以准备一块小垫子或一个铺了地毯的小角落，让孩子躺着看书或做作业。全身性的硬面接触有助于注意力的集中。

手部疲劳

书写困难在孤独症学生中比较常见。所有不自然的书写动作——握笔不正、握笔过紧、写字姿势不佳等，都会导致手部的疲劳。在作业治疗中，有一部分内容是专门针对书写能力的，它会给孩子提供特别设计的握笔器、符合人体工程学的钢笔和铅笔等辅助工具。在书写前、书写中和书写后分别做一些简单的手部运动，也有助于缓解手部的疲劳。

- 两手手掌快速互搓。
- 抖手或甩手。
- 双手交握、放开、再交握、再放开，如此反复。
- 手指往外张开，再握紧成拳。

小锦囊
有视觉加工功能障碍的孩子很难在横线上写字，试试使用有凸线条的纸。

课前热身活动

身体感觉不够敏感的儿童，需要在课前进行热身活动，增加刺激输入，唤醒低迷的感官，以便进入学习的状态。在正式上课前，用几分钟时间，带全班学生做这些热身活动：

- 深压刺激：先让学生用一手的拇指按压另一手的手心，"在每个手心按出10个圆印"，深深用力，按遍整个手心。再让他们挤捏双臂和双肩：双臂交叉，左手挤捏右手臂，右手挤捏左手臂。
- 皮肤刺激：让学生双手互搓，手心－手背－手指交叉；让他们"给自己鼓鼓掌"，用力拍出声音！再让他们"给自己拍拍背"，拍拍拍，拍拍拍；再拍肚子，拍头，拍手臂和肩膀。
- 肌肉刺激：现在，孩子们该"戴写字手套"了。"手套"又长又紧，大家使劲把它拉到肩膀上去（用手使劲扣住对侧胳膊往上捋）！重复多次。最后，将平每个手指的"褶皱"。
- 关节压迫：让学生用双手撑住课桌往下压；再将双手撑住大腿往下压，迫使双脚往地板上压。

这套动作也适合在家做。你可以一起来做，看看做过之后你的反应是否也更加灵敏了。

"火箭发射"助力活动转换

家有太空迷？试试使用"火箭发射"的招数，引导其完成活动的转换。让孩子或跪或蹲或坐在地板上，你站在他身后，开始倒数："10秒倒计时——9、8、7、6，点火，5、4、3、2、1，起飞！"将他从地板上提起来，"发射"去做另一件事——午睡、洗澡、听故事、做家务或接着要做的任何事情。

过渡到圆圈时间

在进行活动转换的时候，老师可以先让孩子完成一些肢体活动作为过渡。比如，在加入圆圈活动之前，让他先动动身体、越过一些障碍，再到达活动区域。可以让他走一走低矮的阶梯，从桌子底下钻过，沿着地上的脚印或石子或一定的形状前进，钻过或越过横杆……此类活动有一箭双雕的作用：需要运动的孩子可以从中获得安抚，而不喜欢运动的孩子也可以活跃精神，为接下来的学习做好准备。

如何让孩子加入圆圈活动

老师一喊"圆圈时间",孩子们都会跑过来按顺序坐到地上,除了孤独症孩子。因为此时此刻,他要面对严重的感觉和社交挑战:地板又硬又冷;同学们挤挤挨挨,毫无个人边界可言;他不确定自己在那里要做什么;歌声太吵;还没等他明白过来,老师的指令就像蒸汽一样消失在空气中了……难怪孤独症孩子要躲开圆圈时间,就算不躲,也多半在发愣中度过——无论哪种状态,都无助于学习的展开。但如果引导有方,孤独症学生也是可以顺利加入活动的。关键是循序渐进,让孩子逐渐适应这一过程:

1. 在靠近圆圈的地方放一套桌椅(椅子正对着圆圈),让孩子坐在那里进行比较安静的活动,比如涂色。

2. 随着时间推移(几天或几周),让椅子一点点远离桌子,靠近圆圈。安静的桌面活动随之变为安静的椅上活动,比如坐着玩挤捏玩具。

3. 活动范围从座椅转移到地板:给孩子准备一个边界清晰的座位,比如一块坐垫、一张露营椅、一块方形纸板,或直接用彩色胶带在地上贴出一个正方形,让孩子坐在正方形里。

4. 当他终于坐进圆圈的时候,允许他玩挤捏玩具或使用其他有感觉安抚作用的物品,比如乳胶咀嚼项链或加重豆袋。

5. 在圆圈时间里,给孩子安排一个可以运动身体从而保持专注的任务,比如,帮你分发或拿住物品,去日历或天气记录表上指一指关键信息或撤换小图标。他有没有什么小特长?利用起来,让它们帮助他融入圆圈活动。让他给大家演示拉伸或瑜伽动作,或带大家一起做这些动作,还可以让他带大家敲节奏棒等。差不多之后,给他一个明确的停止信号,并告诉他接着怎么做:"好了,谢谢你今天当我们的天气播报员。现在你可以回去了,你愿意坐垫子上,还是椅子上?"

6. 奖励强化他的每一点进步,不仅表扬他参与活动并表现良好,也表扬他做出的所有正确选择。除了口头表扬,还可以加入视觉元素,让他亲眼看到自己的进步。各种记录表、日历、贴纸是常用的视觉工具。

整合性游戏团体

孤独症或阿斯伯格综合征幼儿需要在你的帮助下发展游戏技能。整合性游戏团体是专为谱系儿童开发的一种结构化的游戏指导方法，由3～5名儿童组成，其中典型发展儿童居多。这样的游戏小组通常设在融合学校、课外培训机构、活动中心或私人家中，一般有固定的活动时间，每周至少2次，每次30～60分钟。

游戏小组有一名成人指导（老师，有时也可以是家长），其任务是协助游戏的进行，包括游戏示范和游戏辅导，尤其是在游戏小组组建之初，但之后会渐渐淡出。一开始，游戏指导是游戏的负责人，需要给游戏活动做准备：准备材料、分配角色、安排游戏活动并充当翻译——帮助游戏中的熟手和新手理解彼此的行为和语言。到了下一阶段，游戏指导将逐渐退到游戏活动的外围，负责问问题、点评、提建议之类的工作，但他始终会根据游戏小组的活动模式调整他的行为。

整合性游戏团体有诸多目标：拓展孩子的社会性意识以及对其他孩子的兴趣，通过合作式的假装游戏提高人际互动和符号表征能力，发展孤独症与非孤独症儿童之间以及孤独症儿童之间的真挚友谊等。这一策略的创始人是"孤独症同伴关系与游戏协会"（The Autism Institute on Peer Relations and Play）主任帕梅拉·沃尔夫伯格（Pamela Wolfberg）[①]，想了解更多信息，请登录他们的网站 *AutismInstitute.com*。

孩子可以上幼儿园了吗？

孩子马上5岁了，眼看着就该上幼儿园[②]了。但生理年龄不该成为决定孩子能否上幼儿园的唯一标准。从托班、学前班或家里到幼儿园，是一个巨大

[①] 译注：帕梅拉·沃尔夫伯格的《孤独症儿童游戏与想象力（第2版）》（*Play and Imagination in Children with Autism, Second Edition*）中文简体版已由华夏出版社于2017年出版。
[②] 译注：美国的学前班（preschool）与幼儿园（kindergarten）与国内的情况有所差异。简单来说，学前班概念更宽泛，入学年龄更小，且均为私立；正式的幼儿园则是义务教育的第一年，已经属于小学阶段了。

的飞跃——在校时间更长，活动安排更加结构化，一班或一组人数更多，教学焦点也开始从游戏转向学业。如果孩子表现出孤独症特有的发展迟缓，那么你需要考虑孩子能否上幼儿园这个问题了。你也许在犹豫，该不该让孩子延迟入学，不知道在家多一年以游戏为主的学习能否让他有能力应对学校更为复杂的社交和学业要求？

能否入学没有单一的标准，你必须综合考察孩子当前的能力水平以及即将要去的学校的情况。幼儿园对入学儿童的典型能力要求，很多恰恰是孤独症孩子的弱项。每个学校都有自己对学生的期望和要求，但所有学校又有一个统一的标准指南。但能满足所有这些指标的孩子毕竟很少。请对照这一标准，判断孩子的层次水平，再跟目标学校的老师和行政人员进行沟通。一般来说，孩子应该可以也愿意做到：

- 用语言（或其他方式）清晰地表达需求。
- 听从指令。
- 积极倾听——如果你给他读一个绘本短故事，他能认真听并用自己的话复述出来吗？
- 与其他孩子及成人友好相处：等待轮流、分享、不打人不咬人。
- 参加集体活动。
- 无须帮助，自己穿上外衣。
- 无须帮助，自己上厕所。
- 无须帮助，自己吃午餐（自己打开果汁包装、食品袋、午餐盒）。
- 自己擤鼻子。
- 使用铅笔、彩笔、剪刀。
- 数到 10。
- 熟悉字母。
- 学习新事物，对周围世界表现出一定的兴趣。
- 辨识颜色、形状、身体部位（有些学校会要求孩子在这些方面有一定的知识积累）。
- 识别并尊重权威。

- 长时间离开家长。

全面评估孩子的发展水平。他可能在认知上已经做好准备，但情感上还差很多。或者，他可能运动技能发展得不错，但语言或沟通技能比较薄弱。相比体能发展和社交能力，在做入学能力评估的时候，教育者往往更加看重认知能力的发展情况。

观察孩子将要去的那所学校的幼儿园，看看里边孩子的行为表现、每天都有哪些教学活动。想象一下，你家孩子可以成功适应那里的环境吗？另外，你还要考虑其他一些因素：

- 班级规模有多大？老师们在教学中可以获得多少支持？班上有助教或志愿者吗？他们受过儿童早期教育方面的培训吗？
- 对于儿童之间学习节奏上的差异，老师会采取哪些便利性的调整措施？
- 学校课程注重素质发展，还是偏重学业成绩？很多学校会赶鸭子上架，让幼儿园学生学习1年级的课程内容。如果孩子在能力上还没准备好，强迫他学习阅读或算术是不可能成功的。

有些教育者认为，作为家长，你应该找一个已经做好准备迎接你家孩子的幼儿园，而不是你家孩子已经做好准备可以进入的幼儿园。话虽如此，你还是可以为孩子入园做很多准备的。结合上面提到的各项入学能力，你可以通过以下家庭活动培养这些技能，让孩子的入园之路尽可能的平顺：

- 阅读教字母的图书，教他辨识大小写字母。
- 教他认识数字。阅读教数字的书，平时外出活动时随时找数字让他认。练习生活自理技能，比如穿外套、洗手、擤鼻子等。如果他还不会拉拉链、扣扣子或系鞋带，那就只给他穿不带这些的校服。
- 教他区分左右。
- 认识相对的空间概念：往上/往下、向前/向后、在上面/在下面、里面/外面等。
- 认识时间概念：之前/之后、昨天/明天、去年/明年。

- 读无字书。鼓励他根据图片内容编故事，说说发生了什么、接下来可能会发生什么。（另见第二章中"无字书"部分）
- 教他认识不同硬币。
- 帮助他记忆自家的电话号码和地址。
- 教他认识基本的颜色和基本的形状，并利用家里家外接触到的各种物品进行强化练习。
- 耐心对他讲话，讲清楚的话，少用术语俚语。在他对你讲话时，也以此为标准要求他。
- 进行简单的剪、贴、写和涂色活动，并将这些技能运用到实际生活中，比如让他和你一起包装礼物。
- 告诉孩子你和配偶靠什么谋生。出门在外时，也给孩子适当普及各种职业分工。
- 在孩子能忍受的范围之内，尽可能地丰富他的见识和经验。孤独症儿童往往兴趣狭窄，需要反复尝试和接触，才能逐渐接受新的事物。

如果你已经决定让孩子延迟一年再入学，那么专家们的意见比较一致：建议你不要让孩子待在家中，而是去参加比较结构化的课程培训，比如半日或全日制的幼儿园预备班。总之，这一年的主要目标是发展独立以及同伴交往能力。

小锦囊

一个可以调节书写角度的台式或立式画架，可以帮助儿童锻炼动作技能以及手眼协调能力。如果孩子还不会写小字，市面上普通的横线纸空间无法满足他的书写需要，那么可以根据实际需要，自己画出横线。

幼儿园开学准备

孩子第一天去幼儿园会面对新的老师、新的同学和新的常规，自然也会遭遇各种小意外、小事故——用不了多久，他的自信心可能就岌岌可危了。所以，你要帮他在家提前做好准备，让他从一开始就顺顺利利的。

跟老师要一张孩子在校的"路线图"，练习其中涉及的所有技能，尽可能避免意外状况的发生，包括脱下外套并挂起来、使用削笔器和橡皮、在吵闹中集中注意力、端着餐盘行走、打开并合上午餐盒或午餐袋、打开三明治和果汁包装、正确扔投垃圾、自己擤鼻子、系鞋带等。

在开学之前参观学校，提前熟悉学校环境、老师和班级情况。参观时拍下周围的环境设施：教室、体育馆、操场、餐厅，也拍下他将来会接触到的人：带班老师、助教、校长、学校秘书、图书管理员、体育老师、音乐老师、资源老师、食堂厨师、保安门卫、校车司机。同时，你还可以向老师要一份班级同学名单，让孩子认一认同班同学中有哪几个是他的好朋友。用拍下的照片编一个社交故事，突出他注意到并且喜欢的因素："我可以去滑螺旋滑梯。""上课时，罗杰和丽莎会坐在我旁边。"故事以肯定语气收尾："我会喜欢新学校的。"

明确起点和终点

明确告知孩子或学生活动的起点和终点，可以避免潜在的行为问题。"铃响之前，你就做这个""我们得去办点事"，这样的表述要么语义模糊，要么没有明确起点和终点，孩子听后会为之焦虑，以致无法集中注意力、不能顺利完成任务。试着从以下几个因素着手，让孩子更容易理解他的作业和活动：

- 为作业准备两个任务篮，一个贴上"开始"标签，另一个贴上"结束"标签；教孩子将做好的作业放入"结束"篮，表示已经完成——用特别直观的方式确认任务的完成。
- 将一个大任务拆成几个小任务。如果你的目标是让孩子为学校的戏剧演出制作20朵纸花，那么每次只让他完成5朵（只给他5朵花的材料，具体数量可根据孩子的能力水平和时间充裕程度而定）。很多孩子求胜心切，无法接受一点点完成任务。我们认识一个小伙子，他接了一个任务——将1000封信装入信封。为了完成任务，他不上厕所，不吃午饭，甚至拒绝与人聊天，最后用整整 6 个小时，完成了全部的封装工作！

在给回家作业或其他比较耗时的任务安排时间时，记得将休息时间计算在内。每坐下半小时，就必须起来走动 5 分钟，可以去上个洗手间、吃点零食，或只是伸胳膊抬腿，活动一下身体。如果孩子一个劲儿逼自己干活而拒绝休息，那么超过一定限度之后，做事效率肯定会降低，结果是耗时更久、压力更大。

- 说清楚任务的起点和终点："整理好床铺、将玩具收进玩具箱、将脏衣服放进脏衣篮，你的房间就收拾完了。"
- 明确任务的数量："现在先做 1-3 题。做好以后，把卷子翻过来，我会告诉你接着做什么。"如果任务或活动有多个部分，也可以将它们按数字顺序写在黑板上，比如你可以告诉他们："今天我们要学习人体的 5 个部位。"然后，将这 5 个部位名称列在黑板上，每讨论完一个，就勾掉一个。如果任务涉及的不是数量，而是范围，比如让他清扫院子，那么也要把清扫范围清晰地告诉孩子。
- 如果孩子已经会认时间，那么用时间来规定任务的起止："我们要去校园走一圈，从下午 1：00 开始，到 2：00 结束。"需要的话，使用可视化的计时器。
- 用视觉时间表显示开始、经过和结束。比如用照片表示事情的完整经过：孩子穿外套的照片—干洗店的照片—超市的照片—孩子在家的照片。

小锦囊

用白色或彩色胶水写字母或数字，干透后会形成三维立体的效果。这样的三维效果可以帮助有空间/背景障碍的孩子学习字母或数字：让他们用手指描摹笔画开始、行进和终止的过程。

"等会儿再做"任务箱

在做事的过程中总免不了各种干扰。如果手头的任务或作业必须中断（预约了牙医、该吃中饭了、日常杂事），那就暂时将它放到"等会儿再做"的任务箱里。这个箱子可以非常直观地告诉孩子，他可以或者应该在之后将剩下的部分继续做完。有时，如果事情实在太多，可以给这个任务箱里的每一件事标上数字，表明先后顺序，首先做哪一件，接着做哪一件，以此类推。当然，不要直接在作业上标数字，推荐使用便利贴。

考虑文化和社会经济差异

除了孤独症或阿斯伯格综合征，儿童在文化或社会经济方面的限制也会影响他的在校表现。老师要给这样的学生提供额外的教学时间以弥补其不足。如果你在教孩子打字，而孩子家里没有电脑，无法练习，那么你就必须在学校给他安排更多的练习时间，或在课后给他额外的辅导。

伙伴合作技能

教孩子伙伴合作不仅仅是将两个孩子凑到同一张桌子上。对孤独症学生，你要做的当然还有更多。由于孤独症孩子不能自然地获得人际交往所需的社会性思维能力，你需要帮他将复杂的合作技能分解成最基本的要素，让他学着成为一个更加有效的合作者。对照下面这些要素，根据实际需要教给孩子并反复训练，直到他能比较自如地运用它们。一旦孩子学会这些技能，给他准备一张小小的视觉提示卡（或类似书签的样子），将提示信息罗列其上。伙伴合作训练是一项可以在全班推广的活动，绝大多数学生都将从中受益。

- 一起阅读指导说明。如果有什么问题，可以问老师。
- 当合作伙伴跟你说话的时候，看着她。
- 认真听她在说什么。

- 考虑她提出的关于作业的想法。
- 告诉她你对于作业的想法。
- 轮流发表意见。当对方说话的时候,要保持安静。
- 专心完成任务。做作业的时候只做作业,不谈无关话题,也不与其他同学聊天;如果需要帮助,可以问老师。

治疗师的选择

在选择治疗师的时候,无论是言语语言病理学家、作业治疗师、物理治疗师、心理咨询师、医生还是私人教师,除了要考虑优异的专业资质和同事或朋友的推荐,你还要看他/她与孩子的互动能力,看他/她能否与孩子建立良好的人际关系。在正式接受服务之前,最好让他/她与孩子见个面,观察一下他们的融洽程度。毕竟,任何治疗都价值不菲,也会消耗孩子很多精力,如果所托非人,那就太不值得了。

教育培训项目的选择

在为孩子选择培训项目的时候,记得要从结果倒推,而不是理论先行。你要开门见山,向对方说明你希望通过培训让孩子学会哪些东西,然后再回头讲方法——基于孩子的学习方式,选择最为匹配的教学模式或干预方法。

查看孩子的测试内容

如果学校或任何机构给孩子做测试,测试结果将用于判定他是否需要接受某项服务或决定他的班级排名,那么你可以要求查看这些测试的内容。你要确定该测试的确可以有效测试出它想要测试的东西,如果有任何疑义,毫不犹豫地说出来,尤其是当测试结果关系到孩子的教育安置或治疗方案的时候。

举个例子:一个10岁的孤独症男孩接受了一项"功能性沟通技能评估",评估显示,在语言相关的测试中,"他最大的问题在于不会纠正语义的不合理性,比如'马克不善于击球,所以退出了足球队'。"可这个句子考察的并非语义,而是体育常识。在家长提出意见之后,这一测试题被修改为:"马克穿上外套去游泳。"结果,孩子马上回答:"太傻了!"

校车安全

问问所在学区,孩子的校车司机有没有受过孤独症方面的培训。答案很可能是"一点点"或"没有"。可是,校车是一个极易让孩子产生焦躁情绪以及导致孩子感觉超负荷的环境——孩子们吵吵闹闹、汽车走走停停、温度过热或过冷、气味难闻,甚至还可能碰上欺凌者。而司机要在这样的环境下负起对孩子的责任,重要性可见一斑。

家长或老师可以给司机准备一张情况说明,写上与孩子相关的重要信息,以及建议最好以怎样的方式与孩子沟通。具体来说,可以附一张孩子的照片,一段比较正面的简介,他喜欢什么(强化物)、不喜欢什么,简单列出一些相处策略,哪些方式可能出于好意却会招致不良后果,可以让他在车上做哪些兴趣活动,等等。

听觉加工障碍

在经验不足的人看来,听觉加工有问题的孩子所表现出的一些特征,与注意力缺陷障碍的特征很像,但两者其实根本不是一回事。在你看来,学生上课时四处张望,眼神游离,一定是在开小差。但更大的可能,是他没有理解你刚刚说的话,所以就观察同学的反应,来决定他接下来该做什么。

老师通常会将孤独症学生安排在教室的前排,最大限度地减少视觉和听觉上的干扰,也会提供一些书面或其他形式的视觉指导,让他们知道具体的日程和任务安排。能这样做是很好的。不过,你还可以更进一步:在对孩子说话前,先用眼神或其他方式引起他的注意。再进一步,不要一边对着黑板、投影屏幕或其他教学媒体,一边讲话——要保证在你说话的时候,他能看到你的正脸,而不是后脑勺。

小锦囊

如果孩子对声音敏感,那么家长可以向老师申请一个上层并且靠边的储物柜。如果是下层柜子,那么孩子在存取物品时将直接暴露在上层柜门关上时的乒乓声中。

警惕消防演习

刺耳的火警声突然响起,会让某些孤独症或阿斯伯格综合征儿童痛苦至极,随之而起的骚乱更是会让他们彻底崩溃。如果你的孩子听觉敏感,那么一定要提前跟老师沟通,商量出最佳的应对方法。有的孩子需要知道确切的演习时间,但有的孩子在知道时间之后,反而会陷入焦灼的等待之中。对于后者,比较好的做法是告诉他一个大概:"还记得有时候我们会有消防演习吗?今天也有一次,但我不确定具体什么时候。"无论哪一种方式,都要提前做好准备。

一次只教一项技能

对于有感觉障碍的学生,熟练掌握握笔姿势和学会适当用力是学习使用铅笔的两个主要难题,而在握笔和用力的同时还要写出数字或字母则是另一个难题了。在教学时,要注意区分这些不同的技能并分头进行训练,在训练方法上也要有所区别,比如,用毡头笔(只需施加很小的压力)学写字母和数字,用铅笔练习握笔和用力(画形状、波浪线等不讲求精细度的图案或线条)。

减少纸面反光

对于对光敏感的眼睛,很多白纸(亮度在92及92以上)都有刺眼的反光。选择柔灰、淡彩或本白色纸会对他们有所帮助。墨水颜色也是如此:黑色字体可能太过突兀了,试试相对柔和一些的颜色。

睁大眼睛

在教授概念的时候，搭配夸张的动作和表情，有助于孩子对语言的理解。停（单手伸出，掌心向前）！哎呀（睁大眼睛，用手捂住嘴巴）！向上！等等。

参与计划

当常规的教学手段无法满足某位学生的需要时，老师要对教学做适当调整，并为此制定一份"参与计划"——一份单页的教案，上面写明如何让该学生参与某个特定的活动。比如，一个无言语的学生如何利用预先调好的视频输出设备参与圆圈活动，这个计划可以包括：视频设备放在哪里，该学生在通过设备进行沟通时需要哪些自然的暗示或提醒，如果设备有问题，还可以采用哪些备用策略等。

一个学生可以有好几个这样的参与计划，具体要看他一天中有几项需要做类似调整的活动。任何参与计划都应该：(1)描述活动展开的正常流程；(2)概述相关 IEP 目标；(3)解释需要做哪些特殊准备、采用哪些特殊策略和材料，包括材料摆放位置；(4)说明学生如何参与活动的每一个步骤；(5)如果有的话，指明会采取哪些便利性或调整性措施或进行哪些替代性活动。（关于便利性和调整性措施的区别，详见本章后文"便利性措施和调整性措施"。）

根据实际需要，确定各个参与计划的轻重缓急，从那些最经常进行或最困扰你们的活动开始。将这些计划整齐收纳在固定的文件夹里，方便查看。你还可以和其他相关教职员工分享这些计划，尤其是代课老师、实习老师和志愿者。你还应该在每个季度（或随孩子能力发展以及新问题的出现）对计划进行检查和修订。

小锦囊

听力敏感是孤独症谱系个体最常见的一种感觉加工障碍。给教室或家里的椅子脚裹上毛毡布或套上网球，有助于减少椅子挪动时产生的噪声。

培养专注力[1]

"专心点!"当我们希望孩子认真听我们(或其他人)讲话、专心看我们示范的时候,我们常常搬出这句万能训导,但这实在是一句最不走心、最没用的空话。专心通常不能得到任何实质性的奖励——兑不了钱、没有任何回报,对于思维刻板的孤独症儿童来说,它也许毫无意义。而当孩子不"专心"的时候,我们又会理解为不听话。实际上,问题很可能出在我们身上——我们没有用孩子能理解的方式去沟通。

为了聚精会神于某个固定的任务并保持专注,即你需要的"专心",孩子必须动用一系列的技能。而孤独症会在两大核心领域妨碍儿童实现这一目标,一是语言加工,即通过听觉通道加工信息的过程,二是视觉,即通过眼睛加工信息的过程。与此同时,各种环境因素也在刺激着孩子的其他感觉,使他愈加无法专心——就算他很想顺从你,只听你的声音、你的话,但飞机在窗外轰鸣,屋里那么热(所以你才开了窗),特丽莎头上洗发水的味道让人窒息,特雷弗手上一遍一遍转着铅笔(哎哟!铅笔掉下来戳到他了,嘻嘻),隔壁房间回响着电影的声效……所有这些同时侵扰着他的感觉,让他一团乱麻,分不清哪个是重要信息,哪个是无关信息。

孤独症儿童也许不能自动获得专心和专注的能力,但他可以学习。当你和他都理解了他大脑加工感觉输入的方式之后,你就能帮助他运用策略提高专注技能了。

- 跟孩子谈谈什么是集中注意力和专注。如果你要使用"专心"一词,那么给孩子解释它的意思,然后看他能理解多少。告诉孩子,有些人很容易"专心",有些人却很难,这和聪不聪明没有任何关系,只要肯练习,所有人都能做到。告诉他,你会在他身边,和他一起学习"专心",凭他的聪明脑袋,你确信他肯定能学会!
- 工具趁手也很重要。在要求孩子专心做作业或完成任务之前,确认他手

---

[1] 原注:改编自"Teaching Concentration Skills" by Ellen Notbohm. *Children's Voice,* 2009 年 9-10 月。

边已经备好需要的材料：铅笔削好，橡皮好用，白纸和课本都触手可及。如果他在完成任务的过程中需要随时看到你，确保他的视线不受阻隔。

- 我们的视觉与专注力直接相关——我们总是先思考眼睛看到的东西。视觉是很多孤独症儿童最强势的一种感觉，因此也可能最先发生感觉超负荷。可以通过减少视觉干扰，帮助学生保持专注：
  - 对很多孤独症学生来说，在格子间里学习是保持注意力的有效手段。如果你的教室无法安排格子间，那么在学生的课桌上安装一个便携式隔挡，在需要的时候支起来，不需要时收起来。
  - 教孩子将他的东西放在他的面前，再将视线对准他想要关注的东西，比如书本或作业。教他将双手支在两侧脸部，这样他就只能看向那一样东西了。
- 让他留意日常生活中人们是如何使用视觉来保持专注的。运动员总是盯着球，司机一直看着路（呃，司机理应一直看着路），厨师切菜时视线一刻不离菜刀和手指。
- 听觉干扰会影响专注力。一副无线耳塞可以有效隔绝不必要的嘈杂。
- 听觉障碍会让孩子遗漏语言中的信息或误解其中的意思，使之几乎不能保持专心和专注。比如，有些孩子听不出某些辅音，或不能区分前景和背景的声响。如果你怀疑孩子存在此类听觉问题，那么请言语语言病理学家加强他在听觉加工方面的训练。
- 从训练短时专注开始，逐渐延长专注时间。一开始，5 分钟对他来说已经够长了。每专注 5 分钟，就休息 2 分钟，起来走动走动，东张西望一下。随着孩子能力的增长，逐渐延长专注的时间。
- 对于年龄稍大、已经有一定专注力的孩子，可以让他在开始做某件事之前，给自己设定一个目标：我想读几页书，我要做几道题，等等。
- 承认排除干扰是一件很难的事。色、声、香、味、触，这个世界多得是新鲜有趣的事。每天、每时、每刻，我们都在从中选择要"专心"做的事。同样，我们也可以学着忽略其中的某些，避免让它们干扰我们做事。
- 鼓励学生进行自我激励。"你可以"固然很好，但"我可以"更胜一筹。

小锦囊

对于比较容易开小差的孩子,可以准备一张他专心做事的照片,放在他的课桌上,作为无声的提醒。这一方法也适用于提醒他保持课桌或储物柜的整洁:在他的课桌或储物柜乱成一团之前,在上面贴一张桌面整齐、收纳有序的照片。

暗示?明示?

在孤独症儿童的教育中,暗示、明示都是很好的教学手段,有时两者还可以穿插使用。不过它们也有所区别,尤其是在孩子的社会性意识提高、可以与周围不断变化的环境自由互动之后。暗示是孩子从身边正在发生的事情中获得的信息,由此,他知道自己该如何反应或接下来会发生什么。明示则是在缺少环境暗示的情况下或在环境暗示的基础之上,成人提供给孩子的信息。明示可以是口头提醒、肢体提示(手把手、打手势、示范),也可以就姿势、位置、场所等进行提醒。当击球手将棒球击入外场后,一垒的跑垒员就得到暗示——该跑去二垒了。如果他不动,教练就会给他明示:"快跑,克里斯!"

如何发现环境中的暗示线索,是很多孤独症儿童需要学习的功课。这个过程可以通过明示来完成。这样的情景应该不算罕见:下课了,同学们都去教室外面排队,准备去操场活动,只有我们的孤独症学生还在位子上按兵不动,对周围的动静似乎毫无觉察。这时,我们就可以给他一点提醒(明示),教他去发现线索(暗示):"卡尔,下课了,你可以出去排队了。无论什么时候,只要看到其他同学在排队,你就去排队。"多次提醒和练习之后,卡尔会逐渐将环境中的线索和他的行动联系到一起,从而跟着去排队,对老师的依赖也会越来越少。老师们需要记住的是:你的口头提醒,比如上面这一个,实际上需要孩子完成两个步骤,一是去排队,一是学着发现环境给他的暗示线索。对某些孩子,尤其是社会性思维能力比较弱的孩子而言,后面这项社会性技能是比较难掌握的。如果是这样,你可以先给孩子一点非言语提示,比如带他去排队,或给他指出位置,等他能顺利照做之后,再加入言语提示,提高他自己发现线索的能力。

有效提示

不一样的提示有不一样的功能。提示应该像学习过程本身一样,保持动态的节奏,随机应变。在将提示用作教学手段的时候,你需要遵循以下原则:

1. 无论什么情况下,始终选择那个最可能让孩子做出反应的提示方式。要知道,这一方式会随情境和时机的变化而变化。比如,在孩子紧张焦虑的时候,你可能需要将言语提示切换成肢体提示,因为此时他的语言加工能力会大大受限。综合运用多种感官方式进行提示,效果会更好,比如,拍拍他的肩膀,同时叫他的名字。

2. 谨防提示不足和提示过度。仔细观察,确定孩子需要多大程度的提示。提示不够,会让孩子缺乏足够的信息(或动力),无法顺利完成任务;提示过度,又会让孩子对提示产生依赖心理。

3. 我们的目标是让孩子实现独立,所以,你应该随着孩子能力的增长而逐渐减少提示:首先,在提示时逐渐拉开和他的距离;接着,将肢体和视觉提示逐渐替换成言语提示,言语提示也逐渐从句子缩减至单词单字,再变成间接性的言语提示;最后,孩子将脱离提示,主动做出恰当的反应。

提示的种类:

- 手势动作提示:点头/摇头、手指贴在嘴唇上、用手指指、竖起大拇指以及其他手势语或身体语言(想想棒球运动中的动作信号)。
- 间接性肢体提示:示范目标行为(拉上衣服拉链、将餐巾摊在腿上、走路/不跑、用纸巾而不是袖子)。
- 直接性肢体提示:用身体接触来引导行为(转过他的肩膀使其正脸朝前、在写字描红时手把手扶住、将孩子带到某个同学前面)或提醒行为(拍拍肩膀或手肘)。
- 视觉提示:提示卡、顺序卡、照片、各类工具(计时器、沙漏、日历、日程备忘录)。
- 直接性言语提示:"凯蒂,去排队,该活动了。"这样的提示可逐渐减弱为"排队活动了",再简化为"活动了",最后完全撤销,因为凯蒂已经掌握这一常规,学会了从同伴那里发现线索并做出反应。

- 间接性言语提示:受刻板思维的影响,孤独症儿童的推论能力多少会有些障碍。当孩子已经学会某项技能、但不时还需要一点点提醒或暗示的时候,间接性的言语提示就会特别管用,比如"接下来做什么?""第三步是……"间接提示有助于孩子从环境中寻找线索并做出反应。

此刻是教学的时机吗?

在完美的世界里,大脑功能尽善尽美,时间要多少有多少,我们大概能抓住每一个教学时机并充分加以利用。然而,现实远不完美。我们家长,尤其是孤独症新手家长,必须理解一点,在你家学前儿童的生活中,并非每一刻都是教学的时机。只有在你放下手头的一切、为孩子顺利学习创造条件的那一刻,真正的教学时机才会出现。这或许意味着,你要挂断手里的电话,停止一切正在做的事,将你的整个身心都放到孩子身上,或者,在你跟孩子沟通之前,你要在头脑中将各种教学策略快速捋一遍。

陪伴时刻

在与小小孩相处的时间里,教学和陪伴是同等重要的两件事,也是完全不同的两件事。陪伴是带孩子用她觉得有趣的方式探索她的世界,带她接触新事物,培养她对社会性连接的兴趣。陪伴是带孩子玩她能玩的游戏,创造她能创造的东西,并诱导她不断前进;你趴到地板上,与她一起"呜呜"开车,一起开怀大笑;你们一起去海边堆沙堡。只要有时间,只要有机会,只要孩子喜欢,你们就玩在一起。如果此时恰好遇上教学的时机,而你也有办法利用它,那就学起来!

无计划，不教学[①]

《孤独症与早期干预：现实生活里的问题与答案》（*Early Intervention and Autism: Real-life Questions, Real-life Answers*）一书作者吉姆·鲍尔（Jim Ball）告诉我们，孤独症或阿斯伯格综合征儿童家长最常犯的一个错误，是不经计划就急着开始教学。没有计划，家长无论怎么努力、出发点再好，情况也很快会失去控制——双方互动开始出现问题，情绪也跟着激动起来，你会听到"不许""不行""你怎么就是不听呢"开始从你自己的嘴里冒出来。这样的互动只有一个结果：你和孩子都觉得教学很没意思。但这样的结果是可以避免的。

既然教学计划如此重要，那么如何来做呢？吉姆的建议是：

1. 暂停教学。问问自己，假如现在教学，你能让孩子顺利学会吗？如果能，那么继续。如果不能，那就算了，教学时机尚未成熟，不如先好好陪孩子玩吧。

2. 转变观念。从家长模式切换到教师模式，你的目标是提升孩子的功能性理解或能力。

3. 决定教什么。在任何一个特定的教学时机里，教什么、练什么、分享哪些想法，可能是有很多选项的，但你最终只能从中选择一个作为你的教学目标。

4. 选择教学策略。此刻，你决定用哪一种策略来保证教学的效果——塑造法？链锁法？提醒？暗示？示范？你自创的其他方法？

5. 前后一致。如果你们正在练习系鞋带或制作花生酱果冻三明治，并且以一定的顺序操作，那么，请始终保持这样的操作顺序。小小的变化在你可能是一种创意，却会破坏孤独症儿童崇尚的重复性和稳定性。

6. 多多鼓励。为孩子的努力与成功喝彩，给他积极的反馈，甚至不妨夸张一些。让学习和努力变得有趣。无论是获得心仪的玩具，还是能与你击掌相庆，多制造这样的机会，让他知道努力可以得到积极的回报。

---

① 原注：改编自"Building a Firm Foundation: Errorless Learning" by James Ball, Ed.D., BCBA. *Autism Asperger's Digest*, 2009 年 3–4 月。

打字的字体选择

在打字的时候,衬线字体(比如大部分电脑的默认字体 Times New Roman)通常比无衬线字体(比如 Arial)更适合孤独症儿童。衬线体的某些字母上会带一些小枝节或小尾巴,而无衬线体的字母则倾向于简洁的直线条,辨识难度相对更大,比如大写的 I 和小写的 L 就很容易搞混。据印刷厂的说法,衬线字体似乎可以引领视线在字里行间自然穿梭,因而更加便于阅读。

电脑的默认字体一般都是 Times New Roman,但作为一种压缩字体,Times New Roman 比起早期的标准字体,比如 Courier、Bookman Old Style,会相对不太利于孩子的阅读。如果你家孩子也有这种感觉,那么你可以在字体菜单中调整字符的间距(字号、字间距、缩放率等),或重新设置电脑的默认字体。

> **小贴士**
>
> 由大写字母组成的文字最难阅读,所以我们平时很少用到大写字母(基本只以短句或短语的形式出现)。在我们识词认字的时候,大脑不仅会理解单个的字母,也会辨识单词的整体外形。但在认读大写字母组成的单词时,大脑只能放慢速度,一个字母一个字母地加以处理。

还要记住,在使用电子邮件和其他电子交流方式的时候,完全用大写字母来编辑文字,无异于大喊大叫。孩子说不定也会有这样的感觉。

今天上学怎么样?

这是家长最喜欢问孩子的一个问题。但孩子往往什么都不会告诉你,就算说一些,也大多似是而非。在这种情况下,在家校之间来回传递的"沟通簿"就可以发挥很好的桥梁作用了。它会告诉妈妈当天孩子在学校的表现,也会告诉老师昨天放学回家后学生做了哪些事。

沟通簿应该简单小巧,方便装进书包,比如半页大小就挺好。你可以制作一个表格,再多复印几份,装订成册;需要时,可以对表格里的项目进行增减或替换。家长每天早上填写"家庭记录",老师每天放学前填写"学校记录"。下面是一个表格的范本:

```
┌─────────────────────────────────────────────────────────────┐
│  家庭记录                          日期：_____        │
│  昨天晚上我：                                                │
│  □睡得很香  □没睡好  因为：_____          │
│  今天我感觉：                                                │
│  □开心  □难过  □很困  □沮丧  □还可以  □精力充沛               │
│  家长留言（特殊说明、有趣经历）：                              │
│  _____        │
│  _____        │
│  可以问茉莉亚的事（她希望和大家分享的昨天放学后的事）：         │
│  _____        │
│  _____        │
│  今天请电话联系。联系电话及最佳联系时间：_____    │
└─────────────────────────────────────────────────────────────┘

┌─────────────────────────────────────────────────────────────┐
│  学校记录                          日期：_____        │
│  今天我在学校：                                              │
│  □开心  □难过  □很困  □沮丧  □还可以                         │
│  今天的活动有：                                              │
│  □图书馆看书  □体育课  □音乐课  □全校集会  □其他：_____   │
│  美术：_____        │
│  科学/社会性研究：_____        │
│  数学：_____        │
│  阅读：_____        │
│  本周我们正在学习/做：_____        │
│  特别留言/问题：_____        │
│  _____        │
└─────────────────────────────────────────────────────────────┘
```

培养孩子对新学科的兴趣

孤独症孩子的兴趣比较狭窄，比如他可能只对火车和外太空感兴趣，那么对除此以外的学科领域，比如人体、"俄勒冈小道"，又该如何培养兴趣呢？首先要理解一点，孩子之所以兴趣狭窄，可能是因为感觉、社会和语言方面的缺陷限制了他，让他格外贪恋自己熟悉和感觉舒适的事物。基于这样的理解，想办法拓展他的世界。

- 从孩子已有的兴趣领域（积极性高、擅长的领域）出发，引出新的课程主题。
    - 建立两个领域之间的联系：在俄勒冈小道上行进的开拓者们，在夏天的夜空中可以看到哪些星座？在第一条横贯美洲大陆的铁路上行驶过哪些类型的火车？铁路的营造给古老的马拉篷车队带来了怎样的影响？
    - 比较两个领域的相同和不同之处：俄勒冈小道上的西进之路和火星探索有哪些不同，又有哪些类似之处？火车与人体有哪些异同？——分别有哪些部分组成？动力来自哪里？运动起来有多快？会出哪些毛病（火车锅炉会有污泥沉积、人体会得支气管炎）？
- 在学习学科内容的同时，也发展语言能力。21世纪孩子的日常会话中已经不太会出现"木桶""牛""铁匠""移居者"之类的词汇，所以不要想当然地认为孩子可以自己理解它们。
- 更注重对内容的理解，而不是死记硬背。比起记忆哪年哪月哪日发生了哪个事件，理解蒸汽火车对美国的发展起了怎样的作用显然更为有用。利用道具、图片和实物来帮助理解。
- 表现出你对新主题的热情！因为兴趣是可以"传染"的。如果你本身就兴趣一般，孩子是可以感觉到的。

小锦囊

如果当日有访客进课堂，老师可以准备一块"访客板"，将客人的照片贴在上面。这样做有助于学生适应日程变化，应对突发事件，缓解对未知的恐惧。

教学金三角

瑞吉欧教育法（Reggio Emelia approach to education）的很多原则都非常适用于孤独症或阿斯伯格综合征儿童的教育。它有一个很激进的理念，认为教室环境是孩子的第三位老师（前两位分别是家长和老师）。（访问 www.brainy-child.com/article/reggioemilia.html，了解更多信息。）那么，怎样让教室环境更适宜孤独症儿童及其同伴的学习呢？下面几个内容将对这一问题做出解答。

将大自然搬进室内

我们的作业治疗师给特教班的师生做了一个练习，让他们描述最美好的一段童年记忆并画出来。她发现，几乎毫无例外，最美好的记忆都发生在户外。以这些回忆为基础，学生们开始讨论自然环境的丰富多彩，以及他们从中获得的感官体验。

老师们，试试下面这些方法，将自然搬进室内，营造一个人人喜爱的教室环境：

- 用从自然中采集的季节性物品，橡子、松果、鹅卵石、荚果等，学习数学。这些物品带来的视觉、触觉和嗅觉刺激之丰富，是普通塑料产品所无法比拟的。
- 捡一根大一点的树枝挂在教室里，还可以在上面稍加装饰，比如，放一个废弃的鸟巢。
- 在教室养几株不含毒性的植物：大型的落地盆栽或可悬挂的吊兰都可以。
- 将教室的荧光灯换成自然的全光谱灯管。
- 在架子或柜台上放一个小型的室内瀑布或喷泉。流水声作为背景音具有一定的安抚作用。
- 将孩子的作品镶入他们自制的简易原木相框中。让孩子将小树枝掰成等长的小段，粘到相框四周，如果是葡萄藤蔓则更具艺术气息。
- 将树叶压平塑封，像风铃一样悬挂在教室里。

- 用树叶、花朵或小鱼制作拓印画。

据我们那位作业治疗师所在班级的孩子反馈，他们最喜欢的三个户外元素是营地、蜘蛛网和丛林小屋。于是，老师就在教室的一角营造了一间"丛林小屋"，当孩子们需要透口气或休息一下的时候，他们就可以躲进小屋里（自我调节）。自此，孩子们也开始以人类以及动物的家（蜘蛛网是蜘蛛的家）为主题，持续展开一系列的讨论。令人想不到的是，学生们居然表示，他们不怕蜘蛛，对蜘蛛网很感兴趣。

热爱你的教室

教室环境不仅要有利于学生的学习，也要考虑老师自己的需要。你们每天要在教室待 10 个小时之久，所以，教室的布置也应该是你们喜欢的——可以是宁静舒心的，也可以是活力四射的。当然，要考虑这种喜好对孤独症学生的影响。

减少杂物

切记：减少杂物、减少杂物、减少杂物。老师们恐怕都是天生的收藏家，因为经费有限、教材难得换新，所以你们就死死抓着手头那堆东西不放，总觉得哪天会用到。这种心情我们可以理解，但杂物、物品杂乱对于孤独症或阿斯伯格综合征儿童是一种视觉干扰，会妨碍他们的注意力，使他们不能专心上课和做作业，不能顺利地进行活动的转换。所以，要尽量减少教室里的储物量，只保留当天或当周要用的物品，短期内不用的物品则收到其他地方去。如果可能，将不必要的教学用品收到门背后，或放入不透明箱子中，记得盖好盖子。

少用荧光灯

灯光对于孤独症儿童的影响特别大，尤其荧光灯，已经被反复证明是一个重要的感觉刺激物。荧光灯会发出低沉的嗡嗡声，对听力过敏的孩子极具干扰性，而它的脉冲光线则让视知觉失真，让物体和人看起来仿佛在不停地颤动。你需要对教室的灯光做出调整：

- 将荧光灯管换成较为新式的、模拟自然光的灯管，减少闪烁。
- 让荧光灯往天花板照射可以大大减少视觉上的震颤感。
- 将现有荧光灯替换成具有装饰功能的 SkyPanels™ 柔光灯。这种灯不仅安装简便快捷，还设计有天空和云朵的图案，在柔化荧光频闪的同时，还给人以置身大自然的感觉。(*UsaSkyPanels.com*)
- 尽可能利用自然光线，但也要避免强光直射以及阳光照到物体表面后形成的刺眼的反射光。可用窗帘和百叶窗调节光线。
- 在不影响上课学习的前提下，关掉部分（一半）的荧光灯。
- 用台式或落地的白炽灯补充减少的荧光灯源。在孩子的课桌上开一盏白炽台灯本身就能缓解头顶荧光灯的频闪效应。

教室动线

孤独症儿童偏爱习惯和常规，他们不喜欢开放式的活动，往往只在教室的某个区域内活动。如果你的孤独症或阿斯伯格综合征学生也有这样的倾向，那么不妨做一个 20 分钟的记录，让记录结果告诉你，如何让他更加充分地利用教室的空间。记录可以在家长或其他成人的协助下完成：快速画一张教室的平面图，找到孩子的出发点，用彩笔在上面画一个 ×；然后，看孩子去了哪些地方，在画上标出他的活动路线，以 20 分钟为限；接着，换一个颜色，用相同的方法，追踪记录另外一个或几个孩子的动线。完成动线图后，你可能会发现，孤独症或阿斯伯格综合征儿童只使用了教室的一小块地方。不过，你可能也会意外地发现，其他学生中也存在类似的情况。那么你就要考虑调整教室的布局，方便孩子们在同一区域完成不同的活动。比如，让积木区连着科学区，这样，在活动的时候，两边的学生就可以带着材料相互"串门"或分享。

将活动区从墙角或教室外围移出来，重新安排位置，让孩子能在一天里无意中出入多个不同的活动区，激发他们的探索热情。在教室的径直通道上适当安插一些物品，也有助于刺激孩子的注意力以及对周围环境的意识。

教室墙壁展示要有意义

彩色的招贴板、花哨的字母表和其他常用的墙壁装饰很是活泼可爱，但对孤独症或阿斯伯格综合征儿童来说则往往过于炫目了。墙壁展示要有所克制，只有对学生真正有意义的东西才可以上墙：

- 每个孩子的作品镶框或装裱，每月更换一次（作品下端可以配上孩子的一句话）
- 每周词语表
- 孩子们参加学习活动的照片
- 当日的视觉时间表
- 课堂纪律

有一个方法可以检验你的教室展示是否有意义：当某位家长走进教室时，即便里面空无一人，她也依然能感受到白天孩子们在里面的活跃气氛——里面有人的气息，亲切而友好。

> **小贴士**
>
> 给墙壁涂色，要选择比较中性的颜色，不要喧宾夺主，让孩子失去注意的焦点（重要的是墙上展示的信息）。淡淡的蓝绿色调不那么热烈，比较适合有视觉加工障碍的孩子。慎用黄色，据称这是最容易给谱系个体带来消极影响的颜色。

用"首先—然后"，而非"如果—那么"

在指导孩子的时候，不要用"如果—那么"，要用"首先—然后"的句式。比如，你可以说："我们先把颜料收起来（或先做数学题），然后去操场玩。"

而不要说:"如果你收拾好这堆乱七八糟的东西,那就可以去活动。""首先—然后"告诉孩子做事的先后顺序,很切合孤独症或阿斯伯格综合征孩子的逻辑思维方式;而"如果—那么"则暗示要实现目标是有条件的,是要看表现的,这往往会给孩子带来不必要的压力。

提高流利度／精确度

流利度,是指在已有技能的基础上,通过训练,提高技能表现的精度和速度。如果有人问孩子:"你叫什么名字?"以孩子现有的水平,或许可以在 10 秒内给出回复,但此时发问的人可能早已转移了注意力。所以,为了提高社交效率,他需要以更快的速度做出反应。

提高技能流利度,就是让孩子又快又准地完成他已经掌握的技能。他不仅可以保持现有的技能水准,即便一段时间不用,也仍可正常发挥,而且,他还能自如地运用它——能将某个行为的诸多要素重新整合为一个更加复杂的行为。比如,让孩子跟着你从左到右、从上往下地复述出连续几排圆圈的不同颜色,其实就是早期的阅读训练;而随机指认不同的圆圈颜色,则有助于提高共同注意的能力。

训练技能流利度:

- 选择具体的目标技能。"教数学"太过笼统,"认识数字"则比较具体。
- 明确目标。初始目标可以是让孩子辨识数字 1-20。
- 教授技能。记得给孩子充分的时间,并使用适合孩子的切实有效的方法和策略。
- 确定目标流利度。一旦孩子掌握了技能,就要确定一个目标反应速度或技能表现标准,帮助他实现技能的持久保持和熟练运用。关于表现标准,没有统一的规定,不同阶段、不同学习者之间应该有不同的要求。大部分技能的目标流利度都会选很短一段时间作参照,比如,每秒反应 1 次,持续 15～30 秒。数学技能的流利标准可以是每分钟数出 80～100 个数字,而阅读等复杂程度较高的技能,也可以以每分钟的反应量来计数。

- 反应时间越短，效果越好。在一些情况下，无论经过多长时间的训练，某项技能在 10 秒内的流利度总是高于 30 秒内的流利度。所以，不要为了追求更快更久的流利效果而强迫孩子长时间训练，以免让他们产生疲劳和厌倦心理。

看时间

对于用图像思考的孩子，时间是一个模糊的概念。给他一个计时器，让他对活动或任务的起点和终点有一个具体的感知。厨房用计时器、秒表、带闹钟的腕表都可以起到很好的提示作用。无论在家还是在学校，你们都可以试试 Time Timer® 的计时器。它的工作原理与厨房计时器相同，只不过，它用一个红色圆盘来表示时间，圆盘会随着时间的流逝而逐渐缩小——非常直观和形象的表示方法。（还可以加入声音。）你定好时间，告诉孩子"当红色不见的时候，我们就去图书馆"，孩子就不用再一遍遍焦躁地问你了。在一定程度上，你还给了他独立掌控和管理自己时间的机会。同样是用红色圆盘来表示计时时间，除了常见的计时器，你还可以找到手腕计时器、手表、电脑甚至手机计时器。（*TimeTimer.com*）

小锦囊

沙漏是帮助孩子直观地理解时间概念、培养耐心的好工具。沙漏大小不等，计时长短也不同。如果孩子对沙漏比较熟悉，那么当你说"等一个小沙漏的时间"、"这个活动需要一个大沙漏的时间"时，孩子就明白大概的时间长度了。

便利性措施和调整性措施

如果对学习课程或项目进行合理的适应性调整，很多孤独症或阿斯伯格综合征儿童是可以在普教班正常学习的。这里要区分两个概念：便利性措施和调整性措施。便利性措施是指改变物理或环境因素，为孩子参与学习提供便利，包括改变信息传递方式、改变考试测验方式、使用辅助技术等。调整性措施则是指改变项目或课程的标准或对孩子的能力要求，包括审慎地改变对孩子的成就预期及/或课业的智能水平，比如让4年级的学生做2年级的数学题。便利性措施的出发点，是承认学习差异的存在并尽力平衡，从而创造公平的竞争环境，这是对所有学生都有利的做法；而调整性措施又在某个特定的课程领域拉开差距，实现竞争的差异化，并由此实现孤独症孩子的融合教育。

下面是一些常见的便利性措施：

- 在口头指导之外，采用视觉提示和视觉化的学习工具。
- 给孩子示范行为或任务的做法，帮助他理解你的指令。
- 准备一个安静的角落，让孩子在受到过度刺激之后，去那里休息调整。
- 调整课堂作业和回家作业：
  - 数学应用题应贴近孩子的生活。如果比利不踢足球也不吃巧克力，那么给足球队售卖巧克力的题目于他而言是没有意义的，因为他压根儿没有这样的生活经验。可以将题目改为在超市帮妈妈挑选橘子和香蕉，或按颜色和大小区分他收藏的弹珠。
  - 给测验或作业中的关键词做上突出标记。
  - 如果学生有视觉加工障碍，帮他将每一道数学题用方框框起来。
- 如果孩子的书写问题严重到无法正常完成书面作业，那么给他准备一个键盘打字设备（文字处理器、电脑）。
- 延长孩子的测验时间，或允许他分段完成测验，在中间穿插适当的休息时间。
- 在资源教室或干扰较少、孩子又比较熟悉的环境中接受测验。
- 在测验中，给孩子提供口头上的指导，每个部分均反复说明答题要求。
- 提供口头测验，并稍做提示（"离太阳最近的行星是哪个？字母M开头的。"）

调整性措施涉及对课程、测试的修改和变化，通常需要与家长沟通一致后才能实施，也会写进孩子的个别化教育计划之中。调整性措施包括：

- 根据孩子当前的认知需要，适当调整课程内容的年级水平。比如，在数学课上，其他同学学习解方程，而孤独症孩子则学习数学加减法。当然，这样的调整可以在资源中心实现，而不是普教的课堂中。此外，同一个孩子，在不同学科可能会对应不同的年级水平。
- 采用阅读难度较低、涉及概念较少的课本。
- 根据孩子的实际认知水平，用适应较低年级水平的语言重新编写试卷。
- 批改孩子的作业时，采用与其他同学不同的评分标准。

作业难度

监测回家作业的难度，它应该具有一定的挑战性，但又不至于太难。如果难度过大，要求老师采取一些适应性策略。很多普教老师并不理解孤独症儿童要面对的语言和信息加工障碍，但如果孩子总是在应付高于其加工能力的作业，无论是数学、语文，还是其他长期性的项目任务，那么他受到的不是鼓舞，而是挫败。将对作业的便利性措施写进 IEP 中。

但无论如何都不要帮他做作业。是的，他确实很沮丧，时间也不够，你和他都累得够呛，但老师布置作业的初衷是衡量孩子的能力水平，而不是你的。你可以做的，是帮他安排时间、准备课本文具、提供写作业的空间，让他好好利用时间专心做作业。必要的话，请与老师商量，调整作业的难度。

恰当的 IEP 目标

无论是一位还是多位老师，只要是给孤独症或阿斯伯格综合征孩子提供教育指导的人，就是制定和实施有效教育计划的重要成员。所有老师都必须确定，你们制定的教育目标对孩子是有意义的，是可以被量化和测量的，是与孩子的学习方式相一致的。

- 表述不够充分的目标：见词能读——克里斯能整词认读需要掌握拼写的 3 级词汇。

- 明确的、可量化的目标：见词能读——在每季度末的词汇测评中，克里斯能整词认读"多尔希词汇表"3级中需要掌握拼写的词汇，既能单独认读，也能在上下文中认读，正确率达到225/250（次）。
- 表述不够充分的目标：乔丹可以主动和同伴一起玩。
- 明确的、可量化的目标：根据教职员工季末评审以及随机观测记录，乔丹可以在成人的口头提醒下主动和同伴一起玩，每日完成率达到3/4（次）。

小锦囊

家长可以带另一个人一起参加孩子的IEP会议。这个人可以帮着做记录，也可以只是坐一旁加油打气，还可以作为主导，代表家长参与磋商。

IEP 术语

家长或孩子的照料者在参加IEP会议的过程中，有任何不懂的地方，请大声提出来，让对方做出解释。学校经常会在表述中用到缩略语、专有名词，在提及孩子的测试分数或评估结果时也喜欢使用专业术语，初次接触的人难免被绕晕，有时词汇太新，即便老练的家长也会被难住。只要你对谈及的内容不是百分百确定，就可以一直追问，直到完全明白为止。

专业助教

好助教千金不换。但不是每一位助教在进教室的时候都具备了孤独症谱系障碍相关的知识和教学能力的。如果学校能采取必要的措施，保证招聘过来的助教有足够的业务能力，能够满足孤独症孩子的需要，那么所有各方都将从中受益。

- 首先进行需求调查，包括对助教进行职位相关能力的评估、明确他／她在课上应承担的角色等。助教对孤独症或阿斯伯格综合征的了解，足够应对与孩子的日常相处吗？是否需要接受某方面的继续教育？
- 对助教进行入职和上岗培训。明确他/她的直接上司是谁，是教师、孤独症康复师还是学校管理层？
- 明确校规校纪、办事流程、职权和行政管理系统、着装规范、应急程序等。
- 介绍班级情况。
- 明确助教职责。是只负责一个学生的一对一辅导，还是要同时担任教师助理？需要处理文书工作吗？如果要承担多项职责，如何分配时间？
- 和助教、班级教师一起，厘清日常工作常规。
- 给助教介绍孩子的IEP。他/她是否能从功能性的角度理解教学目标？
- 介绍现有的对孤独症儿童的积极行为支持计划，以及/或学校处理问题行为和危险状况的指导原则。
- 介绍吸引孩子注意的最佳方法。
- 介绍对孩子有效的强化物清单。
- 让助教熟悉孩子常用的沟通方法，尤其是无言语的孩子（手势语等）。
- 让助教知道孩子在社会性技能方面存在哪些困难，在今后的交往互动中可能出现哪些情况。
- 让助教知道孩子存在哪些感觉过敏问题，留意各种突发的行为问题，它们或许都可以追溯到感觉刺激因素，比如香水味、洗漱用品的味道、宠物毛发等。

给代课老师提供帮助

给班上每一位孤独症或阿斯伯格综合征学生写一份"学生简介"，方便代课老师快速了解他们的大致情况。简介可以包括：

- 学生的照片
- 长项和弱项
- 在学习上的特殊需要或需要用到的相关辅助设备

- 目前从事的主要 IEP 目标概述
- 重要联系人信息

将所有的学生简介和班级时间表、学校地图、校纪校规、应急响应方案以及其他相关或有用信息收到一个文件夹里，方便代课老师参考。当然，这样做的前提是不违反学校关于学生信息的保密规定。

教师在特殊教育中的权利[①]

教师是教育的支柱。随着越来越多有障碍的学生被全部或部分地收入普教课堂之中，普教教师不仅有必要了解特殊需要学生的教育权利，也要熟悉自身在实施教育的过程中有哪些权利。

过去十年，特殊教育法的变化不仅有针对学校管理者的，也有针对一线教师的。孩子能否享受到需要的教育服务，最直接的影响因素就是教师能否为之付出真诚的努力。所以，普教教师不仅要了解自己的权利，也要学会自如地运用它们，让每一位学生都因此而受益。

- 教师有权参加学区组织的自我测评。自我测评会调查与残障学生有关的各种政策、措施和程序的落实情况，教师可趁机就自己的关切问题提出疑问并得到解答。
- 有权为班级内没有享受到应有福利的学生寻求援助。如果孤独症或阿斯伯格综合征儿童的教育计划不见成效，教师有权也有责任上报或要求对其需要援助的领域做出评估。
- 有权成为谱系儿童的权利保护者。《美国残疾人法》（ADA）认可了教师的权利保护者地位，同时也认定，对为学生争取权利的教师进行恐吓、打击、报复等行为均为非法。
- 有权让孩子接受全面的评估。如果孩子在任何方面存在影响其教育表现

---

① 原注：改编自"Regular teachers' rights in Special Education" by Reed Martin. *Autism Asperger's Digest*, 2004 年 3–4 月。

的不利因素（不仅限于学业表现，也包括言语－语言、感觉问题、社会性技能发展、休闲娱乐、游戏技能、日常生活技能和其他各个领域的问题），他/她都有权接受相关的评估。

- 有权按照"人才培养综合体系"（Comprehensive System for Personal Development）的规定，接受任何需要的职业培训。如果为学生提供良好服务的关键在于教师培训，那么教师有权要求并接受这样的培训。

- 有权参与IEP流程，为班上的学生制定教育计划。美国联邦法律将"孩子的老师"纳入了IEP与会者名单。在孩子进入老师的班级之前，老师有任何关于课程调整、教学方法、积极行为支持及系统、特殊服务提供等方面的疑问，都必须提出来并得到解答。

- 有权接受IEP中所论及的相关服务。如果之前协商并写进孩子IEP的服务没有兑现，那么等于侵犯了老师、学生和家长三方的权利。作为老师，不仅有责任提供自身该提供的服务，也有必要对他人的服务进行监督和问责。

- 有权成为全班学生的权利保护者。班级教师对班上所有学生负责，包括有障碍的学生和没有障碍的学生。法律严格规定，要将儿童安置到最少受限制的教育环境之中，同时也承认，典型发展儿童的利益以及教师的带班能力要与安置其中的特殊需要儿童的权利相平衡。

- 有权参与教育计划有效性的评估。一旦IEP得到实施，教师一定要参与对IEP的评估，看它对孩子是否有效，如果没有，那么需要重新召集IEP团队对其进行适当的调整。

- 有权被当作专业人士来对待。教师不是任人指挥、绝对服从命令的普通员工下属，他们是受过教育的专业人士，大多数教师都怀抱着让所有学生学有所成、出类拔萃的真诚愿望。

立法的演变让我们清楚地看到，美国国会是把教师当成特殊教育的重要实施者看待的，他们的地位堪比家长和学校管理人员。如果普教教师能理解并行使法律赋予他们的权利，那么他们的所有学生都将充分发挥潜能，顺利地学习、成长。

小锦囊

如果家长对孩子 IEP 的某个部分持有异议，可以先在 IEP 会议上签字同意 IEP，同时在后面附上补遗，对不同意的部分加以说明。

训练有素的教职员工

"不让一个孩子掉队"法案（No Child Left Behind Act）规定，家长有权了解孩子入学后将会接触到的教职员工的资质水平（学历、资格证书、教育培训等），有权要求校方给出相关的书面反馈。如果你觉得某位员工对你家孩子的孤独症或阿斯伯格综合征缺乏了解，而接受比较正式的培训将有助于改善状况，或者，你觉得给孩子制定的教育计划不够理想，那么，询问学校是否有针对孤独症的员工培训。学校或许需要安排相关人员去进修相关课程或参加在职研修班，或寻求校外孤独症康复师的帮助。

同伴的力量

好奇是儿童的天性。如果成人能给谱系儿童的同伴以适当的引导，让他们对谱系儿童的学习方式和障碍情况有基本的了解，知道如何提供帮助，那么，他们通常是乐于帮忙的，很多学生最后还成了谱系孩子的好朋友。我们向其中一些孩子征询意见，他们的回答如下：

- 别害怕。尽管他们有时表现得跟我们不太一样，但毕竟跟我们一样都是孩子。
- 邀请他们和你或大家一起做事玩耍。其实他们知道的可多了，非常有趣。
- 如果他们不会做某件事，不要告诉他们怎么做，直接做给他们看。他们会模仿你的动作。
- 如果你觉得他们需要帮助，就帮一下，但不要代劳。他们必须学着自己去做，就像我们一样。

- 不要戏弄孤独症孩子。如果看到别人在戏弄他们,也要上前制止。
- 在对他们说任何事之前,一定要先引起他们的注意,否则,他们有可能听不到。
- 像对待其他朋友一样对待他们,他们也会是很酷的朋友。
- 他们有时不会立刻回答你的问题,因为他们需要更多时间来准备答案。耐心一点,别催。
- 了解更多孤独症知识——问他们的家长、老师,去网上搜索,你会学到更多帮助他们的方法。
- 如果你看到他们举止怪异,要知道他们不是故意的。有时他们的身体动作滑稽可笑,是因为他们正在焦虑或紧张。
- 他们也喜欢被人夸。如果他们表现得好,给他们一点鼓励。跟他们击掌相庆,或简单说一声"很棒"。
- 他们真的很不擅长社交。所以,给他们一点提醒或暗示,或者给他们讲讲应对某个社交场合的方法,如果你觉得这样做可以帮到他们的话。
- 很多孤独症孩子都有感觉问题。在人多事杂、吵吵闹闹的地方,他们容易紧张。如果你看到你的朋友心烦意乱、焦躁不安或过于亢奋,建议你们去找一个比较安静的地方休息几分钟。

艺术治疗法

艺术对孤独症或阿斯伯格综合征儿童而言,是一个表达自我的极佳媒介,对于那些沟通能力有限或缺乏言语沟通的儿童来说更是如此。形式多样的艺术媒介有助于促进触觉发展、精细运动控制和手眼协调,而最终真实呈现于眼前的艺术作品又有助于自信心的培养。

那么,老师和家长该如何鼓励孤独症或阿斯伯格综合征儿童进行艺术探索呢?下面是一位艺术治疗师兼助教给大家的小建议:

- 联手作画有助于提示并增添孩子没有想到的细节。成人先起笔,比如画个房子,然后与孩子轮流添加细节,比如窗户、门、草地、花朵、风向标、烟囱、小鸟、邮箱、云朵、车道上停着的自行车等。只要孩子兴趣不减，就可以一直往下画。下一次，你们还可以回来增补更多的细节。在添加细节的时候，可以搭配口头语言，还可以趁机练习拼写、认识代词、锻炼想象力。总之，其中蕴含着无限的教育机会。

- 给孩子示范物品的画法。我们的艺术治疗师说："有一次，我的学生和驻校艺术家打算一起完成一幅壁画，他决定画蚂蚁。为了让他有一个参照，我给他看了真实蚂蚁的图片。结果他画得严重失真，完全看不出蚂蚁的样子。于是我让他先看我画，我画完后，他再画一遍。这次好多了，他的蚂蚁看起来很像我画的那只——像那么回事了。"

- 分步骤绘画也是个不错的方法。老师可带领全班同学一起进行。

- 由画入写。有个2年级小男生，每天都为他的日记作业伤脑筋。他每天画一节火车车厢，然后写一句："我的火车很好。"如果逼他再写一句，他会泛泛加上："它非常棒。"有一天，助教发现，虽然他的写作没有任何长进，但他的画却越来越丰富：有时是封闭的货车厢，有时是平板的货车厢，轮子细节越来越多，车厢数也在不断增加，渐渐开始出现人的踪影……就这样，他画得越来越好，虽然写作水平依然停滞不前。但到了第二年，他的写作灵感突然像开闸的洪水一样涌了出来，他居然开始写剧本了！

- 艺术可以为没有言语的儿童或无法通过其他途径表达感情的儿童打开沟通之门。举一个让人心疼的例子。助教和一位无言语的儿童花几周时间制作了一个陶艺作品。在这之前，学校一直怀疑孩子的父亲虐待他，只是找不到证据。几周过去，孩子一直默默打造着他的雕像作品——一个乌黑、丑陋的人物造型。终于有一天，他打破了沉默，对身边另一个孩子说出了真相："我妈妈对我很凶。"

- 艺术是故事创作的一个极佳的视觉媒介。儿童想出故事人物之后，画几幅画，就能描摹出不同情境下人物的行为表现。我们还可以利用这些视觉化的呈现，教孩子理解排序、推测等概念。

让处于照片表征水平的孩子开始接触艺术

认知表征水平处于照片阶段的孩子是无法理解插画和抽象艺术的。但你可以引导他们进入绘画的世界：在图片上覆一张透明纸，并用胶带固定，让孩子用毡头笔（要求笔迹易擦易洗）勾勒图片上的图形。这样做有助于孩子认识边线轮廓、形状和具体的物品，只要完成描摹，孩子就算成功了。

当一天小老师

如果你的孩子特别钟情于某一本书，对里面的内容了如指掌，那就问问老师，能不能让他带全班同学（也可以在规模较小的阅读小组里）一起读这个故事。他可以先带大家读故事，然后围绕主要人物、背景、事情经过等提出事先拟好的问题（需要老师、治疗师或家长的帮助）。如果是非虚构类图书，可根据实际情况，适当调整提问的内容。

其他做法：问一问之前幼儿园的老师，能否让他作为特邀嘉宾，去给幼儿园的小朋友朗读他最爱的书。

寻色之旅

从纯色彩纸上剪下一细长条，系或套（用胶带粘住两头）在孩子的手腕上，然后，在家附近逛一圈，比如在小区周边走走、逛一逛购物中心等，寻找与手上纸条颜色相同的事物。找到一样，就配合语言进行强化：你找到一本红色的书，你找到一件红色外套，你找到一辆红色手推车等。

寻音之旅

在孩子学习新的字母发音的时候，带他在社区周边或校园里走一圈，找一找有哪些以这个语音打头的东西。在日志或写字板上记下这些东西的名称，以备后用：hallway（走廊）、heat duct（暖气管）、history book（历史书）、hand dryer（干手机）、door handle（门把手）、door hinge（门合页）、wall hanging（挂毯）、happy face sticker（微笑贴纸）、hat（帽子）、health room（卫生室），等等。

其他建议：如果你们今天在室内玩了这个游戏，那么下次尽量去室外。孩子们在室内的时间实在够多了，应该多带他们出去呼吸新鲜空气。

通过游戏学习说完整句子

很多书面作业都要求孩子用完整的句子来回答问题。你可以用游戏来培养孩子说完整句子的习惯：准备一种孩子喜欢的小物件，比如硬币、贴纸或玻璃弹珠，每天一次性发放十件给他，条件是当天他在回答问题的时候必须说完整的句子，而不能用简单的"嗯""是""不是""没有"代替，否则，他就得交还你给的物品，一次一件。如果你问："拼写作业你交了吗？"他不能只回答"交了"或"没交"，而必须说："我已经把它交到作业箱里了。"或者"它还在我的书包里"。刚开始玩这个游戏的时候，你可以将这个小物件举起来，作为视觉提示，提醒他不要省略回答，否则他喜欢的东西将被没收。当然，在孩子还没完全适应这个游戏的阶段，可以适当通融。而且，这个游戏还可以反着玩：如果你在回答他的问题的时候，也用了省略回答，那么他可以从你那里拿回被没收的物件，也是一次一件。

叫出同学的名字

如果孩子记不住班上所有同学的名字，那么他与同学的关系可能会雪上加霜。向老师要一张全班同学的合影或每一位同学的单人照，并附上每个人的名字。

- 将照片贴在冰箱或布告板上。让孩子说出每个人的名字，反复练习。
- 等她能够说出所有同学的名字之后，更进一步，跟她聊聊哪位同学有金色短发，哪位同学是黑色长发，哦，你看，他戴着眼镜，她笑得真甜。

- 再进一步，跟她聊聊班级同学的兴趣爱好：卡森超级喜欢画漫画，肖娜会弹钢琴。
- 将同学们放在一起比较：哪几个人是同姓？有没有同名的？

照片提醒

无论在家还是在学校，如果孩子只需旁人稍微提醒一下就能注意自己的行为，那么照片对他就是一种很好的提示物。在学校，可以用照片提醒他：圆圈时间好好坐着、始终排在队伍中好好走路、午饭垃圾扔进垃圾桶、外套挂在哪里，等等；在家里，可以用照片提醒他：摆餐桌、把自己的毛巾挂起来、刷牙、将换下来的衣服放进脏衣篮，等等。这一方法是在事前引导积极行为，而不是在事后批评不恰当行为。

喜欢和不喜欢的，搭配着来

如果她讨厌刷牙，那么在她刷牙时给她读她最喜欢的故事，或播放她最爱听的音乐。允许她在收拾玩具或做作业时嚼口香糖。

概念的形成

大多数孤独症或阿斯伯格综合征个体的思维模式，是从具体到一般，而不是典型的从一般到具体，所以，形成概念对他们来说是一项很难掌握的技能。但概念的形成是可以通过教学实现的，而且方法也很多，越早开始训练，效果越好。物品分类游戏就是一个不错的方法。将桌上几件物品进行分类，先从简单的类别概念开始，比如按颜色分，按形状分，按材质分，按物品名称的打头字母分等。随着能力的发展，鼓励孩子创造新的分类方法。这一步难度提升较大，需要你在一旁给予协助，比如：杯子可以用来干什么？杯子本来是用来喝水的，但你也可以把它当笔筒、花瓶，用它当量杯，甚至更抽象一些，用来镇纸，当花盆、门挡等。

注意保持活动的趣味性。因为在孩子学会灵活思考以及进行概念分类之前，必须经过大量的重复练习。

我们来寻宝

孤独症思维与非孤独症思维的一个主要区别在于大脑的信息分类方式。非孤独症大脑会自动将外来信息分成大类，大类下有子类，不同类别之间还可以互通有无、相互参照；而很多孤独症儿童的情况却不然：他们的大脑不善于对信息进行分类存放，他们只有通过学习，才能归纳处理比较具体的信息。

我们可以采用活泼有趣的"寻宝游戏"（Scavenger hunts）来训练孩子的分类和归纳技能。寻宝游戏是一个形式多样、适用性强的活动，无论在学校、家庭还是社区，无论哪个发展水平的孩子，都可以玩。"寻宝"既可以在室内，也可以在室外，还可以在杂志或书本里；可以一个人找，也可以两个人一起，甚至一群人一起找；可以找动物，也可以找蔬菜、矿石，还可以找颜色、形状或声音；可以在单子上勾选、用相机拍下来、从杂志上剪下来，也可以收集实物。下面是一些比较入门的玩法：

- 语音：找名字中带某个特定字母或字音的物品。
- 颜色：找颜色相同但色调不同的物品。
- 几何：找图形和角。
- 韵词：窗、床，苹果核、饭盒、何老师等。
- 声响：听一听动物或自然的声响、机器的声响。
- 气味：不需要解释了吧？
- 职业：找一找人们都在做哪些工作。
- 交通：找一找人和动物是怎样四处移动的。
- 字母：按照字母 A–Z 的顺序，找一找以各个字母打头的物体。
- 安全：在家里或室外，这样做安全吗？
- 材质：找一找哪些物品是塑料的、木头的、金属的、布料的。
- 长期有效：一般的寻宝游戏以 30 分钟为限，但我们的游戏可以一直玩下去——可以持续几天、几周甚至几个月，让孩子将找到的东西陆续添加到剪贴簿、拼贴画中，或收到百宝箱里。如果是去寻找季节性物品，比如落叶、松塔、坚果，那就更有趣味了。

安全第一：无论室内还是室外，你都要跟孩子设定明确的搜寻区域和边界；在活动过程中，大人应该始终在一旁监护孩子的安全。

注意保持趣味性。如果寻宝的目的是让孩子学到知识、增长能力，那么不要强化竞争意识，不要将孩子分成小组，根据找到的宝贝数量定输赢；应该强调合作与探索。

你叫什么名字？

告诉老师，孩子习惯别人用哪个名字称呼他——哪个名字会得到他的回应，哪个不会。如果你之前一直叫他全名，那么叫他昵称、小名可能就得不到他的回应，因为他会以为你在叫别人。另外，不要问思维刻板的孩子："你喜欢我们叫你什么名字？"他可能会认为你在问他对名字的喜好，所以告诉你一个与他毫不相干的名字，因为他真的"喜欢"那个名字。

镜子，镜子

让孩子用可以擦洗的记号笔在镜子上写自己的名字、地址或联系电话，练习拼写，玩井字棋，画画。这样做可以增加活动的趣味性，延长注意时间，让他做更多的练习。镜子上的字迹最后可以用玻璃清洗剂清理干净。

让孩子在教学中体验成功

培养孩子自信心的一个最简单的方法，就是在学习新技能或完成高难任务时穿插他已经掌握的技能。比如，在用词卡进行识字训练时，可以让新词汇和已经学会的词汇交替出现。这个方法几乎可以运用到所有的教学场景之中。

我能来学校看你吗?

家长都想尽可能多地了解孩子的在校表现,于是,很多人会在孩子不知情的情况下突然出现在教室或食堂。如果你也想这么做,提前告诉孩子,得到孩子允许后再行动。因为有些孤独症孩子会觉得,家长在午餐时的突然出现打破了他的常规,是无法接受的,而妈妈和他一起上课也是一种干扰,让他很不舒服。总之,尊重孩子的意愿。如果你的出现扰乱了孩子对常规的需求,那么他可能会因此而别扭一整天。

阿斯伯格综合征儿童的特殊需要[1]

有些阿斯伯格综合征儿童完全可以在普教班顺利地学习成长,但也有些儿童需要控制度更高的环境,以及更加结构化的支持。这样的学生可能智商很高,语言也足够,却饱受社会性和感觉性障碍的困扰,他们需要待在一个更小、更容易控制的环境里。另一方面,学校的特教班又无法满足他们在学业上的发展需要,特教班的同学也无法给他们示范恰当的社会性行为。鉴于这部分学生的尴尬处境,一些学校开设了专门的阿斯伯格班,这样的班级有如下特征:

- 师生比为1:8。
- 教室选址:社区学校中比较安静的区域。
- 课程设置与普教班相同。
- 在安排环境时,会考虑到感觉敏感因素。
- 社会性技能训练被纳入课程体系:课上会学习礼貌礼仪、交友技巧、肢体语言等内容,回家作业也会安排相应的社会性活动以及社会性思维练习。
- 学生的日常活动遵守严格的常规,包括私人时间。

---

[1] 原注:改编自"Is There a Continuum of Alternative Placements for Students with Asperger Syndrome?" by Gretchen Mertz. *Autism Asperger's Digest*, 2004年7-8月。

- 需要的话,学生可以去上非常规的体育课:迷你高尔夫、舞蹈、室外散步、飞盘、保龄球、去附近的健身房,等等。
- 课程还包括对某些能力的强化训练:记笔记、任务分析、下结论、听弦外之音、理解人物动机,等等。

什么时候?什么时候?什么时候?

如果学生老是问你下一个活动什么时候开始,那就照着教室里时钟的样子,在卡片上画出准确的钟点(时针、分针各就其位),放到他的课桌上。更进一步,你还可以在钟面下方写上具体的时间,比如"9:20体育课(体育馆)"。这样做也有助于提高孩子的时间认读能力。

熟能生巧

向孩子灌输这一思想:任何人学习新技能,无论是学业、社交、运动还是生活自理技能,都离不开练习,即使有的人看起来似乎毫不费力——你看到运动员和音乐家在赛场和舞台上光芒四射,可是你没有看到他们在背后进行了多少乏味的重复练习。和孩子一起数一数,自他出生以后,经过练习,掌握了多少技能,走、跑、说话、自己吃饭(自己穿衣、上厕所、读书、骑自行车或三轮车、投球、游泳、唱歌等,根据实际情况列举),还可以将它们一一写下来。

让孩子看到他掌握了哪些技能。家庭相册和录像最真实自然地记录了他的成长足迹。一年年保存下来的作业本,可以让他看到一路上的进步。以年为单位,将优秀作业挑选出来剪贴成册,不仅是一种记录和纪念,也是一种鼓励和鞭策。

选对写画用具

有的孩子喜欢用彩色铅笔，因为它们比较容易控制而且不怕用力。有的孩子更喜欢带毛毡头的水彩笔，因为它们不需要用力就能轻松涂出色彩。而蜡笔用起来就比较费劲，因为很难控制边线，想要颜色漂亮的话，还需要适当用力。彩色颜料就更难控制了，弄不好很可能一团糟。请根据孩子的能力合理安排美术作业和书写任务，否则，磕磕巴巴、勉勉强强地完成任务，对孩子而言毫无益处。

简便易行的适应性体育项目

对某些孤独症或阿斯伯格综合征儿童来说，团队运动是一项难度极高的挑战。但还是有很多孩子会很自然地被某种团队运动所吸引。一开始，这种吸引可能只是兴趣，比如喜欢某位球星、某个球队，关注一下赛况信息，而不是自己真枪实战投入其中。但如果有一天，你的儿子或女儿决定走入运动场，那就说明他/她是真的喜爱这项运动了。

适应性体育教师，是指那些经过专业培训，能够对体育器材和体育课程进行调整，让有特殊需要的儿童可以和其他同学一起上普通体育课的老师。体育课对谱系儿童来说是一种非常混杂的体验，课上不仅包含诸多动作技能、游戏规则、复杂的社交互动，还涉及团队合作与竞争、进攻与防守等概念。但是，与同学们一起运动，可以很好地消弭孤独症儿童与同龄人之间的隔阂，促进他们的融合。

为了提高孩子的体育运动能力，你可以尝试下面这些适应性措施。它们不仅适用于学校，大部分也可以在家庭使用。

1. 变换器材大小：使用大/小一点的球、重/轻一点的球拍、手柄更短但拍头更大的球拍、杆头更大的高尔夫球杆等。

2. 允许用双手完成平常单手完成的动作：双手打篮球、打保龄球、打网球或墙球等。

3. 减少间距：减少棒球垒与垒之间、投球区土墩与本垒板之间的距离；减少高尔夫球球座与球洞之间的距离；发网球时离球网近一些，放低球网或索性撤去球网；打保龄球时允许越过犯规线等。等孩子的技能水平提高之后，再进行相应的调整。

4. 放缓运动节奏，必要的话，延长或缩短运动时间。

5. 给予口头或视觉上的提醒或暗示。别指望孩子在专心学习动作的时候还能记住运动规则。给他一点视觉上的辅助！

6. 在给孩子解释规则的时候，注意采用孩子能理解的方式，哪怕是那些我们觉得简单而明显的规则。我们认识一位喜爱打棒球的男生，他被教练安排在右外野，可是当球飞过来的时候，他却不知道跑过去接，只是呆站在原地，等着球自己落下来。经过爸妈一番解释之后，他重新回到右外野。这一次，球向着中外野与右外野之间飞过来——这种情况，该谁跑去接球呢？大人们恰恰又忘了给他解释这一点。这就是团队运动的复杂性，即使最简单的规则，比如跑向下一垒，也会涉及很多的选择。

7. 比起成年人的指导，孩子更愿意接受同伴或朋友的帮助。给他找一个技术过关又不会太过优秀的同伴。太过优秀的同伴容易让孩子感觉自卑和挫败。

8. 需要的话，允许多次休息。

9. 打垒球、棒球、网球、高尔夫球时，使用球座发球。

10. 打排球、网球、墙球、篮球时，允许球落地反复弹跳后发球。

11. 玩球拍类运动的时候，允许下手发球。

12. 在尽可能少受干扰的区域内运动。

13. 当你感觉孩子的挫败感越来越强时，暂时停止活动，让孩子休息一下或进行一些舒缓情绪的活动，或者索性结束活动，去做别的事。

14. 给孩子的指导应尽量简短而清晰，避免使用专业术语，除非你确定孩子理解该术语的意思。

15. 在家活动时，允许孩子自己选择活动种类："晚饭后，我想和你一起玩会儿。我们来跳绳还是投飞盘？"

16. 让学校的体育老师或适应性体育老师每周给你发个信息，告诉你本周或下周将安排哪些活动。在家做好强化——不仅强化动作的训练，也要多讲解、多探讨、多读读相关的书籍，以启发兴趣、增进理解。

三轮车不一定叫"三轮车"

迈克尔 3 岁了，妈妈觉得他可以学骑三轮车了，但他总是不敢将脚抬离地面（"重力不安全感"）。作业治疗师确认他四肢协调，在身体上完全有能力做到这一点。老师则注意到，迈克尔喜欢翻阅机器类的书籍，喜欢拖拉机、水泥搅拌车、联合收割机、装载车。于是，他们开始以"机器"称呼三轮车，并让他一点点适应它。起初，他只是摸一摸、碰一碰；后来就可以在车上坐一小会儿了；不多久，他就开始踩踏板了。有时候，只是换个称呼，就能勾起孩子的兴趣、克服技能发展的障碍。

逐渐适应团队合作

如果你的学生可以很好地与另一位伙伴进行一对一的合作，那么尽可能多给他提供这样的机会。当他逐渐适应两人合作并足够自信以后，加入第三个人。如此这般，逐渐增加团队的人数。

速览指南：如何成功实现融合

得益于恰当的支持性服务，很多谱系儿童可以完全或部分地融进普教班里。成功的融合，意味着班上所有人——谱系儿童、他的同学、教职员工，都能有所收获、彼此成就。那么，老师们该如何实现这一目标呢？请看下面的速览指南。你可以将这些要点复印下来，修剪整齐，再贴到你的书桌上，让它成为你给自己的一个视觉提醒。

成功的融合，需要你特别关注教学的环境、课程内容、教学方法和日常互动模式。

教学方法

- 使用视觉工具
  - 每日、每周有视觉时间表,每月有视觉日历
  - 在教学指导时使用视觉暗示
  - 将班级行为规范张贴起来
  - 将时间视觉化
- 日程有变化,提前告诉学生,并且说清楚、说具体。
- 把教学的灵活性和变化性当成日常工作的一部分。
- 每项活动都明确起点和终点,并控制在合理的时间和能力范围之内。
- 无论是学业性还是社会性技能,多给学生练习的机会,重复、重复、再重复。
- 强调正向行为。给孩子示范应该怎么做,而不是告诉他不要怎么做。
- 当行为问题持续升级时,保持冷静。
- 评估强化物的有效性,至少每月一次。
- 给全班普及孤独症或阿斯伯格综合征知识,教他们帮助谱系同学的具体方法。

语言与沟通

- 经常检查孩子对语义的理解,警惕单纯的回声式念诵。
- 在进行口头指导的时候,辅以书面说明或图片提示。
- 指导应言简意赅、直截了当,避免使用习语、比喻或修辞手法。
- 提要求时,使用正向的表达方式。

社会性技能

- 教育不只是教书本知识,还要教社会性思维和社会性技能。
- 示范和角色扮演不同社交情境中的各种恰当行为。
- 制造机会,为即将到来的某个社交活动提前演练社交技能。

- 编写社交练习册：将正确和不正确的社会性行为编进社交故事中。
- 鼓励换位思考：阐述人与人之间在想法、态度和观念上有怎样的差异，以及人的行为会产生怎样的社会性后果。

便利性措施

- 对感觉刺激因素保持敏感：声音、气味、视觉、触觉、动作。
- 给孩子一个安静做作业的地方。
- 为测验提供便利：选一个安静的房间，延长测验时间，改变测验方式。
- 允许用键盘输入代替传统书写形式。
- 为孩子准备一个可以退守的安全之所。

约束执拗行为

有些孩子会执拗于某个物品或想法而无法自拔，或表现出妨碍学习的其他行为。不问青红皂白，不查找问题根源，不从源头上解决问题，而试图直接消除这种行为的做法是不靠谱的。一个可行的方法，是对这些行为设定一个容忍时限：只要孩子开始表现出不恰当的执拗行为，就按照事先的约定，在计时器上定好时间；告诉她，计时器一响，她就必须重新回到班级活动中；几周以后，再逐渐缩短这样的时间限制。

爱跑动的孩子

如果你的学生需要运动刺激，特别爱跑动，那么他会比安静的孩子更容易脱水。允许他去公共饮水器边饮水，或者，让他在课桌上准备一瓶水。水瓶还可以起到运动口腔、安抚情绪的作用。

爱拆东西的孩子

很多孩子都喜欢拆东西，这一行为常常让我们懊恼不已：那个 DVD（吐司炉或收音机）明明还能用好吗！但拆东西其实是一个绝佳的学习机会，也是锻炼精细运动技能的好机会。所以，不如静下心来，接纳孩子这一令人发愁的行为倾向，并将其转化为积极的行为。我们可以将拆卸活动作为给孩子的鼓励、奖励，或者纳入"自由选择时间"①，成为活动选项之一。平时就要注意收集废旧物品，充实拆卸"库存"。当然，前提是这些东西不含危险零部件或有害化学品。旧货摊、义卖集市是搜寻这些物品的理想地点。老师也可以要求家长将家里的废旧物品捐献出来。

不空喊加油

与孩子或学生积极共情，可以让他鼓起勇气面对困难，也让他感觉不那么孤立无援。告诉他你小时候在学校、现在在生活中遇到过哪些困难，你是如何克服的；承认他现在做的事的确很难，无论是做数学题、交朋友还是学发球，但你相信他可以做得很好。不要对孩子说一些毫无意义的陈词滥调，比如"加油""振作""坚持""别泄气"之类的话。

拒绝贬损

让你的家庭或你的班级成为一个"禁贬区"，包括孩子的自我贬低。不要忽略他的"我好笨""这个我永远搞不懂"，它们反映的是孩子内心深处的不自信，只不过他不知道如何表达出来而已。他是如此与众不同，但孩子大多不喜欢自己与众不同，他为此而愤怒、沮丧、孤立无助。

- 以你自己为例，告诉孩子，每个人都有长处和短处。

---

① 译注：自由选择时间（choice time activity）是美国幼儿园教育的一个部分。在这个时间内，孩子可以自由选择去自己感兴趣的区域活动。

- 指出他的长处和吸引人的特质，告诉他你是多么欣赏它们，它们对于你的家庭或班级有多么重要。当他在人生的其他领域遭逢打击的时候，这些特长的滋养将支撑他渡过难关。
- 找出外界给孩子的贬损来自哪里，并立即予以制止。贬损往往是一种自上而下的现象，通常来自大一点的学生或孩子的哥哥姐姐，但请你也检视一下自己的语言。即使是你用来表达爱意的昵称、绰号，比如"小傻瓜""太空战警"，在思维刻板的孩子听来可能都有消极的含义。而且，当你叫孩子绰号的时候，等于给其他孩子暗示，这样做是合理的，是可以模仿的——这种事他们最拿手了。
- 金钱是"万能"的。有些家庭通过采用"脏话杯"策略（见第二章"脏话"部分），成功遏制了家人间的说脏话行为，这一原理同样适用于贬损行为：
    - 跟孩子们约定，如果被抓到正在说贬损他人的话，就要往杯子里投入一定金额的罚款。没钱的话，可以以放弃某个特权或额外多做家务的方式，及时冲抵罚款。
    - 对于每天 / 周 / 月的第二、三、四次违规行为，你甚至可以提高罚款金额。
    - 也可以采用扣罚制：在每周或每月的第一天，给每位孩子分发十个硬币或特权代币；不管是谁，每贬损别人一次，就没收一个硬币或代币；到周末或月底的时候，手里剩下的硬币或代币将归他们所有。

什么是贬损行为？

当你在家或在班级设立"禁贬区"的时候，要跟所有人（孩子和成人）明确，你所指的贬损行为具体包括：任何羞辱他人外表、能力、家庭或兴趣爱好的负面评论、指责或辱骂。

关注孩子对学习环境的偏好

你可以找到很多关于如何帮助谱系儿童完成课后作业的建议，但我们往往会忽略谱系儿童本身对学习环境的个体偏好，忽略它们对其学习的影响。玛格丽特喜欢绝对的安静，但马克在音乐背景下学习效果最佳；乔希喜欢趴在床上阅读作业内容，但茱莉亚坐在书桌前更容易集中注意力。

家长和老师要留心孩子的学习环境，看其中哪些因素起着促进作用，哪些则有阻碍作用，然后，为他们创造一个最佳的学习环境。首先，不要想当然地认为孩子会跟你或其他孩子有同样的喜好或需求；其次，问一问孩子，他喜欢什么样的声音、光线、温度、座椅等；然后，冷眼旁观，看看孩子在家或在教室做作业时，在什么样的条件下比较坦然舒心；最后，综合以上发现，合理安排学习环境。

将学业与孩子的实际生活联系起来

抓住一切机会，向孩子揭示学校课程与现实生活的联系。做一页数学题可能会让孩子痛苦万分，但当他发现学习认读时间和换算钱币有助于他查看电影放映时间、买票、计算买爆米花钱的找零时，你会看到他忽然兴趣大增，变得爱学习了。

利用个人兴趣锻炼数学技能

利用孩子感兴趣的东西进行数学训练。孩子的小发卡、塑料小马或恐龙、小车模、棒球明星卡、贝壳、小石子、洋娃娃的鞋子等，都可以用作数学素材。如果这些东西不完全一样，那就更好，你可以用它们来练习分类，将它们互相比较，用它们拼出图形，将它们写进应用题中。

学数学，动起来

许多孤独症谱系儿童只是理解数学语言（借位、进位、除以、乘以、二分之一、十分之二等）就已经磕磕绊绊了，更不要说解决纸上的抽象数字和符号了。他们可能需要用更加立体的方式，通过动手操作甚至运动身体来学习数学。

- 生活中随处可见数学问题，随遇随教，能结合孩子的兴趣爱好就再好不过了。
- 音乐，尤其是节奏感强的音乐，可以促进模式化思维的发展。可以通过齐步走、跳绳、敲鼓或节奏棒来练习简单的数学运算或数数（分别以2、5、10为单位练习数数）。
- 让孩子积极参与解决问题的过程。与其把10÷2写在纸上，不如给他10块饼干，或让他将一根香蕉或一块黏土切成10块，再将它们分成相等的两份。

更多数学学习小窍门

- 孤独症学生通常是视觉主导型的学习者，所以，可以用颜色帮助他们区分不同的运算题目，比如，用橙色字代表加法题，绿色、紫色、红色分别代表减法、乘法和除法题。
- 让孩子或学生进行为期一天或一周的数学寻宝活动。数学就在我们身边，学好数学的关键不是靠某个人讲，而是孩子自己去做、去练、去玩。不断发掘生活中与数学相关的活动，让孩子去尝试：烹饪、报时、加油、查看天气预报、购物、玩牌、计分、量尺寸、称重等。

学拼写，动起来

相比于听觉，孤独症学生更善于通过视觉和触觉来学习。

- 使用字母块、词卡、字条、磁力字母等工具教授字母和词语。
- 有些儿童在学习字母的时候，用手指顺着字母的方向反复描摹，更容易学会。
- 动觉型学习者需要多多运动，因为他们在运动中更容易集中精神。允许他们在学习字母或思考数学问题的时候站起来、躺下来或在教室到处走动。
- 将橡皮泥或黏土搓成细条或压成薄片，做出字母造型。
- 用塑料的字母饼干模将橡皮泥压出字母造型。
- 制作并烘焙6～8寸字母造型的椒盐卷饼，既好玩，又能学，还好吃！
- 利用装电器的大纸箱，剪出巨型字母，让孩子装饰这些字母，越奇特越好。
- 将珠子穿到长线上，再用它摆出字母形状，做成串珠字母表。
- 将通心粉、爆米花、麦片、旧纽扣之类的东西在纸上粘出字母的形状。
- 制作"自然字母表"：将在室外散步时采集到的橡子、树叶、小树枝、草叶、花瓣等按不同字母的形状粘到纸上。

小锦囊

如果孩子总是因为将教材落在学校而无法及时完成作业，那么向老师多要一本，专门放在家里。老师没有的话，自己在网上买一本。

给老师的反馈卡

前纽约市长埃德·科赫（Ed Koch）有一句著名的俏皮话："我做得还行吗？"作为家长和老师，我们也经常这样问自己——在自我感觉良好的时候。但我们很可能从未问过我们的孩子和学生，如果问一问，天知道会得到怎样的回答！

注册作业治疗师维达·野村（Veda Nomura）与我们分享了她的"反馈卡"策略（见下图）。这张反馈卡是用来帮助小学高年级和初中学生向老师报告他们对教学的感受的。根据你家孩子的心理理论能力、换位思考能力和语言词汇能力可以将卡上的选项进行修改和调整。如果孩子还比较年幼，各方面能力还在发展之中，尚不足以独立完成反馈，那么你可以和他一起完成——给他读出选项，想办法理解他的答案，并体察其他更多的细节。

注意：像其他材料一样，如果卡上的问题可以辅以视觉提示，孩子会更容易完成。你可以运用 Boardmaker① 这样以图片沟通符号为基础的软件程序，制作出丰富的视觉辅助材料。需要注意的是，视觉材料的呈现要符合孩子当前的视觉表征水平。有些学生可以很好地理解 Boardmaker 中的简笔图像，但也有学生需要更细节化的插图，甚至照片。（举个例子，有些思维刻板的孩子不喜欢 Boardmaker 的视觉符号，因为里面的儿童形象总顶着一个不男不女的蛋形秃头。你家孩子大概也从没见过长成这样的同龄孩子！）

---

① 编注：Boardmaker 由 Tobii Dynavox 公司研发，是全球范围内使用最广泛的工具软件。该软件提供强大的图片沟通符号（Picture Communication Symbol, PCS）库，用户也可以使用软件中自带的图片沟通符号及教学模板，灵活创作并打印教学材料。感兴趣的读者可以访问 www.tobiidynavox.com，以获得更多的信息。

给老师的反馈卡

我的＿＿＿＿＿＿＿＿＿＿＿＿＿＿＿＿＿作业

我认为我做得：

☐很棒 ☐还可以 ☐不好 ☐我无法完成作业

我认为这项作业：

☐无聊　　　　　　　　　　☐很酷

☐还可以　　　　　　　　　☐太难了

☐有趣　　　　　　　　　　☐太长了

☐让人困惑　　　　　　　　☐太简单

☐我不理解作业要求

☐我理解作业要求但不知道怎么做

如果这样就更好：

☐有大人帮助我　　　　　　☐我可以用其他方式完成，比如：

☐有同学帮助我　　　　　　　☐说给你听

☐给我更多时间　　　　　　　☐私下里

☐我可以自己完成　　　　　　☐当着全班同学

☐我可以在另一个地方完成　　☐写下来

☐我可以和小组一起完成　　　☐画出来，或操作给你看

　　　　　　　　　　　　　　☐打字

　　　　　　　　　　　　　　　☐在电脑上输入，再打印

　　　　　　　　　　　　　　　☐发邮件给你

　　　　　　　　　　　　　　☐用其他方式在电脑上做给你看

　　　　　　　　　　　　　　☐直接表演给你看

除了上面这些，我还想告诉你：＿＿＿＿＿＿＿＿＿＿＿＿＿＿＿＿＿＿＿＿＿＿＿

＿＿＿＿＿＿＿＿＿＿＿＿＿＿＿＿＿＿＿＿＿＿＿＿＿＿＿＿＿＿＿＿＿＿＿＿＿＿＿

暑假结束，准备开学

马上就要开学了，为了让你家孩子切换回上学模式，顺利适应返校生活，你可以做如下准备：

* 从开学前的几周开始，调整孩子的生物钟，将晚上睡觉时间调回上学时的正常休息时间，早上也能定点醒来。
* 提前模拟学习常规：每天安排孩子在特定的时间和地点从事安静的活动。注意，这个时间是专门用来营造学习氛围的，所以不要让孩子做他特别喜欢做的事。
* 检查原来的强化物是否还有强化作用，需要的话，开发更多有创意的强化方式。
* 准备上学服装：如果孩子必须穿校服上学，那么多洗几次，使之更加合穿。开学前就在家中试穿（至少几个小时），既是提前适应，也是确认服装本身是否存在任何感觉刺激因素。新衣服大多会引起相似的感觉问题。
* 如果孩子即将升入中学，那么买一本该中学的年刊，帮助孩子提前适应人事和环境的变化。在开学前夕，再拿出来和他一起复习一遍，熟悉人脸和人名。
* 开学前去一次学校，大致演练一遍上学的常规日程，用录像记录，回家后反复观看。
* 需要的话，唤醒孩子的记忆，给他看他在学校每天都会接触到的工作人员的照片，回忆他们的名字，包括食堂人员、校医、办公室人员、校车司机等。学校的年刊上通常都有这方面的信息。
* 进行一到两次上学演习，不要省略任何环节，哪怕很熟悉的常规流程，比如前一天晚上准备好衣服、吃早餐、去学校的步行路线、放学后家长在哪里接或去哪里坐校车、回到家把书包放在门边，等等。
* 开学前组织几次社交聚会，尤其是和校友、同学的聚会。提前建立积极的社交关系，有助于缓解开学最初几天的焦虑情绪。
* 教孩子返校后如何与同学寒暄聊天，复习在集体中的社交之道，帮助

他顺利度过开学的最初几天。"暑假过得怎么样？""我喜欢你的新衣服。""哇，你理发了！"

小锦囊

准备一个"特殊教育"文件夹，将你与学校之间的所有通信和电子邮件按时间顺序保存起来。

高效维权者

滚石乐队的很多歌写的恐怕就是养育特殊需要儿童的心路历程吧？比如1970年代的"圣歌"级作品《我得不到满足》和《你不能总是得偿所愿》。但不要忘了，歌里也还唱道："如果你试试看，或许会发现，你得到了你需要的。"

不同政府机构、不同学区、同一学区的不同学校之间，都会有自己的操作规范。家长也是如此，每个人的维权经历都不太一样。但有一样是不变的，那就是家长需要懂一点法律，并掌握一些必备的人情世故和交际手段。知道高效维权有哪些要点并切实践行，不仅可以节约时间，还能避免生气上火，并且省下大笔的律师费、调解费和其他各种干预费用。

- 知道自身权利。你家孩子有资格享受的特殊教育以及相应的特殊服务是由美国各州政府和联邦政府掌管的。所有这些机构都有义务向你提供以下书面材料：（1）享受这些服务需要做哪些测评和认定；（2）这些服务会由哪个机构、以何种方式提供；（3）投诉或申诉机制。事先厘清哪个部门负责什么、哪项法律规定什么，不要一味懵懂乱闯，否则，应对官僚主义本身就够你费劲的了。
- 知法懂法。不要想当然地认为，政府机构的办事人员，甚至学校的管理层，都知道或可以正确领会本州及联邦政府的特殊教育法律法规。很多家长都曾经因为盲目信任所谓的官方意见而放弃谈判协商，结果却发现各种偏颇和误导。一个令人遗憾的事实是，没有任何一所学校或任何一个政府机构可以解决你家孩子的所有问题。学校的教职员工也不一定都受过特殊教育法的相关培训。每一位家长都应该扛起知法懂法的责任，为争取权利做足准备。

* 坚决主张，但不咄咄逼人。坚决主张是一种坚定而自信的行为，对于自己的权利心知肚明，诉求明确，坚持不懈，态度强硬又不失尊重；而咄咄逼人则是在受挫之后的敌意或破坏行为。用坚定自信的态度去沟通，更容易让人听到你的诉求；而攻击性的方式只会让听者躲你、远你，或自然生出防卫之心，用相同的方式回敬你——无论怎样，都无益于问题的解决。

* 知道自己想要什么，有备而去。高效的维权者都清楚自己孩子的长处和短处、孩子的学习方式、什么样的教学策略更有助于他的学习和成长。必要的话，在为孩子争取某项服务或做某个决定而与人进行谈判时，出示相关的专业评估结果或专业人士的建议，为谈判增加砝码。提前准备好可能需要出示的信息或材料，做到有备而无患。

* 放下情绪。你去为孩子争取权利，不是去争取谁的喜爱，也不是去和学校或政府部门的人交朋友；你的任务是尽你所能，为孩子争取应有的个别化服务。你应该有理有节，表现得既专业又亲和，时刻记得你正在进行谈判，与谈判各方达成合作、获得大家都满意的结果，是你此行的目的。你的肢体语言、语气语调、眼神以及遣词造句，都将决定你能否成功维权。不要让情绪左右你们的谈话。

* 为会谈留出足够的时间。在约定会谈的时候，就要留出足够的时间，以便充分地讨论问题；当然，也可以多次进行简短的会谈。时间有限，要谈的却很多，仓促之间，更容易滋生误解和不满，于是免不了要开更多的会来善后。有一位专业的谈判代表是这样说的："你有表，可我有时间。我不急，你能喝多少咖啡多少茶，我奉陪到底。"

* 做好书面记录。将所有的 IEP 文件按照时间先后，收入专门的文件夹中。每次与人进行电话沟通后，及时做好笔记，日期、时间、对方是谁、你要求了什么、对方承诺了什么或你们得出了怎样的结论，这些也都保存到文件夹中。如果你不太擅长做笔记，那么可以考虑将谈话内容录下来，

但你必须明确告知对方你在录音。如果是面对面的会谈，还可以带一支录音笔去。

好记性不如烂笔头。无论你自我感觉多么聪明，也别对自己的记忆力太过自信。电话轮番打过，琐事细节越积越多，保不准哪天你需要回来查看当时的说法，尤其是在承诺没有被兑现的时候。

- 提出明确的问题："艾米的 IEP 规定，在她上阅读和数学课的时候必须有助教在旁边协助。但她跟我说，她只在开学头两周得到过这样的帮助，后来就再也没有了。请问你们将做何安排，助教什么时候可以回来？"
- 全程跟进。他人需要你做的事，高效配合，保质保量；他人承诺你的事，紧追不舍，不卑不亢。
    - 如果对方承诺给你回电话，耐心等一段时间；若电话迟迟不来，再打过去："周二我们通过电话，你说会把会议时间传真给我。我知道你真的很忙，但我很想快点解决这些问题，而且我也需要提前安排我的时间。"
    - 电子邮件和短信息：电子技术有利也有弊，Email 和短信息并非完美的沟通工具。Email 很容易丢失或被归入垃圾邮件，很多人的邮件又多得数不过来，对方很可能无法及时处理所有的信息；短信息则更加容易被忽略。如果你的邮件或短信总是得不到及时的回复，试试添加回执功能。短信息要尽量言简意赅。说实话，我们自己也不愿意费劲阅读冗长的信息吧？
    - 传统信件。写信这一方式已然过时了，但是在线上沟通失败的情况下，它也许反而能帮你解决问题，尤其是在你附上回信信封（写好地址、贴好邮票）的情况下。
    - 当以上努力均告失败，往上反映。注意保持礼貌。找到上级部门，恭敬地提出你的请求："我想约他们见面谈谈，但试了很多次，都没有得到回复。这事应该怎样推进，您能给我一点建议吗？明天我会再打电话过来听您的意见。"

* 互帮互助。参加互助团，组建自己的妈妈团或家长团，写博客，与本地、州及联邦政府的工作代表保持联系——所有这些活动都可以帮你找到与你有相似经历的人，大家聚到一起，分享经验、彼此支持。

永远记住，从来没有"愚蠢"的问题，不懂就要问，大部分人都是乐于助人的。社工、医生、老师、家人、邻居、朋友都是你可以求助的对象，有什么疑惑、困难，问问他们，他们会给你建议、帮助你渡过难关。向人求助，对你几乎没有任何坏处，最多是对方可能拒绝你，但即便这样，你也没有什么损失；而孤军奋战对你可没有任何的好处。

帮助新手家长理解特殊教育。特殊教育的过程以及与之相关的联邦法律，会涉及大量的新词术语、各种规章制度和操作流程，对新手谱系家长而言，简直跟迷宫一样复杂。幸运的是，我们有很多资源可以利用。

* "家长培训信息中心"（Parent Training Information Centers，简称PTIs）是为家长提供支持、培训和信息服务，帮助他们为孩子争取教育权利的组织。
* 权利保护与倡导机构（Protection and Advocacy agencies，简称P&As）是经联邦政府批准在各州和准州设立的机构，旨在通过合法维权保护残障人士的权利。
* 各大非营利组织在本地或本州的分会，比如每州都有的美国孤独症协会（Autism Society of American）、复活节封印协会（Easter Seals）、全美脑瘫协会（United Cerebral Palsy）等。这些机构的服务，从特殊教育相关问题的培训研讨，到提供维权者陪同家长参加 IEP 会议，内容相当广泛。你可以登录美国孤独症协会的网站 *Autism-Society.org*，点击"资源"（Resource）查看该协会各分会的联系方式。
* 莱特法律网（*Wrightslaw.com*）是一个以特殊教育为主题的优质信息资源网站，其服务对象为家长、教育者、维权者和法律人士。网站创始人莱特夫妇不仅在网站上给大家分享文章、书籍、DVD、诉讼案例分析、博客、专业机构推荐，也主持多项多媒体网络培训以及遍及全美的线下大会。

- 很多州以及州立机构主办的"IEP合作伙伴项目"或类似的教练型项目，会给需要帮助的家长提供一对一的维权支持。

小心调解陷阱

正式的调解有很多优点，比如，家长一方无须承担费用，调解的时间跨度也相对较短，不用像听证会那样持续几个月甚至几年，如果调解顺利，家长很快就能得到明确的结果，而不像听证会那样，失败方还要提出上诉，还得继续往下周旋。

但调解也有一个弊端，很多家长都不一定知道，因为没人告诉他们：家长主动进入调解程序后，需要签署一份书面协议，承诺放弃对学校的所有索赔权利（截至并包括签署之日），无论协议中有没有提到。

调解有时的确可以帮你获得需要的服务，但家长也应该意识到，在接受调解的同时，你放弃了什么。一般来说，拒绝调解，先采用其他申诉机制，是对家长更为有利的做法。

入学前要问的重要问题

如果你很认真地教你家孩子如何通过提问来获得信息，而自己却做不到，是不是说不过去？在将孩子托付给任何一所学校之前，你都要问清几个重要的问题（我们通常会在搬家转学时打听新学校的情况，但即便你哪里也不去，孩子也就近入学，为了孩子，你也应该问明情况），看看他能否在这所学校获得必要的支持，充分发挥潜能。如若不然，哪怕花钱，你也要另外寻觅更加理想的教育环境。

- 学校对于学生之间的欺凌和嘲弄是什么态度？零容忍是你应该接受的唯一答案。如果你听到的是"孩子毕竟是孩子，这样的问题我们让他们自行解决"，那么你要知道，在这样的环境里，你的孩子既没有足够的语言，也没有足够的社交技能来保护他自己。

* 学校对于家长进课堂有哪些规定？学校可能会要求你签到并佩戴姓名牌，但除此以外，他们随时欢迎你去参观吗？还是需要提前一天预约？或者，根本就障碍重重？如果你的电话或邮件在合理期限内（24小时）没有得到回复，如果老师总是用一堆理由搪塞你，告诉你"那一天不行"，如果他们嘴上说可以、肢体语言却告诉你不行，那么，立刻去找校长。
* 家长以哪些方式参与学校活动？有家长代表参加学校的现场理事会或咨询委员会吗？学校或学校所在学区提供家长培训吗？有家长在学校帮忙吗，比如带兴趣班、当运动教练、帮助养护校园绿植、组织义卖或食品募捐、安排户外教学、管理学校图书馆？
* 学校普教老师的平均任期有多长？特教老师的平均任期有多长？人事变动率低的话，基本可以说明学校的工作氛围比较积极正面。
* 资源教室安排在学校的哪个位置？是在学校的主流区域，还是隐藏在不起眼的角落？
* 学区会给学校的普教和特教老师提供固定或持续的孤独症方面的业务支持吗，比如在职培训、巡回咨询或其他专业服务？
* IEP目标是如何测量和量化的？IEP目标必须是可测量的，并且由孩子的需要来决定，而这种需要则必须靠确实而精准的数据来证明。
* IEP将以你家孩子的真实需要为基础，还是以学校现有的资源或规划中的资源为基础？
* 学校或班级如何看待一般的融合教育以及孤独症儿童的融合教育？如果是一刀切的做法，那么你要提高警惕了。无视孩子的个别化需要，不做任何评估就直接将其安置到特殊教室的做法是不恰当的。
* 学校会用什么样的方式，把孩子的进展情况及时告知于你？一种方法是采用家校沟通簿，在家校之间来回传递信息，另一种方法是每天或每周发邮件或打电话。正常情况下，你还应该在每个季度收到一份书面的IEP目标进展报告。在此期间，你们也应该保持沟通，及时发现和处理问题，而不至于贻误时机，使问题恶化。

建立积极的合作关系[1]

在这本书里，我们反复强调，要在真诚、尊重、共情以及共同目标和共同理想的基础上，建立牢固而有效的合作关系。任何合作关系都会掺杂情绪因素，家长与专业人士之间也是如此；哪怕再有诚意的合作者，也难免被情绪所绑架。建立并维持积极的合作关系，需要家长、教育者、私人治疗师和服务提供者在行为和态度上遵循以下原则：

- 秉持团队精神，坚持一个共同的目标，那就是为学生找到最好的教育方案。
- 放下个人小我以及个性差异，以双赢的态度解决问题，这是保持长期积极合作的关键。
- 做任何决定都应该基于孩子的需要，而不是受制于团队成员的个性强弱或人际关系。
- 自我学习，自我负责：关于特殊教育服务，家长有哪些权利，学校有哪些义务，这些你都要自己研究清楚，别指望其他任何人。
- 参加会议前做足准备，准时到会，会上发言注意条理。提前想好问题。
- 尊重他人。坚定地表达你的观点，但注意礼貌；不要让合作伙伴感到为难，或故意让他们难堪。
- 清晰地表达你的关切，避免不必要的术语行话。多举具体事例，用事实支撑你的论述。经常检查确认对方是否理解你的意思。
- 控制情绪：学会冷静地与对方讨论问题、提出不同意见并说服对方接受你的诉求。
- 即便合作伙伴与你意见相左，他也仍可能是把孩子的最大利益放在心上的。没有人永远都对，也没有人永远都错。
- 建立友好关系并保持沟通。慷慨地分享信息，及时回电，经常给对方留言。

---

[1] 原注：改编自 "Creating A Positive Partnership Between Families and School". PDD Network newsletter, 2002 年 6 月。

- 对对方的付出和努力表示感激，无论大事小事。
- 家长必须尊重一点：老师、学校管理者、服务提供者不仅对你家孩子的教育负责，还对其他很多孩子负责。因此，他们不一定总能立刻答复你。另一方面，专业人士也必须给自己设定一个合理的响应时限并严格遵守。
- 专业人士必须承认，在理解孩子方面，家长就是专家。
- 客观看待问题的严重性，只在要出现危险后果的时候，才召集 IEP 紧急会议。在学年的任何时候召集 IEP 会议是家长的权利，但请尽可能合理地行使这一权利。
- 家长如果打算通过正当法律途径解决问题，那么请和学校实话实说，但不要以此为要挟。可能的话，学校或许会改变应对方式，避免走到这一步。
- 团队中所有成员都必须理解：本学区的政策或本州的法律不能凌驾于联邦的法律之上。发现并讨论两者的冲突之处。
- 团队中所有成员都应该积极寻求其他专业人员的建议，争取参加更多个人或专业的培训，对于超出自己能力范围或不太确定的事，申请更专业的评估。孤独症儿童的教育计划应该建立在专业水准和有针对性的评估之上，而不是基于笼统的猜测和臆断。

在本章开头我们就说过，家长和老师可以为孤独症或阿斯伯格综合征孩子做的最重要的一件事，是建立和保持富有成效的合作关系。尊重并重视每一个个体的价值，是所有学习中最重要的部分，不论是正规教育，还是其他教育，都是如此。

要知道，我们为眼前这一个孩子做出的每一个决定都非同小可。它们不仅关系到他这一年的成败，也将影响他的整个未来。